단오풍속을 통한 전통문화 연구

김민영 신영희 구본숙 서정매 이현지 엮음

단오풍속을 통한 전통문화 연구

김민영 신영희 구본숙 서정매 이현지 엮음

예술의숲

◈ 차 례 ◈

전통문화와 융합교육연구

- 단오풍속의 전통문화 융합교육 -

- 목 차 -

단오풍속의 전통문화 융합교육

김 민 영

Ⅰ. 서론

최근 4차 산업 현장의 변화는 글로벌 사회에서 국가 번영의 승패를 가름할 생존의 수단으로 인식되고 있다. 독창적인 아이디어는 경제와 교육, 문화예술 분야를 비롯한 정치 외교, 건축 문화에 이르기까지 다양한 영역에서 직·간접적인 영향을 미치고 있다(최성욱, 2016).

4차 산업은 1784년 영국에서 시작된 증기기관과 기계화로 대표되는 1차 산업혁명, 1870년 전기를 이용한 대량생산이 가동된 2차 산업혁명, 1969년 인터넷이 이끈 컴퓨터 정보화 및 자동화 생산시스템이 주도한 3차 산업혁명에 이어, 로봇이나 인공지능(AI)을 통해 실제와 가상이 통합된 사물을 자동적·지능적으로 제어할 수 있는 가상 물리 시스템의 구축이 기대되는 산업상의 변화를 일컫는다.[1)]

또한, 코로나펜데믹의 장기화로 인한 혼돈의 시대는 전 세계적

1) 네이버지식백과 내용 참조

인 전염병과 기후 위기 등의 복합적인 현실을 함께 살아가야 하는 시대에 진입해 있다. 그로 인한 개인의 안전에 대한 감수성과 SNS를 통한 정보력, 사회적 네트워크들은 수많은 지식 공유의 양극화와 교육 양극화의 전망을 내놓았다(김호기, 2020).

이러한 경제적 위기와 삶의 혼란 속에 놓인 다문화가정을 비롯한 사회취약계층은 급변하는 사회 속에서 한정된 정보와 생활의 변화로 심리적 치유를 위한 각종 문제해결의 어려움을 호소하고 있다. 이로 인해 향후 사회 불평등의 해소방안으로 일상생활 속에서도 문제해결을 위한 교육의 욕구를 부여하게 되었다.

일상생활 속에서 문제해결을 위한 삶의 지혜는 교육의 원천이 바탕이 된다. 다양한 삶의 경험을 가진 구성원들의 문화적 상호작용을 통한 융합과 소통에서 교류의 장은 더욱더 활발하게 이루어질 수 있다. 최근, 국가 간 전통문화 수용을 통한 세계시민의 문화다양성은 4차 산업혁명이라는 거대한 과학문명 속에서 더욱더 대두되었다. 올바른 민족문화 정체성과 전문역량을 갖춘 미래 인재양성의 저력이 국가적 자산으로 불 수 있는 것이다.

근래 국제사회에서 관심을 끌고 있는 드라마 [오징어 게임]에서는 한국 놀이문화[2)]가 소재가 되었다. 이 드라마의 제목 [오징어 게임]은 한국의 놀이 '오징어 놀이'에서 이름을 따왔다. 전 세계인의 사회문화·경제적 파급효과를 몰고 온 [오징어 게임]은 스

2) [오징어게임]드라마는 456억 원의 상금이 걸린 의문의 서바이벌 게임에 참가한 사람들이 총 6개의 놀이 게임을 통과하고 최후의 승자가 되기 위한 죽음의 게임에 도전하는 드라마이다. 여기에 소개된 한국의 놀이문화는 무궁화 꽃이 피었습니다. 설탕뽑기, 줄다리기, 구슬치기, 징검다리 건너기, 오징어 게임등이다(위키백과).

웨덴 지상파 TV4 아침 교양정보 프로그램에서도 찾아볼 수 있다. 공영방송 진행자가 한류 열풍을 보도하며 '안녕'이라고 마무리 인사를 하는 사례와 스웨덴 초등학생들이 운동장에서 '그린 라이트, 레드 라이트(green light red light, [무궁화 꽃이 피었습니다]의 영어 버전)'를 외치며 한국 놀이를 즐긴다(정수지, 2021, ebs). 이렇듯 한국 놀이문화에 대한 관심으로 '한류(韓流)'열풍이 세계적인 유행과 폭발적인 관심을 끌어가는 반면에, 한국 전통문화 연구에 대한 관심은 매우 저조하다. 전통문화는 세시풍속으로 무형의 문화유산으로 전승되다보니 최첨단 시대와 동떨어진 인식 등으로 그에 관한 연구 또한 미흡하였다(김광희, 2015).

전통문화의 대부분을 차지하고 있는 무형의 무형문화재는 시공간을 초월하는 디지털 전환과 표현의 자유를 통해 다양한 생활방식으로 표현된다. 이는 조상들이 즐기던 '놀이문화'와 '일과 놀이'로 표현되는 종합예술이다. 연희 가운데 민중 취향의 종합예술을 한마당으로 하여 음악, 묘기, 체기(軆技), 교예, 놀이, 인형극을 포함하여 각기 독립성을 띤 놀이들이 서로 연계되어 짜여져 있다.(구자순, 2011).

K-pop과 [오징어게임]이 미디어문화를 성공적으로 이끈 한국의 전통문화 놀이는 다양한 문화예술 장르를 통해 상품화되어 세계시장의 공략 여부가 큰 관심사가 되었다(서덕희, 이희용, 2015). 이에 부응하는 국제사회는 융합적 사고를 가진 창의적인 인재 발굴로 사회 각 분야에서 무한한 잠재성과 독창성을 발휘할 수 있는 역량을 요구하고 있다.

융합교육의 효능은 학교 교육에서 교과 간 내용의 중복을 최소화하여, 창의적 사고로 의사 결정과 협동 기능, 책임감 등 직업능력에 따른 기능 습득이 가능하게 한다. 아울러 학습기능을 실생활에서 적용할 수 있는 융합교육은 종합적이고 고차원적인 사고능력 강화로 교육현장에 효율적인 변화를 기한다(Drake, 1998). 다 학문적 융합, 간학문적 융합, 탈 학문적 융합 속에 조상의 지혜와 경험이 어린 전통문화는 무형의 유산으로 포괄되어 있다. 이는 오랜 역사와 함께 민중 속에서 대중화되었다. 한류열풍이 몰고 온 대중화의 영향은 융합교육 현장에서도 고전가치로 전통문화를 아우르는 인류의 관심 대상이 되어 전공 간 연계와 학제간 통합이 이루어지고 있는 추세이다(정영철, 2021).

삶의 방식과 사회·문화적 가치를 바르게 전승 발전시킬 수 있는 방향의 제시가 전통문화 교육이다(원광연, 2017). 전통문화와 융합교육의 아우름은 4차 산업을 선도하게 될 미래 인재가 우리 문화의 소중한 가치를 올바르게 인식하는 데 있다. 향후, 전통문화의 가치를 생활문화로 연계하여 바람직한 민족 문화 정체성을 띤 가치를 세계문화유산으로 보존하고, 세계시민교육의 토대를 마련하여 전통문화 보존의 가치를 더욱 승화시키는 계기가 되었으면 한다.

이에 본 연구에서는 전통문화의 세시풍속 중 세계유네스코 문화유산과 전통문화 전승의 중심이 되는 5월 단오풍습을 주제로 문헌자료와 정보통신 매체를 활용하여 자세하게 살펴보았다. 이를 바탕으로 생활 속의 수와 관련한 체험활동, 전통문양이 단오와 관련된 회화와 공예, 지역적 특성이 가장 많이 반영된 음악을 통한 세시풍속의 사례 등으로 전통문화를 전승하는 융합교육의 의의를 총체적으로 제시하였다.

신영희는 연구에서 전통문화와 수학이라는 새로운 조합을 제시하여 융합교육을 통한 전통문화와 수학의 연계 발전을 논의하였다. 수포자(수학 포기자)란 신조어를 대신하여 일상생활 속에서 전통문화를 접한 흥미와 관심으로 누구나 수학이 생활 문화의 영역으로 친근한 수학의 길을 접하는 동력이 되기를 바랬다.

구본숙의 연구는, 세시풍속을 단오체험과 지화 만들기를 통해 단오에 대해 이해하고 전통문화에 대한 흥미를 가지고 체험할 수 있도록 구체적인 체험교육의 방안을 마련하고자 하였다. 체험활동 제시에서는 누구나 쉽게 참여할 수 있도록 만드는 과정을 간소화 하였으며, 전통미술을 융합교육으로 현대 생활에서 활용하는 방안을 모색하고자 노력하였다.

서정매의 연구는 한국의 세시풍속에서 단오날 행해진 음악을 대상으로 단오날에 행해진 제의(祭儀)와 제의에 사용된 음악, 그리고 단오에 이루어진 가면극·탈춤·탈놀이 문화에 나타난 음악적 특징을 총체적으로 고찰하였다.

단오풍속을 통한 전통문화 연구를 결론적으로 살펴본 이현지의 연구는, 삶 속에서 전통문화 융합교육을 실생활에 적용하여 한국의 전통적 가치를 발견하였다. 교사가 학생들과 함께 수행할 수업활동을 전통적 삶에서 '이야기'로 만들고, 자신의 의미를 만들어가는 살아있는 '자기화'를 강조하였다. 또한 수업에 있어 관계맺음은 '반복'과 '차이'를 형성하여 교사와 학생은 가르침과 배움의 체험활동을 통해 교육적 활동으로 '반복과 차이'를 경험학습의 산출 결과로 제시하여 전통문화와 융합교육의 가치를 두었다.

본 연구를 바탕으로 한 문헌 연구는 단오의 풍년 기원행사, 단오빔, 단오선, 단오첩, 단오의 음식과 생활 속 문학작품을 통해서도 삶의 애환과 선조의 지혜가 담긴 전통문화의 중요성을 강조하였다. 아울러 4차 산업혁명시대에 접한 사회적 패러다임은 향후 융합기술을 주도할 수 있는 '창의・융합형 인재'를 양성하기 위한 융합교육으로 수업현장에서 다양하게 활성화될 필요가 있다. 급변하는 세계화의 중심에서 사회현상들을 해석하고 해결하기 위한 주도적인 인재양성과 사회양극화 완화에서 교육의 책무는 막중하다 할 것이다. 또한 서구학자들의 연구에 의존해 있는 창의, 융합교육이 학문적 한계를 극복하고 발전하기 위해서는 민족 고유의 정체성을 바탕으로 하는 전통문화 교육에서 보완되었으면 한다. 다양한 학문영역을 포함한 시대와 전통을 아우를 수 있는 다차원적인 융합교육을 제시한 「단오풍속을 통한 전통문화 연구」가 창의적이고 전통적인 지식을 만들어 낼 수 있는 계기가 되기를 바란다.

Ⅱ. 본론

1. 융합교육의 가치

최성욱(2016)의 연구는 학문의 대통합이나 통섭은 그 주장을 뒷받침하는 데 필요한 이론적, 경험적 근거가 미흡함을 지적하였다. 그는 학제연구에서 근거의 타당성과 실현가능성이라는 측면에서 융합의 의미를 파악하는 데 있어서 실질적인 대안을 제시하였다. 융합을 학제연구라는 의미로 해석하는 것은 단일학문의 지식체계로 파악할 수 없는 복합적인 문제에 대한 이해를 증진시키는 데 도움을 준다. 가령, 지구온난화 문제, 환경오염문제, 인구문제, 민족 간 분쟁문제 등은 제반 학문의 관점과 이론을 모두 동원하여 다원적이고 총체적으로 파악하는 것이 필요한데, 학제연구는 그런 요구에 부응하는 실질적인 접근방안이 될 수 있다.

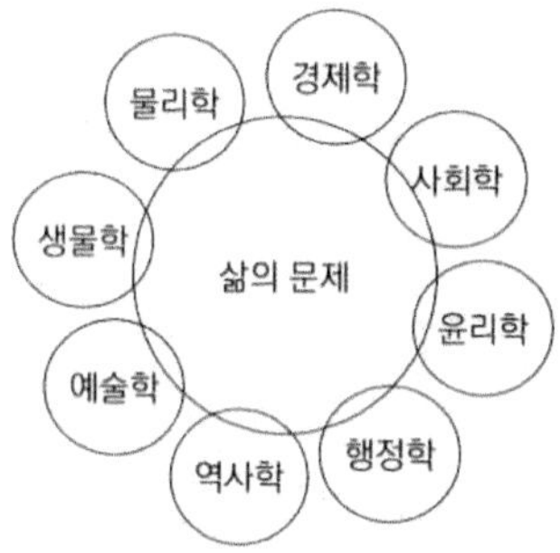

[그림 1] 분과학문들로 이루어진 학제연구

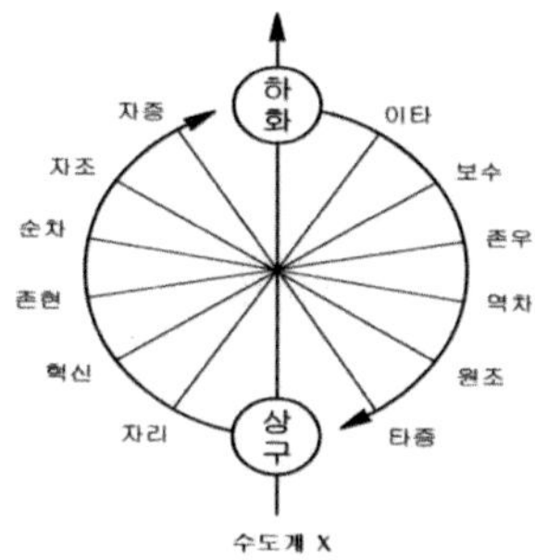

[그림 2] 협동교육의 수레바퀴 모형

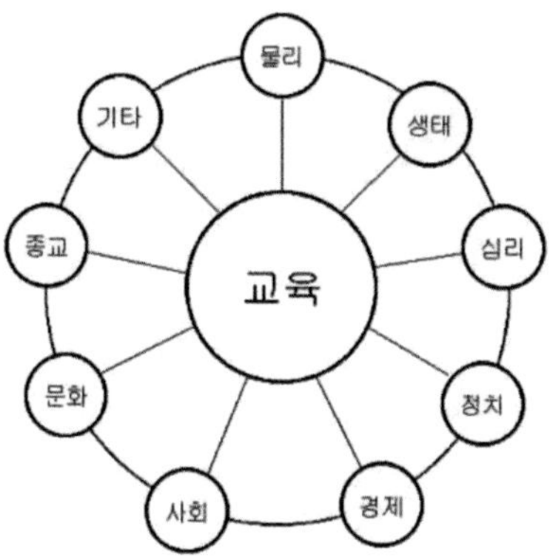

[그림 3] 교육과 비교육의 관계

Drake & Burns(2006)는 다 학문적 통합, 간학문적 통합, 탈

학문적 통합으로 특정 교과를 다른 학문과 관련시키는 유형과 몇 개의 교과가 동등하게 주제를 중심으로 통합하는 유형, 그리고 각 교과의 교육과정을 통합하는 유형을 융합인재교육의 교과 유형으로 분류하였다.

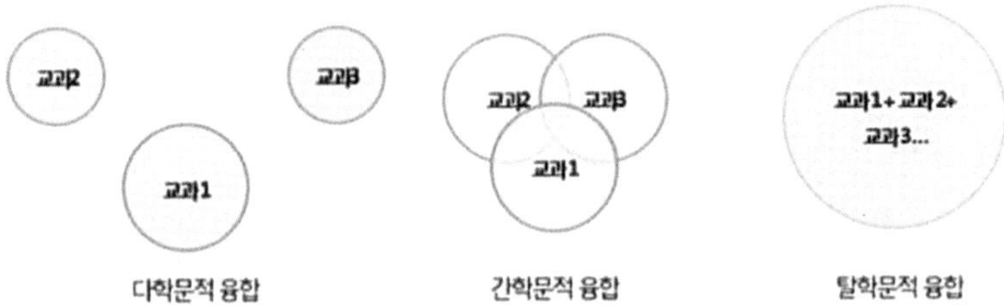

[그림 4] 융합인재교육의 교과 통합의 유형(김성원 외, 2012, 재인용)

2. 전통문화와 문학교육의 세계

김연주(2018)는 문학의 세계에서 전통문화를 논의하였다. 문학은 인간의 사상과 감정을 언어로 표현하는 예술이며, 문학교육은 문학 텍스트를 학습자가 수용하고 생산하는 교육적 활동을 전통교육에서 제시되었다. 학습자는 텍스트를 통해 인지의 과정과 정서적 반응을 문학 현상으로 경험하고 이를 인간과 세계의 총체적인 현상으로 이해하면서 가치 있는 삶을 실현할 수 있는 역량을 길러 기존의 가치관에 변화를 일으키는 내면화의 과정을 이룰 수 있다. 현 문학교육의 흐름 또한 전통적 교육관에서 한층 나아가서 인간의 삶과 문화에 대한 현실적 안목이 있는 역동적인 상호 교류를 요구한다. 학습자는 문학능력이 있으며 문학 활동의 주체가 되어 문학과 관련된 경험을 표현하고 이를 통해 자신의 가치관을 형성하여 문학 현상의 변화를 일으키면서 사회·문화적 가치화를 이루게 된다.

따라서 문학적 표현의 의미 해석을 거쳐 텍스트를 재구성하는 의미생성 과정이 활발하게 진행될 때 학습자는 문학능력이 더욱 향상되고 문학과 문화를 향유할 수 있다.

이미림(2018)의 연구에서는 창작소재의 문학적 형상을 강릉지역의 산, 바다, 계곡, 호수를 배경으로 한 유물과 문화재 등 신화적 자료가 풍부한 전통을 환상적인 이야기들로 살펴보았다. 8살에 고향을 떠난 작가에게 고향은 몽환적이고 풍요롭게 기억된다. 강릉지명과 신화와 설화들, 단오제, 커피축제와 같은 지역행사를 통해 주인공은 장소감을 획득하고 장소성을 바탕으로 정체성과 주체성을 회복하고자 한다. 그의 소설엔 바다, 방파제, 높새바람, 대관령, 임당동, 객사문, 오죽헌, 허균 허난설헌공원 등의 지명과 강릉 출신인 김동명 시인 등에 대한 이야기들이 작품소재로 차용된다. 강문에 있는 삼재를 막아주는 원시신앙의 상징조형물인 진또배기, 헌화가, 호랑이처녀이야기, 부잣집이야기, 단오제 배경설화와 감자, 곰취, 양미리, 꾹치, 도치 등 강원도 음식과 해산물이 반복적으로 등장함으로써 고향의식과 강릉표상이 전유되고 은유된다. 윤후명 소설의 동해바다와 방파제는 역사적 재난의 한가운데 소년 스스로 보호받을 수도, 사랑하는 소녀를 보호해줄 수 없었던 암담한 현실을 대변한다. 임당동성당의 쓰러진 석고상, 연한 녹색으로 얼룩져 있고 한두 군데 검은 티끌이 박혀 있는 일그러진 형상의 눈감은 유리인형, 호랑이 처녀는 전쟁으로 훼손되고 파괴된 모친과세화의 모습과 미래를 나타내고 주인공의 삶과 연동됨으로써 3,40대의 중년남성은 60대가 되어서도 이별, 죽음, 아픔을 겪은 고향을 돌아가지 못하고 외국을 헤맨다. 어머니와 세화는 대관령의 선녀 여성 황이나의 수로부인, 단오제 배경설화인 호랑이에게 물려간 처녀로 환생하고변신하며 동일시 된다. 강릉의 수록작품들은'지역의 자연과 신화로 글 의 배경이자 원천이며 문학을 이끄는 힘이 되었다. 세계문화유산에 등재된 단오제는 강릉시민의 정체성이자 지역원형으로 작동한다. 영동지역의 대표적인 민속축제로 지역주민의 정서가 강하게 응축되어 정신적 공감을 향유하는 단오제는 이 지역 안위를 관장하는 서낭신에 대한 기원을 통해 재난으로부터 구원을 받고 안정된 생활을 영위함을 목적으로 한다. 윤후명 소설에 차용된 단오제와 관련된 대관령산신, 국사서낭신, 국사여서낭신과 관노가면극, 강문 진또배기 서낭신 설화는 축제를 통해 같은 신을 섬기는 신앙공동체로서 일체감을 가지는 것은 물론 같은 놀이를 하며 집단적인 신명풀이를 하는 놀이공동체로서 동질감을 누리는 단오굿은 집단에서 배제되고 떠도는 주인공의 결핍된 공동체 의식을 내포한다. 단오제 행사의 배경인 호랑이의 아내가 된 소녀는 '아마색 머리의 소녀'로 둔갑함으로써 30년 전 동거녀, 아마색 머리의 소녀의 수로부인, 머리만 남은 처녀를 연상시킨다. 머리 감는 여자를 물어가서 장가를 든 호랑이가 산신이 되어 해마다 한 번씩 찾아오는 행사인 단오제의 호랑이 아내가 된 소녀는 드뷔시의 작품과 30대에 만나 60대에 재회한 여성과 겹쳐진다. 소녀의 머리통과 혀는 관노가면놀이의 탈속에서 달그락 거리며 무언가를 갈구하고 말하고자 한다.

작품 속에 투영된 강원음식은 '강릉 호랑이에 관한 소설'이라는 부제를 단 강릉에 수록된 10편의 단편엔 강릉 단오제의 배경 설화인 호랑이에게 물려가 머리만 남은 처녀의 이야기가 주로 모티프를 이룬다. 호랑이는 산신적 면모를 지녔고 남녀 양성을 구유하고 있어 남성을 보호하는 희생성, 자애, 모성성은 여성성으로, 살생의 욕망과 같은 포악성은 남성성으로 표상되지만 호환담(虎患譚)에서는 부정적이거나 퇴치의 대상이다. 잔인하고 폭력적인 호랑이가 몸뚱이까지 요구함으로써 머리와 혀만 남은 처녀는'나'와 세화, 모친의 원형적· 신화적 모습이다. 대관령의 국사성황신앙과 단오라는 세시민속이 결합하여 신앙과 놀이 그리고 난장이 잘 조화를 이룬 전국 최대의 축제로 오늘날까지 전승되는 강릉단오제는 강릉시민들의 원형적 소재로 약자의 모습을 대변한다. 단오제와 연관된 국사여성황의 수로부인 등 설화 속 여신은 바다와 신화 속 신들과 떠도는 삶을, 단오제의 원형인 호랑이에게 물려간 처녀와의 수로부인에서 어머니와 옆집소녀 그리고 길 위의 여성들을, 거슬러 올라가는 남대천 연어에서 먼 길을 돌아 귀향한 자신의 모습을 비유한다. 백남준 10주년 기념전시회에 쓰여 있던 '호랑이는 살아 있다'를 소설 제목으로 선정한 작가는 슬픔과 아픔을 간직한 고향에서 살아남은 자의 자기 확인을 지역 원형을 통해 성찰한다.

유옥희(2020)는 한국의 단오의 북방 요소적 특성과 제액의 의미에 대해서 언급하였다. 제액의 의미가 있는 창포와 관련한 것은 하이쿠에 나타난 단오(端午) 수용 양상–한국과의 비교를 통한 요소가 많았고, 단오부채와 그네는 전혀 다른 단오 풍속이었다. 우선 '단오선(端午扇)'의 경우이다. 일본의 경우, 어느 세시기에도 단오와 관련하여 부채를 언급한 것은 없다. 일본의 부채는 『시호쇼(至宝抄)』를 비롯한 렌가(連歌) 관련 사이지키(歲時記)나 『하나히구사(花火草)』를 비롯한 하이쿠 관련 사이지키에 음력 6월로 되어 있다. 따라서 음력 5월인 단오와는 연관 지어 읊은 시가가 없다. 우리나라도 음력 5월 단오에 부채를 본격적으로 사용하지는 않지만 더위가 시작되는 시기이기도 하므로, 임금이 시종들에게 부채를 하사했던 풍속이 있었으며 이를 '단오선(端午扇)'이라고 했다. 단오에 부채를 하사하는 풍속은 중국에서 시작되었다. 명나라의 이후(李詡, 1506-1593)의 『계암만필(戒菴漫筆)』에 '난오에 임금이 서울 관리들에게 궁중 부채를 하사하는데, 그 부채는 댓살에 종이를 바르고 새나 짐승을 그리며, 오색천으로 애호(艾虎)를 감는다'는 기록이 있다. 고려시대 『동국이상국집(東國李相國集)』에 '본성에서 보낸 학령선(鶴翎扇, 두루미의 깃으로 만든 부채)을 사람들에게 나누어 주면서(得本省鶴所送鶴翎扇分人)'라는 제목의 시가 있어, 관청에서 부채를 내려준 사례가 있음을 알 수 있다. 『조선왕조실록』에 '단오선(端午扇)'으로 현종과 정조 때의 특히 정조 때는 단오선을 천 개 진상한 기록이 있다. 고종 31년(1894)에 폐지되기까지 지속되었다고 한다.

「열양세시기」에는 공조와 전라도, 경상도 두 감영과 통제영에서는 단오가 되면 부채를 제작하여 진상하면(단오진선, 端午進扇) 조정에서는 시종관 이상 삼영에까지 예에 따라 차이가 있게 나누어준다. (단오사선, 端午賜扇) 부채를 받은 사람은 다시 그것을 자기의 친척, 친구, 묘지기, 소작인에게 나누어준다고 했다. 속담에 시골에서 생색내는 것은 여름에는 부채, 겨울에는 책력이라 하였다(鄕中生色 夏扇冬曆)고 기록되어 있다. 이글에서 시골에서는 '여름에는 부채, 겨울에는 달력(夏扇冬曆)이라는 말은 관가와 민가의 관계를 잘 나타내 준다고 할 수 있다. 이러한 내용과 관련하여 한시에 단오선이 더러 등장한다. 조선 중기 문신 이식(李植, 1584-1647)이 귀양 가 있는 숙부 이안눌(李安訥, 1571-1637)에게 보낸 시에 관원으로서 받았던 단오선에 대해 읊고 있다.

> 단옷날에 새로 받자온 부채, 시 지어 부치면서
> 초루의 안부 여쭈옵니다. 덥고 시원한 절기에 자주 주시는 선물, 평안하나 험난하나 속생각 변할 리 있겠사옵니까.
> 내열도 이제는 모두 사그라졌을 터이니, 서쪽 먼지 불어온다. 부채로 부치지 마옵시고 대나무의 눈물 자국 보실 적마다, 알알이 맺힌 사모의 정 생각해 주소서.
> 新賜端陽扇 題封問楚纍炎凉頻節物 夷險夙心期內熱應全歇 西塵且莫麾須看竹上淚 點點是相思『택당선생집(澤堂先生集)』

민중의 정서를 대변했던 허균(許筠)은 「궁사(宮詞)」에서 단오 부채는 관리가 아니면 대전에서 하사하는 화려한 단오선을 가질 수 없음을 한탄하는 구절이 나온다. 또한 단오 풍속의 하나인 그네, 즉 추천(鞦韆)이 우리 시조에 자주 등장한다. 일본의 하이쿠에도 추천(鞦韆, ふらここ, ふだんど)으로 『고전 하이분가쿠 다이

케이』 8구가 나온다. 단오는 여름의 계어이므로 당연히 함께 등장하지 않는다는 점이 우리와 다르다. 그러므로 신윤복의 「단오풍정」에 그네가 등장하는 것을 보고 일본인들은 "단오에 그네를"이라고 한다. 위의 노보리(깃발)에서도 보았듯이 일본의 경우 빠른 곳은 단오절에 장마가 시작되는 곳도 있어서 그네와 같은 야외놀이는 맞지 않았을 수 있다. 그네는 북방민족 풍습을 수용한 것이라는 설과 우리 고유의 풍습이라는 설이 나뉘고 있지만, 적어도 단오에 그네를 타는 것은 고려시대 이전의 풍습임은 각종 사료를 통해 알 수 있다. 『고려사』지(志) 39권 1246년 5월(음)부에 「단오에 그네뛰기와 각종 악기연주 놀이를 금지하다 禁端午鞦韆鼓吹之戲」라는 구절이 나와 있어서 그 이전에 이미 성행하고 있었음을 짐작할 수 있다. 조선 전기 소세양(蘇世讓, 1486-1562)의 「단오」라는 한시에는 단오절의 온갖 풍습이 나와 있다.

> 오늘이 단오라 젊은이들은 무리지어 즐거이 노닐고
> 거리마다 다투어 씨름을 하고 나무마다 그네를 뛰네
> 술잔에 창포를 띄워 따뜻하고 문에는 애호를 달았네 나
> 같은 노인 할 일은 무언가, 밤새 책 덮고 잠잘 뿐,

유만공(柳晩恭, 1793-?)의 한시 『세시풍요(歲時風謠)』에는 여인의 그네와 창포뿌리 비녀를 읊고 있다.

> 단오 옷 젊은 낭자에게 잘 어울리고, 가는 모시베 홑
> 치마에 잇빛이 곱구나. 아름다운 나무 아래 그네를 다
> 타고난 자리, 창포뿌리 비녀 떨어져 있고 잔 머리털

묻었네.

戊衣端稱少娘年細苧單裳茜色鮮送罷秋天芳樹下菖根簪墮小髮偏 유만공(歲時風謠)

그 다음으로 가장 빈번히 등장하는 것이 창포주이다. 『형초세시기』의 단오 항목에 '창포를 잘게 썰거나 가루를 내어 술에 띄운다'라고 되어 있어 이러한 풍습이 한국과 일본에도 유입된 것으로 보인다. 다만 『형초세시기』처럼 창포잎을 술에 띄우기도 했으나, 우리 전통주의 경우 찹쌀고두밥에 누룩과 창포뿌리를 짓찧어 낸 즙으로 만들기도 했다. 어느 것이나 창포의 향기와 약성을 함께 취하여 무더위에 대비하고자 함이었는데 우리 조선시대 문인들은 단옷날의 풍류로 즐겼다는 점이 일본과 다르다. 특히 한시와 시조에 골고루 등장한다.

천중(天中) 단오절(端午節)에 옥호(玉壺)에 술을 넣고 녹음방초(綠陰芳草)에 백마(白馬)로 돌아드니 벽류(碧柳)에 여랑추천(女娘鞦韆)이 탕자정(蕩子情)을 재촉한다.

윤세기(樂學拾零)조선 후기의 윤세기(尹世紀, 1647-1712)가 창포주를 마시며 여인이 그네 타는 모습을 보고 끓어오르는 탕자(蕩子)의 정을 느낀다고 하고 있다. 역시 조선 후기의 가객(歌客) 이세보(1832-1895)의 월령시조에 집집마다 담그는 창포주에 대해 읊고 있다.

오월 오일(五月五日) 오날인가 집집이 창포주(菖蒲酒)라.

경도요(競渡謠) 수성곡(數聲曲)은 멱라수변(汨羅水邊) 슬프도다 아마도 천중가절(天中佳節)은 굴원인가.

이세보(風雅) 고려 후기 정몽주(鄭夢周), 이제현(李齊賢), 그리고 조선의 이황(李滉) 등, 많은 문인들이 단오절에 창포주를 마시는 풍류를 읊고 있다. 일본에도 창포주가 하이쿠에 가끔 보이긴 하나 우리나라의 경우 산이나 들에서 단오절의 절기를 즐기는 '시주풍류(詩酒風流)'로 정착되어 있었던 점과는 다소 차이가 있다. 단오선은 왕실, 관가, 민가가 연결되는 소통의 장치였고, 그네, 씨름 등은 다 함께 즐기는 계절 축제의 성격을 띠었다. 창포주는 문인들에게 시흥(詩興)을 돋우는 매개물이 되었던 것이다. 단오를 금기의 계절로서보다 축제의 계절로 바꾸어 강릉단오제와 같은 민속축제로 발전시켰다는 점이 일본과 다른 점이라고 할 것이다. 5월 5일, 단오에는 다채로운 세시풍속이 행해진다. 단오의 세시풍속 행사는 『동동』을 통해 확인할 수 있다.

<동동(動動)>

德으란 곰빅예 받좁고 / 福으란 림빅예 받좁고
德이여 福이라 호놀 / 나ᄋᆞ라 오소이다
아으 동동(動動)다리(이하 장에서는 생략함)
正月ㅅ 나릿므른 / 아으 어저 녹져 ᄒᆞ논ᄃᆡ
누릿가온ᄃᆡ 나곤 / 몸하 ᄒᆞ올로 녈셔
二月ㅅ 보로매 / 아으 노피 현
燈ㅅ블 다호라 / 萬人 비취실 즈ᅀᅵ샷다

三月 나며 開ᄒᆞᆫ / 아으 滿春ᄃᆞᆯ욋고지여
ᄂᆞᄆᆡ 브롤 즈슬 / 디녀 나샷다
四月 아니 니저 / 아으 오실서 곳고리새여
므슴다 錄事니ᄆᆞᆫ / 녯 나롤 닛고신뎌
“五月五日애 / 아으수릿날아ᄎᆞᆷ藥은 / 즈믄ᄒᆡᆯ
長存ᄒᆞ샬 / 藥이라받ᄌᆞᆸ노이다”
五月五日애 / 아으 수릿날 아ᄎᆞᆷ 藥은
즈믄ᄒᆡᆯ 長存 ᄒᆞ샬 / 藥이라 받ᄌᆞᆸ노이다
六月ㅅ 보로매 / 아으 별해 ᄇᆞ룐 빗다호라
도라보실 니믈 / 젹곰 좃니노이다
七月ㅅ 보로매 / 아으 百種 排ᄒᆞ야 두고
니믈 ᄒᆞᆫᄃᆡ 녀가져 / 願을 비ᅀᆞᆸ노이다
八月ㅅ 보로ᄆᆞᆫ / 아으 嘉俳나리 마ᄅᆞᆫ
니믈 뫼셔 녀곤 / 오ᄂᆞᆳ 嘉俳샷다
九月九日애 / 아으 藥이라 먹논
黃花고지 안해드니 / 새셔가 만ᄒᆞ얘라
十月애 / 아으 져미연 ᄇᆞᄅᆞᆺ 다호라
것거 바리신 後에 / 디니실 ᄒᆞᆫ부니 업스샷다
十一月ㅅ 봉당자리예 / 아으 汗衫 두퍼누워
슬ᄒᆞᆯ ᄉᆞ라온뎌 / 고우닐 스싀옴 녈셔
十二月ㅅ 분디남ᄀᆞ로 갓곤 / 아으 나술盤잇 져다 호라
니믜 알ᄑᆡ 드러 얼이노니 / 소니 가재다 므ᄅᆞᄉᆞᆸ노이다.

이를 통해 단오를 수릿날이라 불렀으며, 단오 아침에 먹는 약은 장수(長壽)를 위한 것이라는 사실을 알 수 있다. 조선시대에는 『경

도잡지』, 『열양세시기』, 『동국세시기』에서 단오와 관련한 기록이 있는데, 『동국세시기』에서 그 내용이 가장 자세하게 언급된다. 관상감(觀象監)에서 주사(朱砂)로 천중절, 즉 단오절 부적을 만들어 대궐에 바치면 대궐에서는 그것을 문 위에 붙여 좋지 못한 귀신들을 물리친다.

한나라 제도에 복숭아인장(桃印)으로 악한 기운을 멈추게 한다고 하였으며, 포박자(抱朴子)씀에는 적령부(赤靈符)를 만들었다고 하였는데, 이것이 모두 단오의 옛 제도요 지금의 부적 제도도 여기에서 나온 것이다. 남녀 아이들은 창포를 끓인 물로 얼굴을 씻고 모두 붉은 색과 녹색의 새 옷을 입는다. 부녀자들은 창포 뿌리를 깎아서 비녀를 만들고 혹은 그 끝에 연지로 '수(壽)' 자나 '복(福)'자를 새겨 쪽에 꽂아 전염병을 예방한다고 하는데, 이것을 단오 치장(端午粧)이라고 한다.

중국 한나라 사람 대덕(戴德)이 편찬한 대대례기(大戴禮記)씀에 "5월 5일에 난초 우린 물(蓄蘭)로 목욕한다"고 했고, 또 세시잡기씀에 "단오에 창포와 쑥 뿌리를 다듬어 작은 인형이나 조롱박 모양으로 만들어 몸에 참으로써 액을 물리친다."고 하였는데, 지금 풍속에 창포로 목욕하고 창포 뿌리를 꽂는 것이다. 심방의 완서잡기씀에 "중국 연경에서는 5월 1일부터 5일까지 사이에 규중 처녀들을 매우 곱고 맵시 있게 꾸며주며 이미 출가한 여자들도 각기 친정으로 근친(覲親)을 가는 풍속이 있어 이 날을 여아절(女兒節)이라고 부른다. 고금예술도(古今藝術圖)씀를 보면 북방 오랑캐들이 한식날 그네뛰기를 하며 가볍게 뛰어오르는 연습을 하는 그림이 있어 후에 중국여자들이 그것을 배운 것 같으며,

천보유사(天寶遺事)씀에 "궁중에서 한식 때가 되면 다투어 그네를 매는데 이것을 반선놀이(半仙之戲)라고 한다."고 했다.

단오를 속칭하여 수리날[戌衣日]이라고도 하는데 '수리'란 우리나라 말로 수레다. 이 날 쑥을 뜯어 짓 찌어서 멥쌀가루에 넣고 초록색이 나도록 반죽을 하여 수레바퀴 모양으로 떡을 만들어 먹는다. 그래서 이 날을 수리 날이라고 하는 것이다. 떡집에서는 이것을 시절음식으로 판다. 김해 지방 풍속에 매년 4월 초파일부터 아이들이 성 남쪽에 모여들어 돌팔매싸움(石戰) 연습을 한다. 그러다가 단옷날이 되면 장정들까지 모두 모여 좌우로 편을 갈라 깃발을 세우고 북을 울리고 고함을 치고 날뛰면서 마치 비가 오듯 돌을 던지다가 승부가 난 뒤에야 끝난다. 이 때 비록 죽거나 다친 자가 나오더라도 후회하지 않으며 고을 수령도 이를 막지 못한다. 단오의 세시풍속으로는 창포물에 목욕하기, 창포뿌리 꽂기, 출가한 여자들이 侍婢를 시켜 친정에 안부 인사하기, 그네뛰기, 석전 등이 있다. 공조(工曹)에서 단오부채를 만들어 바치면 임금은 이것을 궁중의 재상들과 시종들에게 하사한다.

부채 중에 매우 큰 것은 대나무로 된 흰 살이 40개 내지 50개나 된다. 이것을 백첩선(白貼扇)이라고 하고 옻칠을 한 것을 칠첩선(漆貼扇)이라고 한다. 이것을 받은 사람들은 대개 금강산 1만 2천봉을 그린다. 혹 광대나 무당들이 이것을 갖는 경우도 있다. 근래에는 부채에다 꺾은 가지· 복사꽃· 연꽃·나비·은붕어· 해오라기 등을 그리기를 좋아하는 경향이 있다. 전라도와 경상도 두 도의 감사와 통제사는 임금에게 명절부채(節扇)를 진상하고 예에 따라 조정의 대신들과 친척, 친우들에게 선사하며, 부채를 만드는 고을의 수령들도 임금에게 진상하고 친우들에게 선사한다.

이 날 청장년들은 서울 남산의 왜장(倭場)이나 북악산의 신무문(神武門)뒤에 모여 씨름을 하여 승부를 겨룬다. 그 방법은 두 사람이 맞붙어 무릎을 꿇고 각자 오른손으로 상대방의 허리를 잡고 왼손으로 상대편의 오른편 넓적다리를 잡은 다음 일시에 일어나면서 상대를 들어 메치는데 넘어지는 자가 지는 것이다. 씨름기술에는 안걸이, 밭거리, 둘러치기 등 여러 가지가 있으며 그 중에 힘이 세고 솜씨가 민첩하여 여러 번 내기하여 자주 이기는 사람을 판막음(都結局)이라고 한다. 중국인들이 이를 본받아 고려기(高麗技)라고 하기도 하고 요교(撩跤)라고 하기도 한다. 예기씀 월령에 "초겨울이 되는 달에 장수들에게 명하여 군사 훈련을 시킬 때 활쏘기, 말달리기, 힘겨루기(角力)등을 연습한다."고 하였는데, 지금의 씨름이 바로 이 힘겨루기로 곧 군사들의 힘내기인 것이다. 중국 동한시대 사람인 장평자(張平子)의 서경부(西京賦)씀에 "각저(角觝)의 묘기를 드러냈다."고 했다.

『목은시고』에서 단오는 가장 화려한 속절로 나타난다. 단오는 「晨興」에서 보이듯 '천중가절'로도 불렸다.

금년의 단오는 날씨가 좋은 때인데
늙으신 어머니를 하늘 끝 먼 곳에서 생각하느라 애쓰네.
쑥잎을 가지고 노인을 부축하여 좋은 집에 오르고
창포꽃은 술과 어울려 금술잔에 드네.
눈은 좋은 절후에 놀라는데 우리 땅이 아니요
몸은 뜬 이름과 함께 채색 실에 매였네.

고향에서 놀던 곳에 생각이 미치니
그네 타는 비낀 그림자가 허공에 드리웠으리.
今年端午好天時 老母天涯費遠思
艾葉扶翁上瓊戶 菖花和蟻入金巵
眼驚佳節非吾土 身與浮名繫綵絲
想得家山游戲處 鞦韆斜影半空垂

이 시에서 목은은 원나라에서 관직 생활을 하느라 좋은 시절을 어머니와 함께하지 못했다며 안타까운 마음을 표출한다. 타국에서 단오를 맞이하여 고향을 그리워하는 마음을 시적으로 표현하고 있다. 여기에는 당시의 단오 풍속에 자세하게 서술되어 있는데, 쑥잎을 따서 옷에 솜을 넣고, 창포꽃으로 장식된 금술잔에 술을 마시고, 그네를 타는 모습 등이 묘사되어 있다.

중원(中原)의 한식(寒食)날에는 동풍이 좋은데
사람은 그네와 함께 반공에 있네.
모름지기 삼한의 단옷날을 기억하라.
말소리 속에서 모시적삼이 가볍게 드날렸지.
中原寒食好東風 人與鞦韆在半空
須記三韓端午日 紵衫輕擧語聲中
비단 그넷줄이 날아오르니 저절로 바람이 이는데
다만 붉은 치마가 푸른 하늘로 들어갈까 걱정스럽네.
저녁에 사람이 흩어지면 매우 적막하여
석양 속에 덩그렇게 걸려 있었네.
綵絲飛颺自生風 直恐紅裙入碧空

人散晩來殊寂寞 依依掛在夕陽中

높은 가래나무는 멀리 바람결에 서 있는데
붉은 실 그넷줄로 허공을 차고 오르려 하네.
당겼다 밀었다 하는 소년은
굳센 의지가 추파(秋波)에 흔들리네.
堂堂楸樹逈臨風 紅線鞦韆欲蹴空
挽去推來少年在 鐵腸搖蕩眼波中

위의 인용한 시에는 단오에 그네를 뛰는 모습이 잘 묘사되어 있다.

그네뛰기는 '추천희'라고도 불렀다. 이 그네뛰기에 대해서 『동국세시기』는 "북방 오랑캐들이 한식날 그네뛰기를 하며 가볍게 뛰어오르는 연습을 하는 그림이 있어 후에 중국여자들이 그것을 배운 것 같다."라고 설명하고 있다.

천 걸음이나 되는 마당에서 말과 함께 달리는데
날아가는 공 한 개는 누구를 따르려 하는가?
분명히 무심한 물건 하나이지만
재주 높은 이를 만나면 서로 알아보는 듯하네.
千步場中馬並馳 飛毬一點欲從誰
分明是箇無心物 逢着高才若有知

격구는 막대기로 공을 쳐서 문안에 넣는 경기로 무예를 숭상하던 고려시대에 성행하였다. 우왕이 시가에 나와서까지 격구를 하였던 것으로 보아 궁중 무예였던 것이 점차 일반에 퍼졌던 것으로 보인다. 격구는 고려의 대표적 무예놀이로서 경기형식을 띤 말 위에서 행했을 뿐만 아니라 지상에서도 이루어졌는데, 일반 서민 아동층에서는 지상 격구가 성행하였다. 비록 보잘것 없는 공 하나지만 이 공이 재주 있는 사람을 알아본다는 구절은 목은이 격구를 잘하는 이를 부러워하기도 하였다는 사실을 알 수 있다.

> 해마다 단오에 뭇 억센 이들이 모여서
> 두 편으로 나뉘어 돌을 날리며 서로 공격한다네.
> 마시천(馬市川)가에서 아침에 이미 모였다가
> 승재사(僧齋寺)북쪽에서 저녁에 바야흐로 돌아가네.
> 몰릴 때에는 화약처럼 날렵하고
> 우뚝이 맞부딪칠 때에는 산처럼 무겁네.
> 다만 조정에서 날랜 군사를 구하기 위함이라지만
> 다친 얼굴은 또한 오랑캐 얼굴이네.
> 年年端午聚群頑 飛石相攻兩陣間
> 馬市川邊朝已集 僧齋寺北暮方還
> 忽然被逐輕如藥 屹爾當衝重似山
> 只爲朝廷求勇士 殘傷面目亦胡顔

이 시는 단옷날 하는 놀이인 석전 경기의 상황과 장소를 구체적으로 보여준다. 단옷날 하는 경기에는 격구(擊毬)와 석전(石戰)이 있는데, 이 시에는 석전에 관한 내용이 담겨 있다. 석전은 돌팔매질을 하여 승부를 다툰 것으로 고려 때는 척석희(擲石戲)

라고 불렀으며, 이 시에서 볼 수 있듯이 석전의 기본적인 경기 방법은 힘센 사람들이 두 편으로 나뉘어 돌을 던지며 공격하는 것이다. 목은은 이 경기의 목적이 날쌘 병사를 찾기 위한 것이며, 얼굴이 우락부락한 사내가 상처를 심하게 입으면서도 경기를 하고 있다고 서술하고 있다. 이 날의 경기는 아침 일찍 '마시천'이라는 시냇가에 모여, 저녁까지 경기하다 승재사 북쪽에서 경기를 마쳤던 것으로 보인다. 목은의 시 속에 묘사된 단오의 세시풍속에는 그네뛰기, 격구, 석전, 창포물에 머리감기, 제사 등이 있다. 단오는 당대에는 설이나 추석처럼 중요한 속절로 취급되었으며 성대하고 다양한 행사가 치러졌다는 사실을 알 수 있다.

서영숙(2011)의 연구에서 소개된 <시집살이 노래>는 여자들이 혼자서 또는 함께 모여 일을 하면서 자기 자신이 청중이 되었고, 여럿이 모여 일할 때는 딸이나 손녀 또는 같은 또래의 여자들이 청중이 되었다. 노래를 부르고 듣는 사람들은 노래를 통해 서로를 이해하고 위로했으며 공감대를 넓혀나갔다.

형님형님 사촌형님 시집살이 어떱뎁까
이애이애 그말마라 시집살이 개집살이
앞밭에는 당추[唐椒]심고 뒷밭에는 고추심어
고추당추 맵다해도 시집살이 더맵더라
둥글둥글 수박식기(食器) 밥담기도 어렵더라
도리도리 도리소반(小盤) 수저놓기 더어렵더라
오리(五里)물을 길어다가 십리(十里)방아 찧어다가
아홉솥에 불을때고 열두방에 자리걷고

외나무다리 어렵대야 시아버니같이 어려우랴?
나뭇잎이 푸르대야 시어머니보다 더푸르랴?
시아버니 호랑새요 시어머니 꾸중새요
동세하나 할림새요 시누하나 뾰족새요
시아지비 뾰중새요 남편하나 미련새요
자식하난 우는새요 나하나만 썩는샐세
귀먹어서 삼년이요 눈어두워 삼년이요
말못해서 삼년이요 석삼년을 살고나니
배꽃같던 요내얼굴 호박꽃이 다되었네
삼단같던 요내머리 비사리춤이 다되었네
백옥같던 요내손길 오리발이 다되었네
열새무명 반물치마 눈물씻기 다젖었네
두폭붙이 행주치마 콧물받기 다젖었네
울었던가 말았던가 베갯머리 소(沼)이겼네
그것도 소이라고 거위한쌍 오리한쌍
쌍쌍이 때들어오네 (경북 지역의 민요)

곽승주(2018)는 예부터 전해 내려오던 자녀양육 문화를 살펴보았다. 단군시대부터 전해져 내려온 교육방식 가운데 하나인 단동십훈은 부모교육과 놀이문화로 소개되었다. 이 훈(訓)은 첫돌이 안 된 아기들의 몸의 움직임을 중심으로 하는 발달과정을 그대로 반영하는 놀이이다. 0세-1세 사이의 어린아이의 재롱(才S)'에 기술(記述)된 '단군(檀君)의 십계명(十誡命)' 구전(口傳)으로 전해 내려오던 내용을 정리하였다.

[https://blog.naver.com/yjj2424]

◒ 부라부라(弗亞弗亞)

“부라부라(弗亞弗亞)는 할머니들이 어린 아이의 허리를 잡고 왼편과 오른편으로 기우뚱 기우뚱하게 하는 것인데, 그 의미는 하늘에서 땅으로 내려오는 것이 불(弗)이요, 땅(地)에서 하늘로 올라가는 것을 아(亞)라 함이니, 사람으로 땅에 내려오고 신(神)이 되어 하늘로 올라가는 무궁무진한 생명을 가진 나(我)를 예찬(禮讚)함이다. 제1훈의 ‘불(弗)’이란 기운이 하늘에서 땅으로 내려오는 것이고, ‘아(亞)’는 땅에서 하늘로 올라가는 형상이다. 이처럼 기운이 순환하여 무궁무진한 생명력의 발현인 아이의 자기 존중심을 키우고, 이는 아이가 무럭무럭 자라 스스로를 살게 만드는 힘의 근원을 배우게 하려는 조상들의 가르침이 담겨있다.

◒ 시상 시상(侍想侍想)

"시상 시상(侍想 侍想)은 행동으로는 앉아서 앞뒤로 끄덕끄덕 하는 것인데, 사람의 생긴 형체와 마음은 태극(太亟)에서 받았으며 기맥(氣脈)은 하늘에서 받고 신체(身體)는 지형(地形)에서 받았기로 나의 한 몸이 작은 한 우주(宇宙)이기로, 하느님은 나의 몸에 모신 것이니 그저 하느님의 뜻에 맞도록 순종(順從)하겠다는 순종의 뜻을 의미하는 것이다. 제2훈의 시상 시상(詩想詩想)은 사람의 신체의 형태, 마음은 태극(太亟)에서 받았고, 기맥(氣脈)은 하늘에서 받았으며 신체는 지형에서 받은 것으로 아이의 몸은 작은 우주(宇宙)라는 조상들의 생명시원이 나타난 말이다. 따라서 우주의 몸을 모신 것이니 매사에 조심하고 우주의 섭리에 순응하라는 의미인 것이다. 그만큼 몸을 귀하게 여겨 함부로 하지 말라는 뜻이다.

◒ 도리도리(道理道理)

"도리도리(道理道理)는 머리를 좌우(左右)로 흔드는 것인데, 이것저것 생각하여 보니 천지의 만물이 무궁무진한 도리로 생김이니 너도 나도 도리로 되었음을 잊지 말라는 것이다. 머리를 좌우(左右)로 흔들음은 좌선(左線) 우선(右線)을 가르침이니 너와 나 과거(過去)와 미래(未來)를 가르침이다. 제3훈 도리도리(道理道理)는 사람이 자라면서 천지만물(天地萬物), 즉 모든 만물이 하늘과 땅의 도리(道理)로 생겼듯이, 너 또한 이러한 도리(道理)로 태어났음을 잊지 말고 주변을 살피면서 도리(道理)를 다하며 살아가라는 자연의 섭리를 가르치는 도(道) 교육이다.

◒ 지암 지암(持闇 持闇)

“지암 지암(持闇 持闇)은 두 손을 내놓고 다섯 손가락을 쥐었다 폈다 함인데, 그윽하고 무궁한 진리(眞理)는 창졸간에 알 수 없느니 두고두고 잊지 말고 생각하여 깨달으라는 의미이다. 제4훈 지암 지암(持闇 持闇)은 하늘과 땅 사이에 수많은 밝고 어두움이 있으니 세상의 혼미한 것을 가려서 참된 것을 잡아서 실천하고 잘못된 것을 가려서 멀리하라는 의미가 담겨있다. ‘암(闇)’의 의미는 ‘어둡고 혼미스럽다’이며, ‘지암(持闇)’은 세상의 혼미한 것을 판단하는 능력을 가지라는 의미이다. 또한 이는 외래사상의 전개에 대한 경고의 의미도 담고 있다.

◒ 곤지곤지(坤地坤地)

“곤지곤지(坤地坤地)는 오른손 집게손가락으로 왼편 손바닥을 찧는 것인데, 지암 지암한 이치 깨달아서 곤지도(坤地道)로 돌아오라는 것이니, 건천(乾天) 즉, 하늘 이치 깨닫거든 사람과 만물이 서식(棲息)하는 곤지도(坤地道)에 입각(立脚)하여 천지간(天地間)의 무궁무진한 조화를 이내 몸에 갖춤을 깨달으라는 의미이다. 제5훈 곤지곤지(坤地坤地)는 사람과 만물이 나타나는 하늘과 땅의 이치를 깨달아 천지간의 무궁무진한 조화를 내 몸에 갖추었음을 깨달라는 의미가 있다. ‘곤지곤지’는 음(−)을 양(+)이 관통하는 모습으로 음양조화의 모습이다. 이것을 알면 땅의 이치(理致)도 깨닫게 된다는 뜻이기도 하다.

◒ 섬마섬마(西摩西摩)

"섬마섬마(西摩西摩)는 어린아이를 일으켜 세우며 서(立)라는 말인데, 건운(乾運)에서 곤운(坤運)으로 돌아설 때는 동양의 정신문명(精神文明)인 강상(綱常) 이치만으로는 안 되니 서마도(西摩道)에 입각(立脚)한 물질문명(物質文明) 받아들여 동양의 정신문명 위에 서양의 물질문명을 더하여 발전시키라는 의미이다. 제6훈 섬마섬마(西魔西魔)는 아기가 한두 발짝 걸음마를 시작하면서 다리에 힘이 생길 때 부모는 아기 걸음마의 귀여움과 신비에 매료된다. 사랑하는 우리 아기, 만물의 영장인 사람으로 태어나 떳떳하고 자랑스럽게 두 발로 땅을 딛고 서거라. 끊임없이 몸을 연마하고 매사에 당당하게 살라는 의미를 담고 있다.

◒ 어비 어비(業非 業非)

"어비 어비(業非 業非)는 무서움을 가르치는 것인데, 사람은 하느님의 뜻에 맞는 활동을 하여 살아나가라는 것인데, 하느님의 뜻에 맞는 업(業)이 아니면 하느님이 벌을 준다는 의미이니, 즉 룸펜같이 무서움은 없다는 것이다. 온 나라 안에 실직자가 하나도 없게 하는 것이 가장 훌륭한 정치이며, 개인적으로도 일정한 직업을 가지지 않는 것이 가장 위험한 일인 것이다. 제7훈 어비 어비(業非 業非)는 아이에게 잘못된 행동을 했을 때 하지 못하도록 말할 때 약간 겁주는 말이 '업비'다. 무서움을 가르치는 말이기도 하다. 조상들은 이럴 때, '업비'의 구어적 표현으로 "애비애비"하고 하였다. '업비 업비'는 하늘의 뜻(業)에 어긋나게(非) 행할 때 겁을 주는 말로, 아기가 해서는 안 될 것을 말하며, 이치에 맞는 삶을 살라는 가르침을 담고 있다.

◒ 아함 아함(亞合 亞合)

"아함 아함(亞合 亞合)은 손바닥으로 입을 막으며 소리 내는 것인데, 두 손을 가로 모아 잡으면 아(亞)자의 형국(形局)이니 이것이 천지(天地) 좌우(左右)의 체국(體局)이라 아군(亞君) 아제(亞帝)를 이 몸에 모시었다는 의미이다. 제8훈 아함아함(亞合 亞合)은 아이와 교감하고 싶을 때 손바닥으로 입을 가리며 소리 내는 동작이다. 두 손을 서로 포개면 '아(亞)'자 모양이 된다. 가슴에 천지 좌우의 모습이 깃들어 있으니 깊이 품은 생각을 함부로 내 뱉지 말고 하늘마음을 환하게 밝히라는 의미를 담고 있다.

◒ 짝자꿍 짝자꿍(作作弓 作作弓)

"짝자꿍 짝자꿍(作作弓 作作弓)은 두 손바닥을 마주치며 소리 내는 것인데, 짝자꿍(作作弓)은 천체(天體)의 조작(造作)이다. 활 궁(弓)자를 등지어 두 개 쓰고 밑에 하나 그으면 아(亞)자의 형국이니 천지(天地) 좌우(左右)의 체궁(體弓)이요 태극(太極)의 궁궁(弓弓) 을을(乙乙)이라 하늘에 오르고 땅으로 내리며 사람으로 오고 신(神)으로 가는 이치를 깨달았으니 작궁무(作弓舞)나 추어 보자는 의미이다. 실지로는 춤추는 데 박자 쳐주는 것이나 이러한 의미가 포함되어 있다는 것이다. 제9훈 짝자궁 짝자궁(作作弓 作作弓)은 천지좌우와 태극을 맞부딪쳐서 흥을 돋우며 궁(弓; 태극)의 이치를 이해하였으면 그 이치를 손으로 궁(弓)을 만들어 보면서 깨달으라는 것이다. 사람으로 와서 신(神)으로 가는 이치를 알았으니 그 기쁨을 손뼉을 치면서 기쁘게 노래하며 춤추자는 의미가 내포되어 있다고 할 수 있다.

◒ 질라라비 훨훨(羅阿備 活活議)

“질라라비 훨훨은 팔을 훨훨 치며 춤추는 것인데, 질라라비 활활의(咥哪呵備 活活議)는 천지 우주의 모든 이치 갖추고 지기(地氣)를 받아 생긴 육신(肉身) 활활(活活)히 자라나서 작궁무(作弓舞)를 추어가며 즐겁게 살아 나아가자는 것이다. 제10훈 질라라비 훨훨의(羅阿備活活議)는 하늘과 땅의 조화로 태어난 우리 아기에게 어떠한 질병도 다가오지 말고 모두 훨훨 날아가 버리고, 하늘의 이치를 가지고 하늘과 땅의 기운을 받아 활기차게 자라라는 의미로 부디 건강하고 지혜롭게 자라라는 뜻이다. 이를 종합하면, 인간의 존엄성(尊嚴性)을 강조하며 이지적(理智的)이고 진취적이며 동시에 낙천적인 정신이 포함되어 있음을 짐작할 수 있다. 천심(天心)을 고스란히 지니고 천진한 어린아이들을 달래고 놀리는 단순한 행동에 무궁무진한 교훈이 내포되었음을 알 수 있다. 이처럼 단동십훈은 누구나 한번쯤은 경험해봤을 법한 손과 발의 움직임 동작 속에 심오한 뜻이 숨어 있었다는 사실을 접한 사람들은 대부분 감탄한다. 부모들은 모두 이런 뜻을 자세히 이해하고 도리도리 짝짜꿍을 이야기하지 않았을 것이다. 단동십훈은 엄마와 아이가 마주보고 끊임없는 교류와 스킨십을 할 수 있도록 하며, 이를 ‘애착육아(attachment parenting)’라 하고 이는 주 양육자와 아이가 맺는 정서적 유대관계(Bowlby, 1969)를 중심으로 스킨십을 강조한 육아방법을 의미한다. 생후 1년은 부모의 행동이 아이의 두뇌에 영구적인 인상을 남길 수 있어 중요한 시기이므로 애착육아의 행동들을 영아시기에 정서적 안정감을 준다(유희순, 김진숙, 2018). 단동십훈에는 아이가 삶을 살아가면서 지켜야 할 훈시와 지혜가 담겨 있다. 특히, 서양의 놀이와 육아법은 아이들의 성향을 바꾸려고 하는 반면, 단동십훈은 부모로서 마음을 다잡고 아이에게 인생을 어떻게 살아야 한다고 알려주는 스승의 역할을 한다.

손수진(2015)의 연구에서는 '방구타령'과 연관성 있는 전래동화 '방귀쟁이 며느리'를 선정하였다. 그의 연구를 살펴보면, 신체·운동건강 영역에서는 방귀가 나오는 신체부위인 엉덩이를 활용한 '돼지씨름'활동을 제시하였다. 의사소통 영역 활동에서는 '방구 타령' 전래동요를 배우고 가사를 바꿔보는 활동을 제시하였다. '방귀쟁이 며느리' 전래동화와 연관 지어 전래동요의 가사를 바꾸어 보는 활동으로 제시하고자 하였으나, 유아들의 특성상 단순하고 경험한 적이 있는 활동을 제시하는 것이 '전래동요'를 이해하는 데 도움이 될 듯하여, 다양한 음식들을 제시함으로써 유아들이 경험한 것을 창의적으로 표현해 보는 활동을 제시하였다. 사회관계 영역의 활동으로는 '방귀쟁이 며느리' 전래동요를 '무언극'으로 표현해 보는 활동을 제시하였다. 방귀를 뀌는 장면에 '방구타령'전래동요를 들려주고, 방귀 뀌는 모습을 몸으로 표현해 보는 활동이다. 예술경험 영역의 활동으로는 '방귀타령 장단 익히기'활동을 제시하였는데, 입, 손뼉, 소리목(악기), 무릎장단을 이용해 장단을 익혀보는 활동을 제시하였다. 마지막으로 자연탐구 영역의 활동으로 음식물이 몸속으로 들어가 어떤 과정을 거쳐 대변이나 방귀로 나오는지를 알 수 있는 수·조작 활동인 '음식물의 여행' 활동을 제시하였다.

아니 아니 / 방구는 / 못 하리라 / 할아부지 방구는 /

노막 방구요 // 할머니 방구는 / 망신 방구고 / 시아부지 방구는 / 호령 방구요 // 시어머니 방구는 / 잔소리 방구 / 시동생 방구는 / 건달 방구요 // 시누 방구는 / 앙살 방구 / 미느리 방구는 / 도둑 방구요 // 지수씨 방구는 / 조심 방구요 / 큰어마이 방구는 / 무더 방구 // 작은 오마이 방구는 / 간살 방구고 / 미국 사람 방구는 / 원조 방구요 // 중국놈의 방구는 / 호떡 방구 / 소련놈 방구는 / 급살 방구고 // 일본놈 방구는 / 바나나 방구 / 대한민국 방구는 / 통일 방구요 // 이 방구 저 방구 / 다 꿔어도 / 우리 서방님 방구는 / 사랑 방구/좋다~ // 얼씨구 좋다 / 지화자가 좋아.

의성군지편찬위원회(1988)에 따른 「의성지역 방구 타령」은 방구에 대한 나열식 서술이 특징이 있었다. 시어머니, 시아버지, 신랑, 시누이, 시동생 등으로 이어지면서 등장인물을 희화화하고 있다.

– 방구 방구 덜령 방구 / 이 방구는 수령 방구 / 시어머니 방구는 잔소리 방구요 / 시아버지 방구는 호령 방구요 / 신랑 방구는 사랑 방구요 / 시누이 방구는 잔소리 애살 방구요 / 시동생 방구는 심술 방구 / 아들 방구는 사랑 방구요 / 방구 방구 똥 방구다

– 시아바이 방구 호령 방구 / 시어마이 방구 잔소리 방구 / 신랑 방구는 유세 방구 / 시누 방구는 개살 방구 / 맏동서 방구는 심술 방구 / 시동생 방구는 유세 나팔 방구 / 이놈의 방구 다 꿔고 나니

– 시아버지 방구는 호령 방구 / 시어머님 방구 잔소리 방구 / 아들의 방구 유세 방구 / 며느리 방구 도독 방구 / 딸의 방구 연지 방구 / 방구 방구 잘 나온다 / 한 방 놓으면 떨어지고 / 두 방 놓으면 다 떨어지고 / 서방님 방구는 내 방구나 니 방구나 같아서 가이 볼 것이 없다

진로(2012)의 한시(漢詩)연구는 한자(漢字)로 쓰여진 근대 이전에 만들어진 시로 동아시아 한자문화권에 속한 한국에서 만들어진 한시에서 단오에 관련된 시가도 다양하게 제시되었다. 이 글에서는 김성일(金誠一)의 한시 「단오일선온유감(端午日宣醞有感)」, 유만공(柳晩恭)의 한시 「술윗날(五月五日)」, 이산해(李山海)의 한시 「오월 초닷새날에(五月五日)」와 채제공(蔡濟恭)의 한시 「단오에 혜경궁(惠慶宮)」으로 부터를 택해서 내용을 살펴보고자 한다.

◒ 단오일선온유감(端午日宣醞有感)

일천 년의 운수는 황하 맑아질 때라
임금님의 깊은 은혜 녹명의 노래에 화합한다.
뉘라 알리,굴원이 멱라수에 빠진 날에
사신이 일 없어서 선온 술에 취하였노라.
一千年運屬河淸,
聖主深恩叶鹿鳴.
誰識屈原沈汨日,

詞臣無事醉霞觥.

– 김성일(金誠一), 「단오일선온유감(端午日宣醞有感)」

「단오일선온유감」에서 중국 초나라 때의 시인인 '굴원(屈原)'을 언급했다. 이 시는 멱라강(汨羅江)이 배경으로 굴원설화에 관련된다. 5월 5일 굴원이 물에 빠진 단옷날에 신하들은 일이 없어서 임금님을 모시고 함께 술을 마시고 취하는 모습을 묘사하고 있다. 이 시는 현명한 임금님에 대한 감사를 나타낸다.

◒ 술윗날(五月五日)

단오 옷은 젊은 낭자(娘子)에게 꼭 맞으니
가는 모시 베로 만든 홑 치마에 잇빛이 선명하다.
꽃다운 나무 아래서 그네를 다 파하고
창포 뿌리 비녀가 떨어지니 작은 머리털이 비녀에 두루 있다.
戌衣端稱少娘年,
細苧單裳茜色鮮.
送罷秋千芳樹下,
菖根簪墮小鬟偏.

–유만공, 「술윗날(五月五日)–1」

「술윗날 -1」에서 그네뛰기, 창포탕, 창포비녀 등 단오 풍속을 언급했다. 단옷날에는 젊은 여인들이 모시 베에 곱게 잇물을 드린 치마를 지어 입었다. 그리고 그 얇고 고운 옷차림으로 그네를 뛰었다. 이와 같은 풍속은 도성이나 시골이나 두루 같았다. 이 날 아침에 창포 삶은 물에 세수를 하고 창포뿌리를 깎아서 비녀를 만들어 그 비녀에 수(壽)자와 복(福)자를 새기고 그 끝에 연지를 발라서 머리에 꽂고 단오 옷을 입는 것을 단오빔(端午粧)이라고 한다. 창포물로 머리를 감는 것은 머리카락이 빠지지 않고 윤기가 나면 희어지지 말라고 하는 것이며 창포비녀(菖蒲簪)를 꽂는 것은 재액을 물리치기 위함이다. 작은 머리털이 떨어진 비녀에 두루 있다는 것은 재액(災厄)이 떨어지다는 것이다.

> 아이들의 옷차림은 설 명절 차림새와 같고
> 더벅머리 아(丫)자 비녀에 푸른 창포를 잘랐다.
> 푸르고 붉은 장명루(長命縷)매어 놓고서
> 금박(金箔)칠을 한 옥추단(玉樞丹)알들이 노랗다.
> 兒童衣似歲時裝,
> 卯鬢丫簪削綠菖.
> 擊得青紅長命縷,
> 玉樞金字纚頭黃.
>
> -유만공,「술윗날(五月五日)-2」

「술윗날 -2」 중에서 단오 풍속인 창포와 쑥을 걸고, 오색실을 걸었다고 언급하고 단오 음식인 옥추단(玉樞丹)을 언급했다. 어린 아이들도 단옷날에 산뜻한 새 옷을 지어 입었다. 이 날 창포와 쑥을 자르는 어린이의 재액을 물리치기 위한 것인데, 창포로 호로(葫蘆)모양을 만들어 그 것을 차도록 해서 재액을 물리치기도 하였다. 또 이 날 오색실을 팔았는데 이것을 붙들어 매어 귀신과 병화를 물리쳤는데 그것을 장명루(長命縷)또는 벽병증(辟兵繒)이라고 한다. 이 날 내의원(內醫院)에서 옥추단(玉樞丹)을 만들어 금박을 해서 신하들에게 나누어 주는 풍속도 그 연원을 장명루(長命縷)의 풍속에 있다. 황금색(黃金色)은 재액(災厄)을 물리치는 색이며 선종(扇鐘)의 실도 장명루와 같은 성격의 끈이기 때문이다.

푸른 쑥으로 처음 찐 난만하게 물게 끓인 떡에다가
처음 나온 시절 과일로 천신(薦新)을 하고
복숭아를 먹는다.
안방에 아가씨가 아들 낳는 풀을 알고서 뜯어 가지고
뜰 앞으로 향해 오매 옥 같은 손이 수고롭다.
翠艾初烝爛染糕,
時新園果薦含桃.
閨娘解惜宜男草,
採向庭前玉手勞.

–유만공, 「술윗날(五月五日)–3」

「술윗날 –3」에서 단오 음식인 수리치떡과 옥추단을 언급했다. 단옷날에는 쑥잎을 뜯어다가 짓이겨서 멥쌀가루와 섞어 녹색이 나도록 반죽을 해서 떡을 만든다. 이것을 수리 떡이라고 한다. 떡집에서는 제철 음식으로 이것을 팔기도 한다. 이 날에 제철과실을 차려 놓고 제사를 지낸 뒤 복숭아를 먹음으로써 재앙을 물리치고 복을 받는다. 또 이날에는 규방에 있던 아가씨들까지 밖에 나와서 쑥과 익모초로 뜯어 웃어른, 남편, 아이들에게 약을 만들어 주며 상비약으로 준비하여 둔다.

신무문(神武門) 곁 씨름하는 마당에는
건강한 아이들이 서로 쫓으며 노는 것이
마치 미치광이와 같다.
이는 한강의 버드나무와 남성의 나무에서
나는 신선놀이를
神武門邊角抵場,
健兒相逐劇癡狂.
不如漢柳南山樹,
競出飛仙戲女娘.

-유만공, 「술윗날(五月五日)-4」

「술윗날 -4」 중에서 단오놀이인 씨름과 그네뛰기를 언급했다. 단옷날 서울 젊은이들이 남산(南山)의 예장동(藝場洞)이나 북악산(北嶽山)의 신무문(神武門)뒤에 모여서 씨름을 하여 승부를 겨루었다. 이 씨름대회를 구경하기 위해 많은 사람들이 모였는데, 아이들은 씨름 구경을 하면서 신바람이 나게 놀았다. 힘 겨루는 경기를 보기 때문에 아녀자들도 힘겨루기 분위기에 동화되어 그 놀이가 거친 행동으로 연출되었다. 이날 서울의 젊은 여인들은 한강 변에 있는 버드나무나 남산에 있는 소나무에 그네를 매고 그네뛰기를 하는데, 단오빔을 산뜻하게 차려입고 그네를 뛰기 때문에 마치 신선이 날아오르는 것 같이 보였다. 이것은 젊은이들한테 씨름구경보다 훨씬 인기 있었다.

◒ 오월 초닷새 날에(五月五日)

선정전(宣政殿)27)에서 꽃 비녀 꽂는 일 이미 글렀는데,
한 해의 명절 천중절이 돌아왔네.
속이 상해 오늘도 창포주28)를 마시노라니,
금술잔을 받들어 양둥(兩宮)29)에 헌수할 이 그 누구런가?
宣政簪花事已空,
一年佳節又天中.
傷心此日菖蒲酒,
誰奉金杯壽兩宮.

-이산해(李山海), 「오월 초닷새 날에(五月五日)」

「오월 초닷새 날에(五月五日)」 중 "꽃 비녀 꽂는 일"은 궁궐 안에서 행해지던 단오 풍속을 말한 것이다. 임금이 신하들에게 꽃비녀를 내려주면 그것을 꽂았다. 작자가 궁궐에서 그렇게 하지 못하는 자신의 처지를 슬퍼한 것이다.

◒ 단오에 혜경궁(惠慶宮)으로부터

새로 만든 부채에는 먹물도 마르지 않았고 임금의 향기 감도는데,
오월 단오일에 나누어 주시니 순임금 궁전의 바람과 같네.
나는 외신으로서 성글고 또 멀리 있는데,
특이한 은혜 어찌 혜경궁(惠慶宮)에서 내려오나?
新題墨濕御香籠,
五月分來舜殿風.

臣是外臣疎且遂,
異恩何得降慈宮.

-채제공(蔡濟恭),「단오에 혜경궁(惠慶宮)으로부터」

「단오에 혜경궁(惠慶宮)으로부터」 중 "순임금 궁전의 바람"은 순임금의 궁전 이름이 남훈전(南薰殿)이므로 이렇게 말한 것이다. 오월 단오에 부채로 부쳐서 일어나는 바람이 시원하게 불어오는 봄바람과 같다. 조선시대 임금이 단옷날에 부채를 만들어 신하들에게 나누어 주는 풍속이 있다.

<농가월령가>는 조선 헌종 때 정학유(丁學游 : 1786~1855)가 지은 월령체(月令體), 즉 달거리 체의 장편 가사시(歌辭詩)이다. 1책 필사본으로 전체 14단락으로 구성되어 있는데, 정월부터 섣달까지(열두 달)의 순서에 따라 농가에서 해야 할 일과 매 달마다 알아두어야 할 세시풍속을 세밀하게 다루었다.

[농가월령가 / 정학유]

- 서사 : 천체(해 · 달 · 별)의 운행과 월령, 당시에 쓰이는 역법의 기원.
- 정월령 : 절기와 1년 농사 준비하는 법, 설과 보름의 풍속.
- 2월령 : 절기와 논밭 갈기, 가축 기르기, 약초 캐기.
- 3월령 : 씨 뿌리기, 과일나무 접붙이기, 장 담그기.
- 4월령 : 이랑 사이에 다른 농작물 심기, 벌통 나누기, 냇물에서 고기 잡기.

- 5월령 : 보리 이삭을 떨어 낟알 거두기, 고치 치기, 그네뛰기, 민요 화답.
- 6월령 : 밭고랑 흙 올려 주기, 유두 풍속, 간장과 된장 관리, 삼 거두기, 길쌈하기.
- 7월령 : 견우직녀의 이별 이야기, 김매기, 피 고르기, 벌초하기.
- 8월령 : 무르익은 곡식 거두기, 한가위 풍속, 며느리 인사 보내기.
- 9월령 : 추수의 이모저모와 이웃 간의 온정.
- 10월령 : 집안과 동네 화목 유지하기.
- 11월령 : 메주 쑤기, 동지의 풍속, 내년 농사를 위해 거름 준비하기.
- 12월령 : 새해 준비와 묵은세배하기.
- 결사 : 농업에 힘쓰기를 권함.

[네이버 지식백과: 한국사 사전 2 - 역사 사건·문화와 사상]

3. 강릉단오제의 신격화

안광선(2017)은 강릉단오제의 신격화를 소개하였다. 강릉단오는 음력 4월 15일 대관령 마루에서 '산신제 및 국사성황제'를 올리며 시작된다. 이날 대관령에서는 강릉지역민들과 관계자들이 두 모둠으로 나누어 한 모둠은 산신제를 올리고 다른 모둠은 성황제를 지낸다. 산신은 신라 삼국통일의 주역이었던 김유신이며, 신라 고승 범일국사가 성황이다. 성황제를 마치고 나면 무교식 제례가 펼쳐지고 이어 신목을 찾아 대관령을 오른다. 산정에서 신장부는 단풍나무에 신이 강림한 것으로 보고 무당과 함께 축원하면서 신목을 모시고 성황사 앞으로 내려온다. 산마루에서 신목을 모실 때, 무녀는 '성황모시기' 무가를 구연한다. 성황사 앞에는 시민 관광객들이 소원을 적어 놓은 오색 천을 준비하고 있다가 신목 가지에 폐백을 입히고 축원하면서 강릉시를 향해 출발한다. 이를 '국사행차'라고 한다. 이처럼 대관령에서 모시는 신은 산신과 국사성황 두 분이다. 두 신의 정체성을 잘 보여주는 시각적 유산이 탱화일 것이다. 산신당에는 김유신의 탱화와 위패가 있고, 성황사에는 범일국사의 탱화와 위패가 자리를 지키고 있다.

긴 눈썹, 수염에 연화부채를 들고 호랑이에 기대어 앉아 있는 모습이 산신으로서 충분히 이해된다. 반면 성황사의 국사성황 탱화는 산신에 비해 크기는 두 배 이상이고 말 탄 무사로 그려져 있다. 대관령의 산신인 김유신은 무장이고 성황인 범일국사는 선종의 대덕고승이다. 상고대 강릉은 동예의 중심도시였다. 매년 10월에 무천이라는 제천의례를 지냈는데 호랑이도 신으로 여겼다. 산신은 고대부터 신성한 존재였다. 동예가 호랑이를 신으로 여겨 제사지냈다는 것은 산신을 모신 역사가 얼마나 오래되었는가를 가름할 수 있는 잣대이다.

강릉지역의 산신에 관련한 기록은 1603년에 허균(許筠, 1569~1618)이 강릉에 머물다가 단오제 행사를 목격하고 기록한 문집에서 찾을 수 있다. 계묘년 여름 내가 명주(강릉)에 있을 때, 명주 사람들이 5월의 길일을 택해서 대관령 산신을 맞이하러 갔다. 내가 이속(吏屬)에게 물으니, 이속이 "그 신은 다름 아닌 신라 대장군 김유신(金庾信)입니다"라고 대답했다. 공은 어렸을 때 명주에서 유학했고, 산신에게서 검술을 배웠고, 명주 남쪽에 있는 선지사(禪智寺)에서 검을 만들었다. 이 검으로 고구려를 멸망시키고 백제를 평정했다. 죽어서 대관령의 신이 되었는데, 지금에 이르기까지 남다른 영검이 있었다.

대관령에는 김유신 이전부터 이미 산신이 존재하는 등 산신 신앙이 오래 전부터 전승되고 있었다는 의미로 폭을 넓혀 이해할 수 있다. 김유신의 산신 등극은 순조로웠을 것으로 판단된다. 문학의 특성으로 구전설화의 탄생의 신비성, 삼국통일이라는 영웅적인 활약, 강릉에 남긴 공적 등으로 미루어 대관령 산신으로 좌정하는데 충분히 납득할 수 있는 조건을 갖추었다. 신으로 숭배되기 위해서는 오랫동안 주민들과의 합의 과정을 거친 뒤 신격화 되거나 혹은 전설 등 민담으로 남는 것이 상례였다. 실존인물의 신격화될 수 있었던 여러 가지 원인 중에서도 주요 요인은 지역과 적지 않은 연관성을 지니고 있다는 점을 확인할 수 있다. 그 인물이 지역사회에 미친 업적과 공으로 인하여 은혜를 입은 주민들이 보은을 위한 차원의 추모 행위들이 결정적인 영향을 주었던 것으로 보인다.

강릉에는 성황사에서 춘추로 제사를 올리는 이외에 별다른 풍속이 있다. 매년 4월 보름에 강릉부에서 임명된 호장(戶長)이 남자와 여자 무당을 인솔하고, 대관령 정상에 있는 신령을 모신 사당으로 가서 호장이 먼저 사당 앞에 나가 고유(告由)하고, 남자와 여자 무당으로 하여금 살아 있는 나무 가운데에서 신이 내린 나무를 찾아 모시고 오라 시키면 갑자기 나무 하나가 바람이 불고 지나간 듯이 나뭇잎이 저절로 흔들리면 마침내 신령(神靈)이 그 나무에 내린 것으로 알고 나뭇가지 하나를 잘라 건장한 장정으로 하여금 받들게 하고 이를 국사(國師)라 하였다. 호장이 사당 앞에 나아가 고유하고, 신이 내린 나무를 찾아 나뭇가지를 잘라 받들게 하고 이를 산신이나 성황이 아닌 '국사'라고 했다는 점이다. 국사는 국사당 신앙에서 찾아 볼 수 있는 신격으로 천신의 개념을 가지고 있으면서도 인격신이다. 국사당 신앙은 마을의 수호를 위해 민간에서 전해온 신앙의 한 형태로 하늘에서 천신이 산정으로 강림하는 특성을 가지고 있다. 국사는 '구수(龜首) -국수(국시)- 국사(國師)'의 한자 취음으로 신산(神山)마루라는 의미로 보고 있다.

구수는 가야의 건국신화와 관련이 깊다. 가야를 건국한 수로왕은 하늘에서 구지봉으로 강림했다는 것은 주지의 사실이다. 국사신이나 산신이나 본질적으로 모두 산신이며, 천신의 속성이 전제되는 것이지만 국사신을 상정한 지역이나 마을에서는 국사신이 산신보다 더욱 우위의 신격임에는 분명하다. 국사당 신앙은 전통적인 마을의 공동체 신앙이었지만 점차 인멸되어 가는 과정으로 판단하고 있다. 무라야마의 『조선의 향토오락』에는 강릉에서 남자들이 겨울에 성황제, 봄가을에 국사당제를 지낸다고 기록되어 있다. 국사당신앙의 중요한 특징 중 하나가 성황당에 쇠말(鐵馬), 와마, 토마 등을 봉안하는 사례가 많다는 점이다. 그리고 호랑이와 싸우다가 한쪽 발에 부상을 당한 말에 관련한 전설이 전승된다. 강릉 왕산면과 연곡면 등 대관령 인접지역 성황당에서는 다리에 부상을 당한 말을 모셔놓은 서낭당을 발견할 수 있다.

강릉단오제 주신으로 등장하는 성황은 지역수호신에 제사하는 신앙 형태로 고려에 전해졌으며, 996년(고려 성종 15)에 성황당 관련 기록이 처음으로 등장한다. 고려시대 성황사는 처음에 진(津), 성(城)의 군사적 요새에 세워졌으나, 12세기 중반 이후 주, 군, 현의 행정 치소에 설치되면서 향리들이 실질적인 주도권을 행사하였다. 이들은 무격(巫覡)들을 동원해 기풍제, 기우제 형식을 빌려 성황제로 발전시켜 갔다. 강릉단오제에서 성황은 앞에 국사를 붙여서 국사성황이라고 한다. 강릉단오제의 주신이 국사성황이라고 밝힌 문헌은 『서유록』에 강릉 장현동에 거주하는 김씨 부인이 1913년 서울 유람을 다녀온 뒤 남긴 여행기이다. 여기에 "성황은 유명한 국사성황인데 강릉사람이 누대 년 숭배하여 수부다남을 축원했다."고 했다.

4. 각국의 단오풍속과 세계무형문화유산

박진재(2004, 2019)의 연구에서는 각국의 단오풍속과 세계무형문화유산이 논의되었다. 그는 '세계유산'(世界遺産, World Heritage)은 세계유산협약에 따라 지정된 유산으로, 세계 모든 인류가 공동으로 보존하고 관리해야 할 이유로 인정된 유산을 유네스코 세계유산목록에 등재시킨 유산을 논의하였다.

문화유산(Cultural Heritage)은 동산(動産)이 아닌 부동산(不動産)으로 역사적, 고고학적, 과학적, 민족적, 인류학적, 심미적 가치를 지닌 '기념물'(Monuments), '건조물군'(群)(Groups of Buildings), '유적지'(Sites) 등을 지칭한다. 기념물이란 건축물, 기념적 조각 및 회화 작품, 고고학적 성격을 띠는 유물이나 구조물, 금석문, 혈거지 그리고 여러 특성들이 조합된 것, 건조물군은 집단을 이루며 서로 떨어져 있거나 연결되어 있는 건물을 말하는 것(건축적 특성, 성격의 동일함 또는 경관 속에 점한 위치 등의 관점에서 가치가 있는 것), 유적지는 인간 또는 자연과 인간이 함께 만든 것(고고학적 유적을 포함한 지역)을 말한다.

자연유산(Natural Heritage)은 물리적, 생물학적 생성물들로부터 이룩된 자연의 기념물로 관상상 또는 과학상 가치를 갖는 것과 지질・지형학적 생성물과 동물 및 생물의 서식지 및 자생지인 자연지역이나 자연유적지로 과학, 보존, 자연미의 시각에서 볼 때 가치를 나타내는 곳을 말한다. 복합유산(Mixed Cultural and Natural Heritage)은 문화유산과 자연유산에 관한 정의의 일부 및 전부를 충족시키는 유산을 말한다. 기타세계유산 중에는 어떤 유산이 인접한 여러 국가의 국경에 걸쳐 소재할 경우 해당 국가들이 공동으로 신청하는 월경(越境)유산(Transboundary Properties), 가치를 지닌 동일한 유형의 유산이 단일 국가의 복수의 장소 또는 복수의 국가의 영토에 소재할 경우에 해당하는 연속유산(Serial Properties)과 같은 특별한 유형의 유산도 있다.

세계유산 협약 채택 이후, 1980년대 후반까지 세계유산의 보호는 유형적 요소에 대한 고려만을 적용했으나, 1990년대 문화경관의 도입으로 무형적 가치에 대한 중요성이 부각되면서 유·무형적 가치를 모두 포함하게 되었다. 이후 "진정성에 관한 나라문서"(1994)에 의해 유산의 진정성이 재해석되면서 문화다양성에 대한 인식이 확대되었고 2000년 이후 지금까지 세계유산은 유산이 지닌 다양한 속성과 인간의 사상, 신앙까지 그 범위가 다양해졌다. 그리고 근래에는 산업·군사·근대유산과 같은 분야에까지 그 범위가 확대되었다.

세계유산위원회는 세계유산에 대한 이해와 인식, 유산보호에 따른 시대 변화를 반영하여 주요 의제로 다루었고, 이중 세계유산 등재 절차에 관한 '등재 기준'은 지속적인 수정·보완을 통해 지금까지 변화해 왔다. 2002년까지 자연유산과 문화유산에 각각 적용되었던 등재 기준을 2005년 하나의 통합 기준으로 개정하였는데, 그 배경으로는 세계유산위원회가 채택한 유산범위 확장에 따른 '문화 경관'의 도입(1992)과 세계유산의 균형성, 대표성, 신뢰성 제고를 위한 '글로벌 전략'의 수립(1994), 세계유산협약의 효과적 이행을 위한 '전략 목표'의 채택(2002, 2007)을 들 수 있다. 세계유산위원회에서 채택된 주요 사안들은 세계유산협약 운영지침에 반영되었고 지속적으로 개정되어 왔다. 운영지침에 관한 변화과정 중, 세계문화유산의 '등재기준', '진정성 및 완전성', '보호 및 관리계획'에 대한 각각의 주요 지침들은 현재 세계유산 등재를 위한 기본요건이다. 이러한 조건들의 충족은 현재 '세계문화유산의 가치는 유산의 가치를 유지하는 것'으로 변화해 왔다고 볼 수 있다. 세계유산협약 이행에 있어 서양 위주의 세계유산 등재 양상과 지역 및 유산 종류별 불균형, 그리고 등재 이후 관광개발로 인한 유산의 상업적 이용, 지역개발로 인한 유산의 가치훼손 등과 같은 역기능들이 나타났다. 이는 세계유산협약의 성과 이면에 나타난 문제점들로 볼 수 있다. 세계유산위원회는 이러한 문제점들을 해소하기 위해 글로벌 전략과 전략 목표를 채택하였다.

세계무형 문화유산의 세시풍속 단오편을 살펴본 유옥희(2020)의 연구는 일본 단오의 기원을 고찰하였다. 일본 단오는 중국 굴원의 고사에서 발원되었다. 굴원(屈原, B.C.340?-B.C.278?)은 중국 초나라의 회왕(懷王) 때 나라를 위한 충언을 서슴지 않았던 인물로, 모함을 받아 뜻이 통하지 않게 되자 자신의 지조를 보이기 위하여 멱라수(汨羅水)에 투신자살 했는데, 그날이 5월 5일이었다. 이때 물고기가 굴원의 시신을 뜯어 먹지 못하도록 배를 타고 강에 종자떡(粽子, 중국음 쫑쯔)을 던졌다고 한다. 이를 계기로 중국에서는 5월 5일에 용선(龍船) 대회가 열리고 종자떡을 먹는 명절로 이어져 오고 있다. 음양의 이치로 볼 때 5월 5일, 즉 음력 6월 무렵은 양기가 최고조에 달하지만 반면 음기가 싹트는 시기이도 하다. 본격적인 무더위가 막 시작되려고 하는 시기이며 일본의 경우는 거의 장마철에 가까운 시기이다. 중국초나라의 『형초세시기』에는 5월 5일을 욕란절(浴蘭節) 또는 단오(端午)라 하고, '오월(五月)을 세속에서 나쁜 달(惡月)이라 한다.'라고 하였다. 그리하여 난초로 목욕을 하고 쑥으로 사람을 만들어 문에 걸고, 창포주를 담그며, 약초를 캐고 오색 비단을 팔에 걸었다고 한다. 이 모든 것은 곧, 제액(除厄) 및 벽사(闢邪)를 하기 위함이었다.

이러한 제액의 의미는 음력 5월이 특히 습한 일본에 적극적으로 수용되었다. 창포나 쑥을 동그랗게 뜬 틈에 꽃을 장식해 오색실을 맺은 약초 주머니는 일본에 구스다마(薬玉)로 계승되어, 귀족끼리 구스다마를 선물하는 풍습도 있었으며 오늘날까지 이어져 오고 있다. 일본의 단오는 '단오 연회(端午の節会)'라고 하여 나라시대부터의 풍속이다. 스즈키 히데오(鈴木日出男)는 「연중행사와 세시의식」에서 율령국가로서 급성장하려고 하는 야마토 조정이 중국의 연중행사를 탐욕스러울 정도로 수용했고 그 행사들이 고유 습속과 융합되었다고 한다. 『일본서기(日本書紀)』에 스이코(推古)천황 19년(611) '여름 5월 5일에 약초 캐기를 했다. 하타에 모여서 서로 함께 아침에 참가했다.(夏五月の五日に、薬

猟す。羽田に集ひて、相連りて朝に参趣く。)'라는 기술이 있어서 5월 5일에 구스리가리(薬狩, 약초 캐기)를 했음을 알 수 있다.

다이호율령(大宝律令, 701) 이후 잡령(雑令)에도 단오행사가 규정되어 있었으나 '모노이미(物忌み, 금기, 근신하는 날)'여서 중단되었다가 『속일본기(続日本記)』에 쇼무(聖武) 천황이 덴표(天平)19년(747)에 '이 날, 예전에는 창포 명절에 창포로 머리 장식을 만들었다. 지금부터 창포관을 쓰지 않으면 궁중에 들어오지 말라.(是の日、昔者菖蒲の節には菖蒲を用て縵とす。此来已にこの事を停めたり。今より後菖蒲の縵にあらずば宮中に入るること勿れ。)』라는 기술이 있는 것으로 보아 단오 연회가 부흥되었음을 짐작할 수 있다. 그런데 일본의 단오는 에도 서민사회로 접어들면서 일본 특유의 풍습으로 발전했다는 데 특성이 있다. 즉 에도 시대 이래 남자아이의 건강을 비는 날로 정해져 있고 이것이 오늘날 어린이날로 제정되는 발단이 되었다는 점이다. 그 이유가 참으로 특이하다. 단옷날에 머리를 감는 '창포(菖蒲)'의 일본음인 '쇼부'가 무예를 숭상한다는 '상무(尙武)'의 일본음 '쇼부'와 같다는 단순한 이유에서 출발했는데 남성적인 기개를 강조하여 남자아이의 명절로 정해지고 나서, 무사인형을 장식한다든가, 잉어가 강을 거슬러 올라가는 형상을 한 '바람에 날리는 잉어 깃발'인 '고이노보리(鯉幟)'가 전국적으로 게양된 것이다. 단오절이 남자아이의 명절로 굳어진 것은 서민사회 이래의 풍속이다.

1948년 '국민의 축일법' 2조에서 단오는 '어린이의 인격을 존중하고 어린이의 행복을 도모함과 동시에 어머니에게 감사하는 날'인 '어린이 날'로 제정되어 남녀 구별 없이 어린이의 행복을 기원하는

날이 되었다. 그러나 실질적으로는 에도시대의 사내아이의 명절로 굳어진 영향으로 여전히 남아의 축일로서 인식되고 있다. 에도 후기의 하이진(俳人)호로(鳳朗, 1762-1845)의 아래 하이쿠들은 무사문화와 접목된 단오 분위기를 엿볼 수 있으며 남 대도의 이름 새기는 / 단옷날이여孫六が太刀の銘きる端午かな 鳳朗(鳳朗発句集) 무사가 된 / 아이 돌아오는 / 단옷날이여侍のなった子の来る端午哉 鳳朗(同) 마고로쿠의 / 일본에서도 헤이안시대 이래 궁중에서 중국의 풍습을 따라 오월 절구(節句)를 거행했다. 그러나 민간에서는 원래 모내기와 관련하여 오월은 중요한 달로 인식되어 금기(物忌み)의 달로 남자가 집을 비운 후 여자가 집에 틀어박혀 있었다.

이 시기에 마을 청소년에게 성년계(成年戒), 성녀계(成女戒)가 이루어져 청소년에게 관계가 있는 행사로 추정되고 거기에 중국풍이 습합된 것이다. 일본에는 여자가 5월 4일 저녁부터 이튿날 아침까지 집을 나가지 않는 습속이 있었다. (중략) 지붕은 창포로 이었는데 이는 여자의 몸에 재앙이나 부정을 타지 않도록 하기 위한 것이다. 왜냐하면 모내기는 여자들의 일이었으며 행사로서 밭의 신(田神)을 맞이하는 것도 여자들의 역할이었기 때문이다. 이를 위해 창포로 남편의 엉덩이를 쳐서 내쫓고 여자들만 재계(齋戒)를 할 필요가 있었다.

오월 오일 단오, 종자떡, 구스다마, 창포, 창포뿌리 겨루기, 긴 뿌리, 창포도(菖蒲刀), 창포목욕, 게즈리가케 투구. 창포명절은 아사카 못에서 묻은 진흙 범벅이 된 긴 (창포)뿌리를 뽑는 마음, 서쪽 골목도 동쪽 골목도 창포와 쑥을 이은 지붕의 화사함, 휘날리는 노보리가 늘어서 있는 대로의 풍경, 종자떡(粽子)을 비틀어 자르는 집집마다의 가례(嘉例), 구스다마나 창포 줄기를 걸며 다니는 사람들의 모습, 창포도(菖蒲刀)나 작은 나기나타를 가지고 돌싸움을 하러 가는 바보들의 모습 등을 읊는다. (야마노이)

창포(菖蒲, sweet flag, calamus)는 잎이 곧고 칼 모양을 하고 있으며 부들모양의 꽃을 피운다. 잎 모양이 유사해서 꽃창포(花菖蒲, Iris ensatavar. spontanea)와 혼동하는 경우가 많은데 전혀 종류가 다르다. 꽃창포는 장마철에 물가에서 보라색이나 흰색의 꽃을 피우는 식물이다. 제액의 의미와 더불어 계절적인 시심을 유발하는데 가장 빈번하게 등장하는 것이 이 창포이다. 단오가 '창포의 날(あやめの日)', '창포의 명절(菖蒲の節句)'이라고 불리는 경우가 더 많은 것은 그 때문이다. 중국에서는 예로부터 창포 잎이 칼과 유사한 점, 액을 물리치는 듯한 향기로운 냄새, 남자에게 좋은 것이라고 여겨 처마에 걸거나 배게 밑에 두거나 했다. 창포는 나라 시대의 쇼무(聖武)천황 때부터 기록이 보인다. 헤이안 시대 궁중에서 「창포뿌리 겨루기(根合わせ)」 같은 것을 했었다. 헤이안 시대에도 적극적으로 향수되었음을 『마쿠라노소시(枕草子)』의 기술을 통해 알 수 있다.

유소홍(2017)은 연구에서 중국단오(端午)라는 단어는 서진(西晋) 주처(周处)의 『풍토기(風土記)』에 처음 나타남을 밝혔다. 단(端)은 시작(初)의 뜻이고 '오(五)'과 '오(午)'는 동음이기 때문에 단오(端午)는 초오(初五)라는 뜻이다. 중국 고대의 단오절은 오월 오일 오시(午時)에 행하는 명절이었다. 오시(午時)면 태양이 중천(中天)에 떠 있어서 그 위력이 최고조에 달할 수 있다. 양기가 가장 강해지므로 단오절은 중천절(中天節) 또는 단양절

(端陽節) 여아절(女兒節)이라고도 한다. 명나라 의하면 "오월 여아절에 오색실로 부적을 만들어 붙인다. 옛 풍습대로 5월 1일부터 5일까지 어린 여자아이를 예쁘게 치장해야 한다. 시집간 여자도 친정집을 방문해야 한다. 그러므로 여아절이라고 한다."라고 했다. 옛날 단오절에 난초(兰花)탕으로 목욕하고 건강을 기원하는 풍습이 있어 욕란절 (浴蘭節)이라고도 한다.

중국 단오절의 이름은 20여 개나 된다. 단오절(端午節), 단오절(端五節), 단양절(端陽 『풍토기(風土記)』 : 常以五月下種訖, 祭鬼神, 群聚歌舞,飮酒 夜無休..其舞, 數十人俱起相應,踏地低昻, 手足相應,節奏有似鐸舞 十月農功畢, 亦復如之.159) 黃石(1963), 『端午禮俗史』, 홍콩泰興書局, p.24 참조. 沈榜, 明代 『宛署雜記』, "五月女兒節, 系端午索, 戴暖葉, 五毒雲符, 宛俗自五月初一至初五日, 飾小閨女, 盡態極研, 出嫁女亦各歸寧, 因呼女兒節"-60-節), 중오절(重五節), 중오절(重午節), 천중절(天中節), 오월절(五月節), 용주절(龍舟節), 욕란절(浴蘭節), 종자절(粽子節), 여아절(女兒節), 오일(午日), 악일(惡日) 등이다. 도교에서는 단오절을 지랍절(地蠟節)이라고 한다. 단오는 중국의 전통명절 중 별칭이 제일 많은 명절이다.

중국 단오절의 유래는 '용 토템(龍圖騰)설', '악일설(惡日說)', '난욕설(蘭浴說)', '굴원기념설(屈原紀念说)' 등이 있다. 용 토템설은 중국의 유명한 애국 시인 문일다(聞一多)의 견해이다. 그는 『端午考』, 『端節的歷史教育』에서 "백월민족(百越族)의 사람들은 용의 자손이라고 칭하여 머리를 자르고 문신하는 풍습이 있다"는 기록을 참고해 백월민족은 매년 5월 낮이 가장 긴 날에 성대한 용 토템

제사를 진행한다고 추론했다. 추정된 시기는 4천여 년, 5천여 년 전이다. 당시 강남지역에 거주한 백월민족은 가뭄과 온역충해(瘟疫蟲害)의 위협을 자주 받았다. 이에 맞서기 위해 신묘한 힘이 있는 용을 동족의 토템으로 삼아 보호를 받기 위해서 매년 단오절에 갖가지 식량을 나뭇잎으로 쌓거나 대나무 통에 넣어서 물속으로 던지고, 북을 치기도 하면서 용선을 타고 용을 즐겁게 해주었다.

단오절은 토템 숭배로 부터 출발한 용의 명절이었는데 이것이 변형되고 발전하여 단오절이 됐다는 설이 있다. 동아시아에서 용에 관련한 민속의 기원을 살펴보면 용은 평균적으로 비와 구름, 강, 물 등과 연관이 있기 때문에 용의 추상화와 신격화는 농경문화가 발달된 중국 남쪽지역에서 흔히 볼 수 있다. 단오절은 농경의 번영과 재앙퇴치를 기원하는 농경문화와 많은 상관이 있다고 생각된다. 악일설(惡日說)은 음력 5월은 봄이 끝나고 여름으로 넘어가는 환절기이다. 기후의 변화가 다른 달보다 더 뚜렷하다. 봄에 만물이 만개하고 여름이 되면 온도와 습도가 나날이 올라가므로 독충(毒蟲)과 세균의 번식에 더 좋은 조건을 준다. 고대에는 사람들의 생활환경이 열악하고 의학지식과 의료시설이 발달하지 않아서 세균의 번식과 질병을 두려워했다.

중국의 민간에서는 '길함의 정월과 흉함의 5월'이라는 말이 있었다. 예로부터 5월은 '악월(惡月)', '독월(毒月)', '흉월(凶月)'이라는 관념이 형성됐다. 그 중 『道书』: "五月五日为地腊, 此日可谢罪, 求请移译官爵, 祭祀先祖" 한국민속학(1996), 「한국세기에 나타난 중국 세시풍속」, 『韓國民俗學報』 제7호.163) 잡지 「신월(新月)」을 중심으로 시, 시론을 발표, 격률시(格律詩)를 제창했던 중국의 시인겸 학자. 청화대학교 중국문학 교수로 취임한 후로는 오직 당시(唐詩)와 『시경(詩經)』, 『초사(楚辭)』 등 중국의 고전연구에만 몰두했다. 주요 저서로는 『홍촉』, 『역림경지』 등이 있다. 閻艷(2007), 「端午節俗源流及其變遷初探」, 『內蒙古師範大學學報』. 劉京宰(2002) 「단오절을 통해 본 문화변용」, 『韓國民俗學報』. -61-에서도 5월 5일은 흉함이 최고라 하여, '악일(惡日)'이라 부른다. 이와 같은 이유로 5월에 다수의 금기가 생겼다. 하나의 예로, 민간에 '피단오'(避端午), 즉 단오를 피한다는 풍습이 있었다. 단오에 젊은 부부가 돌이 지나지 않은 갓난아이를 외가에 맡겨 흉을 피하는 풍습이다. 또한 『풍속통의(風俗通義)』는 "오월 오일에 태어난 아이는 부모님을 해칠 것이다."라는 기록이 있다고 한다. 중국의 단오 풍속은 기복피액(祈福避厄)의 성격이 더 강하다고 할 수 있다. '악일설'은 단오가 악질이나 액환을 방지하기 위한 다양한 예방 풍습에서 생겨난 것으로 보는 것이다.

쑥으로 인형을 만들거나 창포나 약초를 사용하는 풍습에서 알 수 있듯이 향이 센 약초 등으로 액운을 예방하고 건강을 비는 뜻에서 생긴 명절이라는 주장이다. 난욕설(蘭浴說)은 단오절은 하(夏)·상(商)·주(周) 삼대(三代)의 난욕(蘭浴)에서 기원하였다는 설이다. 『대대례기(大戴禮記)』 「하소정(夏小正)」에서 "5월에 '난초'를 저장하는 것은 목욕하기 위해서다(蓄蘭爲沐浴也)"라는 기록이 있다고 한다. 그런데 월(月)은 나타나 있지만 일(日)은 없다. 『예문유취(藝文類聚)』에 「대재례기(大戴禮記)」를 인용한 내용이 있다. "5월 5일 난탕에 목욕 한다(五月五日, 蓄蘭爲沐浴)." 고대에 난초는 악을 물리치는 식물로 여겨진 것이다. 3월 상사일

(上巳日)이나 5월 단오절에 난초를 이용했다. 『태평어람(太平禦覽)』 제59권 동한(東漢) 설한(薛漢)의 「한시장구(韓詩章句)」에서 "사람들은 난초를 들고 악귀를 물리친다(當此盛流之時, 眾士與眾女執蘭而拂除邪惡)"고 하였다. 한(漢)나라 때에도 사람들은 난초가 사악한 것을 없앤다고 생각했다. 이러한 풍습은 당송(唐宋)이후 단오절의 풍습에서도 알 수 있다.

온탕에서 목욕하는 이유는 바로 역병을 멀리하고 건강하기를 바라는 것이다. 굴원기념설(屈原紀念说)은 『史記·屈原賈生列傳』에 의하면 굴원은 중국 호북성(湖北省) 자귀현(秭歸縣)에서 태어났다. 전국시기 초회왕(楚懷王)의 대신이다. 유능한 사람을 고용해 나라를 강하게 하고 힘을 모아 진나라와 싸워 정치를 개혁하는 데 힘을 도우려 하였지만 귀족 자난(子兰) 등의 반대를 받았다. 초회왕(楚懷王)은 반대파의 말만 듣고 굴원(屈原)을 추방하였다.

연변지역 단오를 살펴본 안상경(2013)의 연구는 단오에는 쑥떡(절편)이 전승되고 있었다. 단오는 일 년 중에 양기(陽氣)가 가장 성한 날이라, 이날 캐는 풀은 무슨 풀이든 약이 된다고 여긴다. 이 중에서 쑥이 단연 압권이다. 해 뜨기 전에 이슬을 머금은 쑥이나, 양기가 최고조에 이른 때 캔 쑥이 약효가 가장 뛰어나다고 여긴다. 이를 캐어 볕에 말렸다가 약용으로 사용한다. 주로 산모의 부인병을 치료할 때나 배앓이 할 때 사용한다. 또 멥쌀가루와 섞어 쑥떡(절편)을 먹기도 한다. 이날 쑥떡을 먹어야 여름내 더위를 먹지 않는다고 여긴다. 정암촌에서는 단오행사는 사라졌지만, 쑥떡의 전통은 남아 있다. 각 가정에서 부녀자들이 이른 아침에 이슬을 머금은 쑥을 베어 응달에 말린다. 배앓이 할 때 삶아 먹거나 뜸을 뜨기도 하는 등 가정상비약으로 소용된다. 또한 소금 또는 고춧가루와 함께 태워 액운(厄運)을 물리치는 데 사용되기도 한다. 버듬을 예방하기 위해 상추잎에 이슬을 받아 분을 바르기도 하고 식욕을 돋우기 위해 익모초즙을 마시며 창포와 약쑥을 한데 넣어서 삶은 후 머리를 감기도 했다. 이날에는 동쪽으로 흐르는 물에 머리를 감으면 사기(邪氣)를 물릴 수 있다고 여긴다.

이외 설날에 떡국 및 추석에 송편이 전승되고 있다. 떡국이나 송편은 주지하는바, 설과 추석을 상징하는 대표적인 절식이다. 정암촌에서는 떡국의 국물을 우릴 때 소고기보다 꿩고기를 많이 사용한다. 송편의 속은 팥, 콩, 깨고물 등으로 채운다. 처녀들이 송편을 예쁘게 빚으면 좋은 신랑을 만나고, 임산부는 예쁜 딸을 낳는다고 여긴다. 5월 단오의 쑥떡 등 그러한 음식을 먹음으로써 어떤 재액을 예방할 수 있다고 믿는 절식이 전승되고 있다. 그러나 원주지와 다른 인문지리적 환경으로 인해 그 수확이나 채취가 불가능한 재료로 조리하는 절식은 단절되었다.

단오와 추석에는 그네뛰기, 널뛰기, 씨름 등이 전승되고 있다. 다만 오늘날에는 정암촌에서 마을 단위로 전승되고 있는 것이 아니라, 진(鎭 : 량수진) 단위에서 집체행사의 일환으로 전승되고 있다. 특히 씨름에서 우승자는 부상으로 황소를 받는다. 우승자는 황소를 타고 운동장을 한 바퀴 도는데 정부 지도자가 앞에서 황소를 몰고, 우승자와 가족들은 뒤를 따르며 덩실춤을 춘다. 운동장에 둘러선 관중들은 박수를 치기도 하고 함성을 지르기도 하며 우승자를 축하해준다. 한편 해방 전까지, 추석을 기해 마을 단위에서 강강술래가 전승되었다. 이외 단오와 추석에 연날리기가 전승되고 있다. 연날리기는 원주지에서 설날부터 대보름까지 절정을 이루던 풍속인데, 정암촌에서는 영하 20℃가 넘는 혹한 때문에 이때 날리지 못하고 대신 단오와 추석에 날린다. 특히 단오 때 각자 띄우던 연에다 '액(厄)' 자를 쓴 후 본인의 생년월일과 성명을 적어 날려 버린다. 대보름의 액 연날리기 전통을 단오에 고수하고 있는 것이다. 연변지역은 조선시대 후기부터 두만강을 건너 월경천입(越境遷入)한 함경도 사람들의 정착지였다.

충청도, 경상도, 전라도 등 이른바 '남선(南鮮) 사람들'은 일제강점기에 독립운동을 위해 망명한 사람들이거나 1920~1930년대에 집단으로 이주·정착한 수백만의 빈농 출신이다. 이들 가운데 반 이상이 해방과 더불어 귀국하였지만, 나머지 사람들은 공산당 정권 수립과 국경 폐쇄로 귀국의 기회를 놓친 채 중국의 공민으로 살아가고 있다. 이들은 대체로 연변조선족 자치주의 연길지구, 용정지구, 도문지구 등에 집거하고 있다.

그런데 1992년 한·중 국교정상화 이후 연변지역 조선족 사회가 변화하고 있다. 특히 2000년대 이후부터 '제2의 민족이동'이라고 할 만큼 중국 전역으로 연변지역 조선족의 대대적인 인구이동이 일어나고 있다. 조선족이 떠난 연변지역의 경작지는 한족이 소작농 혹은 계약 농의 직분으로 채우고 있다. 연변지역 조선족 사회가 변화하면서 조선족의 정체성도 흔들리고 있다. 이러한 상황을 고려할 때, 정암촌에서 전승되고 있는 세시풍속의 가치와 의미가 새롭다. 1990년대 후반부터 이른바 '한국바람'이 불어 닥쳐 고향방문, 친지방문, 농업연수 등의 명분으로 '한국행 노무'를 떠나려는 이주 2~3세대의 경쟁이 치열하다. 더구나 한국에서 돈을 벌어오면 자녀교육을 빌미로 인근의 대도시로 이주한다. 소수민족 보호정책으로 두 자녀를 낳을 수 있는 특혜가 주어졌음에도 불구하고 정암촌의 젊은이들은 한 명 이상의 아이를 낳기 꺼려한다. 당연히 인구 성장률이 크게 떨어지고 있다. 이런 탓에 민족교육의 산실로서 '정암 소학교'까지 폐쇄되고 말았다.

정암촌은 물론이거니와 연변지역 조선족 전통마을의 집약적인 현지조사가 절실하다는 사실을 다시 한 번 절감할 수 있다. 연변지역 조선족은 일제시대, 해방전쟁, 한국전쟁, 계급투쟁과 사상투쟁, 집체화와 인민공사, 문화혁명, 개혁개방 등으로 이어지는 한민족 역사의 소용돌이와 중국의 역동적 역사 속에서 삶을 영위해 왔다. 당연히 한국, 한국인의 삶과 이질적일 수밖에 없다. 그러나 한민족으로서 혈통, 언어, 전통, 관습 등 여러 문화적 측면에서 중국 조선족과 한국, 한국인의 삶은 공통분모가 있다. 이러한 공통분모를 현지에서 확인하고, 그것을 바탕으로 디지털 가공을 통한 문화지도 구현, 문화지도 구현을 통한 조선족과 조선족 문화의 이해, 조선족과 조선족 문화의 선양, 보존, 계승 등을 궁구해야 할 것이다.

5. 단오의 세시기반과 세시풍속의 역사

강순예(2016)는 세시기반의 단오를 시기별로 연구하였다. 그는 연구에서는 '세시풍속'은 세시(歲時)와 '풍속(風俗)'이 조합된 용어로 설명하였다. 국립국어원 표준국어대사전은 세시를 '한 해의 절기나 달, 계절에 따른 때'로 정의하였으며, 풍속을 '옛날부터 그 사회에 전해 오는 생활 전반에 걸친 습관 따위를 이르는 말 또는 그 시대의 유행이나 습관 따위를 이르는 말'로 정의했다. 표준국어대사전에서 '세시풍속'이라는 조합된 낱말의 풀이를 찾기는 쉽지 않으나 그 뜻을 유추하기는 어렵지 않다. 이미 세시풍속이라는 용어가 우리에게 익숙해진 까닭이다. 세시풍속의 개념을 많은 학자들이 다음과 같이 풀이했다. 즉 '예로부터 전해지는 농경사회의 풍속이며 해마다 농사력에 맞추어 관례(慣例)로서 행하여지는 전승적 행사, 음력 정월부터 섣달까지 해마다 같은 주기에 반복되어 거행하는 주기전승(週期傳承)의 의례 행위를 말한다. 옛날에는 세시풍속을 세시, 세사(歲事), 월령(月令), 시령(時令)으로 불러 특히 시계성(時季性)이 강조되었으며, 절일(節日)이라고 하여 명절로 여겼다. 이러한 세시풍속은 오랜 세월 동안 반복되어 온 인간의 삶을 위한 연중행사로 그 나라의 정신과 승화의 소산이라고 할 수 있다.

일본에서는 세시풍속을 연중행사(年中行事)라고 한다. 우리나라에서도 종종 이런 표현을 하는데 이 용어는 피하는 것이 바람직하다. 우리의 경우 연중행사라 하면 연중에 행해지는 모든 행사를 포함한다. 세시풍속은 계절에 적절하게 행해지고 있으므로 연중행사와는 구별해야 한다. 세시풍속은 대체로 농경문화를 반영하고 있어 농경의례라고도 한다. 여기에는 명절, 24절후(節侯) 등이 포함되어 있고 이에 따른 의례와 놀이 등 다양한 내용을 담고 있다. 농경을 주 생업으로 하던 전통사회에서 놀이는 오락성이 주를 이루는 것이 아니라 풍농을 예측하거나 기원하는 의례였다. 그래서 세시풍속을 세시의례(歲時儀禮)라고도 한다. 또한 세시풍속은 오랜 시간 속에서 형성 되었으므로 보통 사회적, 역사적인 공시성과 통시성의 차원에서 다루어지는 문화행위로 볼 수 있다. 동시에 민족문화의 근간을 이루는 것이기 때문에 이를 총괄해서 살펴본다면 한 민족의 기층문화 양상을 어렵지 않게 파악할 수 있다. 세시풍속 개념을 설명하는데 있어, 많은 학자들이 낱말에 미묘한 차이를 보이고 있으나, 공통적인 뜻은 '주기적, 반복적, 전승적' 이라는 것이다. 또한 자연 친화적이고, '우리'라는 말로 공동체 사회를 굳건히 다지는 역할을 했으며, 지혜롭게 과학적으로 세분화 되어 있다.

1) 삼국시대 · 통일신라시대

삼국시대의 세시풍속을 알 수 있는 문헌자료는 매우 한정적이나, 『삼국지(三國志)』의 「위지동이전(魏志東夷傳)」에 기록된 부여(夫餘)의 정월영고(迎鼓), 고구려의 10월 동맹(東盟), 예(濊)의 무천(舞天), 마한(馬韓)의 농공시필기(農功始畢期)인 5월과 10월의 귀신에게 드리는 제사, 백제의 솟대, 신라의 한가위 등은 모두 세시로 인정된다. 또한 『삼국사기(三國史記)』에 기록된 추석, 수리(단오), 유두, 『삼국유사(三國遺事)』에 기록된 대보름은 이미 세시풍속의 원형이 시작되었음을 알려준다. 국립민속박물관의 『한국세시풍속자료집성 삼국 · 고려시대편』에 기록된 내용에 따르면, 삼국 및 통일신라시대의 1월은 정월(正月)로 새해의 처음이자 봄의 시작이다. 1월의 절기로는 입춘과 우수가 있으며, 대표적인 명절로는 설과 대보름이 있다. 특히, 음력 1월 1일은 새해가 시작되는 달이기에 천지신(天地神) 또는 시조신(始祖神)에 제사를 지내는 세시의례 등이 행해졌다. 해마다 연초에 패수(浿水)에 모여 놀이를 하는데, 왕(王)은 요여(腰輿, 가마)를 타고 나가 우의(羽儀)를 나열해 놓고 구경한다. 놀이가 끝날 무렵에 왕이 옷을 물에 던져 넣으면 좌우로 패를 나누어 물과 돌을 서로 그 옷에다 뿌리거나 던지고 소리치며 쫓고 쫓기기를 두세 번 하다가 그친다. 고구려에서는 1월(正月)에 '연초놀이'를 즐겼다. 봄 정월에 왕이 동명 묘에 배알하고 남단에서 천지에 제사지냈으며, 죄수를 크게 사면하였다. 백제에서도 정월에 시조 묘를 찾아뵙고 천지에 제사를 지내고, 죄수를 사면하였다는 말이 나온다. 원일(元日)을 중하게 여겨서 서로 경하하고 연회를 베푼다. 해마다 이날에 일월신(日月神)에게 절을 한다. 신라인들은 원일(元日) 즉 설날을 중히 여겼으며, 정월에 서로 축하하고 해마다 일월신에게 절을 했다. 특히 신라에서는 정월 행사로 연등회를 관람하고 종묘와 시조 묘, 신궁, 풍백에 제사를 지냈음이 기록을 통해 전해진다. 가야에서도 수로왕 묘에 제사를 지냈다.

2) 고려시대

고려시대에는 신라시대의 세시풍속이 대체로 전승되었으며 상원(上元), 즉 정월 대보름의 연등회와 팔관회와 같이 불교적이면서 전국적인 행사가 확산되었다. 이로 보면 고려가 불교국가인 만큼 세시풍속이 국가적이면서도 종교적인 것에 기인했다는 것을 알 수 있다. 고려시대의 세시풍속에 대해서 『고려사(高麗史)』 형금(刑禁)조의 기록을 통해서도 알 수 있다. 즉, 고려사에는 민간에서 중요시 여기는 고려의 9대 속절 즉 명절은 원정(元正), 상원(上元), 한식(寒食), 상사(上巳), 단오(端午), 중구(重九), 동지(冬至), 팔관(八關), 추석(秋夕)이었다. 여기서 원정은 새해 첫날 즉 설날이며, 상원은 정월 대보름으로 태음력에 기초한 것이다. 한식은 동지로부터 103일째 되는 날로 청명절 바로 다음

날이든지 같은 날에 해당되는데 태양력에 근거를 두고 있다. 상사는 음력 3월 3일, 단오는 음력 5월 5일, 추석은 음력 8월 15일, 중구는 음력 9월 9일로 모두 태음력을 근거로 두었으며, 동지는 24절기의 하나로 태양력을 근거로 한다. 『고려사』 지의 형법 형금 조항에는 형 집행을 금지하는 날로서 국가의 기일, 십치일, 속절 등이 명시되어 있다.

3) 조선시대

오늘날과 같은 세시풍속의 행사가 귀착된 것은 조선시대부터이다. 조선시대 세시풍속은 우리의 농경주기(農耕週期)와 관련되어 있으며 계절의 구분은 농경주기에 따랐다. 조선시대의 대표적 세시기(歲時記)로는 다음과 같이 『경도잡지(京都雜志)』, 『열양세시기(洌陽歲時記)』, 『동국세시기(東國歲時記)』를 들 수 있다.

◒ 경도잡지(京都雜志)

조선 영조·정조 때의 문신 유득공(柳得恭:1748~1807)이 18세기말 서울 사람들의 각종 생활상에 대한 다양한 정보를 수록하였다. 1권은 풍속편(風俗篇)으로 의복·차와 담배과일·노래와 광대·시문·시화(詩畵) 등 당대 서울의 문물제도를 19항목으로 나누어 기록하였고, 그 유래나 비판을 덧붙였다. 2권 세시편(歲時恭)에서는 정월부터 세밀까지 각 세시풍속의 내용을 19항으로 분류하여 기술하고, 여러 문헌을 인용하여 고증하였다.

◒ 열양세시기(洌陽歲時記)

조선 순조 때 김매순(金邁淳:1776~1840)이 열양, 곧 한양(漢

陽)의 연중행사를 기록한 책으로 1월에서 12월까지 1년 동안의 행사와 품목을 21항목으로 분류하여 기술했다. 주로 서울의 풍속을 다루었는데 연원을 중국 풍속에서 찾았다. 정월에 입춘(立春)·원일(元日)·인일(人日)·상해일(上亥日)·상원(上元), 2월에 삭일(朔日)·육일(六日), 3월에 한식(寒食)·삼일(三日) ·곡우(穀雨), 4월에 초파일, 5월에 단오와 십일(十日), 6월에 보름과 복일(伏日), 7월에 중원(中元), 8월에 중추(中秋), 9월·10월에 이십일(二十日), 11월에 동지, 12월에 납일(臘日)·제석(除夕)의 세시풍속이 기록되어 있다.

◒ 동국세시기(東國歲時記)

세시풍속 연구자들이 세시기로 가장 많이 인용하는 책이다. 조선 순조(純祖) 때의 학자 도애(陶厓) 홍석모(洪錫謨:1781~1850)가 지은 세시풍속서(歲時風俗書)이다. 정월 초부터 섣달까지 모두 23항목으로 구성하였고 날짜가 분명하지 않은 것은 월내(月內)라 하여 그 달의 맨 끝에 싣고, 윤달[閏月]의 풍속도 서술하였다. 각 세시 내용마다 『형초세시기(荊楚歲時記)』 등 중국의 예를 들어 그 근원을 밝히려 했다. 『경도잡지』와 『열양세시기』에서 '경도(京都)'와 '열양(洌陽)'이 서울을 뜻하는 바와 같이, '서울'이라는 한계성이 있지만 『동국세시기』는 전국을 대상으로 세시풍속에 관한 자료를 집성한 것으로 의미가 크다.

> 내가 일찍이 설과 보름에 관한 우리의 풍속을 각기 수십 절기의 시로 간략하게 지은 일이 있었는데, 그 시를 본 사람은 내용이 충실하다고 말하기도 하고 혹은

입을 벌리고 감탄하기도 하였다. 그래서 이것을 이어 그 다음 절기들도 서술해 가 한 나라 세시의 유래와 실제가 갖추어지지 않겠는가 생각한 적이 있었다. 그러나 그럴 겨를을 찾지 못하고 몇 년을 지내다가 지금에 이르니 몸은 쇠약해지고 게을러져 필력이 쇠퇴하여 이전처럼 문득 생각나는 대로 적을 수 없게 되었다.

그러던 차에 하루는 나의 친구 도애(陶厓) 홍석모(洪錫謨)가 찾아와 책상(丌) 위에 책 한편을 뽑아 보여주면서 말하기를 "이것은 내가 우리나라 세시를 기록한 것이다. 중국에는 종름(宗懍: 중국 북주시대 사람으로 초나라 풍속 36종을 수록한 형초세시기(荊楚歲時記) 를 지었다.) 이래로 이런 책을 지은 사람이 적지 않지만 우리나라에는 여태 없었다. 그러므로 내가 이번에 마치 못생긴 여자가 미인의 표정을 흉내 내듯이 격에 맞지 않은 시늉을 내어 우리 풍속이 각기 다름을 기록하였다. 그러나 서문 하나 없이는 믿을 만한 책이 될 수 없으니 나를 위해 서문 하나 부탁한다."고 하였다.

내가 그의 부탁을 받아들여 책을 끝까지 읽어보니 정월부터 섣달까지 제목이 모두 23항목이었으며, 그 달에 행해지지만 구체적으로 날짜를 잡을 수 없는 행사는 그 달 끝에다 '월내(月內)로 구별하여 실었고 맨 나중에는 윤달 행사를 붙였다. 가까이는 서울로부터, 멀리는 궁벽한 시골에 이르기까지 비록 평범한 하나의 행사라고 해도, 그리고 아무리 비속한 것일지라도 그 절기에 해당하면 빠뜨리지 않고 모두 실었으며 우리나라 풍속 밑에는 반드시 전설이나 기록물 중에서 부합되는 것을 널리 채집하여 그 유래와 출처를 증명하였다.

고증이 풍부하고 내용이 넉넉한데다가 잘못 빠진 것들을 모두 실은 것이 물줄기를 따라 물의 근원에 이르고 가지로 말미암아 그 뿌리에 이른 것 같으니, 이는 비단 한 나라의 풍속을 묘사한 것에 그치는 것이 아니라 오히려 화려한 옛 중국문명과 견주어 유사한 것들을 잘 살려 엄연히 하나의 통일된 문자를 이룬 것이다. 풍부하다 그의 표현력이여. 반드시 후세에까지 충분한 참고가 될 수 있으리라.

그러나 나는 어디까지나 큰솥에 들어있는 잘게 저민 고기 한 점 맛본 것이니 어찌 그와 더불어 제대로 된 고기 맛에 대해 논할 수 있겠는가.

오호라. 홍군이 젊은 시절만 해도 그에 대해 기대했던 사람들이 "그가 아니면 누가 임금 옆에서 왕명출납을 맡아 수행할 인재라 할 수 있겠는가."라고 자진해서 말하지 않았던가. 그러나 그는 결국 운명에 막혀 쌓아놓은 재주를 아무도 사지 않아 저 대궐의 풍부한 책들을 접할 수 있는 높은 벼슬은 남에게 넘겨주고 말단 관리로 머물면서 늘그막에는 자포자기하여 오직 사부(辭賦)와 시율(詩律)로서 스스로 무료함을 보내고 적적하고 우울하고 평온치 못한 마음을 표현하고 있으니 어찌 이리도 어그러진 일이 있겠는가.

이번에 그의 이 작업도 무료한 가운데 소일거리로 보낸 것의 하나이지만 한나라의 풍속을 모두 기술하고 모든 세시의 문헌을 갖추었기 때문에 종름 등 여러 사람들이 한 것처럼 엉성한 기록과 일방적인 견문에 그친 것보다는 나은 점이 많다.

내가 이 글을 감상하는데 빠져 며칠을 두었으므로 이제 그냥 돌려보낼 수 없어 이에 이 글을 적어 보답하는 바이다.

기유년 중양 후 4일(1849년 9월 13일)

곡양만객(穀瀼漫客) 이자유(李子有) 서(序)

6. 생활 속 전래동요와 한국어 문화교육

1) 전래동요와 문화교육

김영아(2013)의 연구에서는 전래동요에서 한국어 문화교육이 논의되었다. 전래동요는 옛부터 전해 내려오는 아이들의 노래이다. 여기서 전해 내려온다는 것은 입에서 입으로 전해짐을 의미하는 것으로 특정 작곡가나 작사가 없이 악보나 글로 정형화되지 않고 불리는 사람 또는 상황에 따라 언제나 변화의 가능성을 열어두는 전래동요의 개방적인 성격을 알 수 있다. 또한 특정 개인이 아닌 그 문화를 공유한 많은 사람들에 의해 불리면서 다듬어진 것이므로 보다 보편적인 우리의 삶과 정서를 반영하고 있다는 점에서 문화정체성 형성에 교육적 의미가 있다. 이처럼 전래동요는 민간에서 자생적으로 만들어져 구전되며 주로 생활 감정을 표현하여 조상들의 생활모습과 민족의 정서를 드러낸다는 점에서 민요와 많은 특성을 공유하고 있다. 그러나 향유와 전승의 주체가 아이들이라는 점에서 본질적인 의미가 뚜렷하게 구분되는데 즉 주로 성인 중심으로 성인들의 정서를 드러내며 복잡한 표현방식을 가지는 민요에 반하여 전래동요는 어린이들의 보다 솔직하고 꾸밈없는 감정을 단순한 음악적 구조 속에 넣어 부른다는 점에서 차이가 있다. 그래서 최근 전래동요를 한국 음악의 원초적 형태라는 음악적 측면에서뿐만 아니라 창작 향유 전승의 주체가 아동이며 아동의 언어 신체 인지 사회성 음악성 발달을 이끌어 간 말과 노래와 놀이가 내포된 한국 고유의 아동음악문화 라는 본질적 개념으로 이해하여 아동이 스스로 생활과 놀이 과정을 담아 표현한 결과물로 바라보기도 한다.

음악이 인간의 문화적 산물이듯 전래동요 역시 아동문화의 산물로 아동기 발달단계의 보편적인 특징이 반영되어 있는 것이다. 전래동요는 아이들을 대상으로 하며 아이들을 중심으로 생활 속에서 향유되고 전승되었다는 점에서 근대 이후 성인에 의해 새롭게 작곡된 창작동요와 구분이 된다. 각기 우리 고유의 음악어법과 서양 음악어법에 기초한 노래라는 음악 어법적 차이와 더불어 아이들의 실제적인 삶의 모습과 정서가 노랫말에 드러나는 정도에도 차이가 있다 아동문화의 측면에서 아이들의 삶과 정서 문화가 보다 직접적으로 드러나는 전래동요는 어린이다운 문화를 형성하지 못하고 어울리지 않는 성인들의 문화를 모방하는 현대 초등학령기 아이들에게 교육적으로 의미가 있다고 하겠다. 전래동요 지도를 통해 아이들이 놀이하는 과정에서 우리 음악어법으로 마음을 표현하며 서로 공감할 수 있는 아이들만의 문화를 형성하고 공유함으로써 자아정체성을 바르게 형성해갈 수 있을 것이다.

2) 생활 속 단오행사

음력으로 5월 5일은 '단오'날인데 천중절, 중오절, 수릿날 등으로 불린다. 단오는 1518년에 설날, 추석과 함께 한국의 3대 명절로 정해졌는데 단오의 단(端)자는 첫 번째를 뜻하고 오(午)자는 다섯을 나타냄으로 단오는 바로 초닷새를 뜻하는 말이 된다. 단옷날은 일 년 중 가장 양기가 왕성한 날이라고 하여 큰 명절로 여겨 왔으며 여러 가지 행사가 전국 곳곳에서 열린다. 이 날이 되면 모든 가정에서는 취떡과 쑥떡을 해 먹고 차례를 지내기도 하였는데 남녀노소 할 것 없이 모두 새 옷으로 갈아입고 즐겁게 노는 날로 되어온다.

◒ 수릿설

고대 한국은 단오를 수릿날이라고 불렀다. '수리'라는 말은 어원적으로 고(高), 상(上), 봉(峰), 신(神)을 의미한다. 그러므로 수릿날은 신일(神日) 또는 상일(上日)의 뜻이 된다. 고려속요 『동동(動動)』에서는 '수릿날'이라는 고유어가 나타난다. 그리고 『삼국유사(三國遺事)』에 의하면 단오는 민간에서 '술의(戌衣)날'이라고 하였는데, 술의는 한국말로 '달구지'라는 뜻이다. 이날에 달구지처럼 쑥떡을 만들기 때문에 술의 날이라도 한다.

◒ 원시숭배(原始崇拜)설

원시숭배설은 옛날부터 농경사회 시기에 있었다. 원시숭배는 병충해(病蟲害)방지, 질병 방지를 기원하는 것은 중요한 신앙이다. 5월에 파종이 끝나면 오곡풍요(五穀豊饒) 제신(諸神)에게 제사(祭

祀)를 지낸 것이 민속 명절로서 정착되었다는 것이다.

5월 제사와 제천의식에 관하여 서진(西晉) 진수(陳壽)의 『삼국지(三國志)』 동이전(东夷传)에서는 "해마다 5월에 씨뿌리기를 마치면 귀신에게 제사를 지냈다. 무리를 지어 모여서 먹고 마시며, 춤추고 노래하는데 밤낮을 가리지 않았다. 그 춤은 수십 명이 일어나서 뒤를 따라가며, 땅을 밟고 구부렸다 치켜들었다 하면서 손발이 서로 조화를 이루는데, 그 가락과 율동은 탁무(鐸舞)와 흡사했다"고 기록되어 있다. 이는 단순한 제사를 지낼 뿐만 아니라 매년 특정한 시기에 사람들이 함께 모여 신에게 제사를 지내고 술을 마시고 노래를 부르고 춤을 추는 국가적 축제였다. 또한 『삼국유사(三国遗事)』에 따르면 매년 수로왕(首露王)을 위해 제사를 행했던 날짜 중에 5월 5일도 있었던 것을 보아서 이날에 조상에게도 제사를 지냈던 것을 알 수 있다.

◒ 음양(阴阳)설

한국의 음양설은 중국의 음양오행설과 비슷하다. 음양사상에 따르면 "홀수"를 "양(陽)수"라고 하고 "짝수"를 "음(陰)수"라고 한다. 예로부터 양수가 겹치는 날은 명절로 삼아 지내왔다. 예를 들어 설날(음력 1월 1일), 삼짇날(음력 3월 3일), 칠석(음력 7월 7일), 중구(重九)(음력 9월 9일) 등은 바로 이 음양사상으로 인해 생긴 명절이다. 이러한 의식은 중국의 영향을 받은 것으로 보인다. 단오의 오(午)는 양(陽)의 개념을 가지고 있어서 단양(端陽)절이라는 명칭도 있다.

7. 한국 놀이문화 콘텐츠 "오징어게임 / 무궁화꽃이 피었습니다"

전지수(2018)는 심리운동기반 놀이 분석과 적용방안 연구에서 발달과정 중 자연스럽게 친숙하게 습득할 수 있는 한국놀이를 설명하였다. '무궁화 꽃이 피었습니다'는 옛 문헌에서는 찾아볼 수 없어, 그리 오래되지 않은 역사를 가지고 있는 것으로 보이나 준비물 없이 움직임 공간만 있으면 가능한 놀이(한국민속예술사전 : 민속놀이, 2015)로 유아들에게 접근성이 높고 또래 친구 뿐 아니라 성인과도 가능한 놀이로 자연스럽게 유아들이 접할 수 있는 놀이이다. '무궁화 꽃이 피었습니다'는 술래가 눈을 감고 있는 사이에 조금씩 술래 가까이 다가가서 술래를 손바닥으로 치는 형식의 놀이이다.

놀이명: 무궁화 꽃이 피었습니다	인원수	3명 이상
수행방법		
1. 술래 1명을 정한다 2. 술래는 벽을 보고 서있고, 술래가 아닌 참여자는 술래가 있는 벽 반대쪽으로 일정 선을 넘어서 있는다 3. 술래가 벽을 보고 눈을 가린 채 "무궁화 꽃이 피었습니다" 라고 말한 뒤, 참여자 쪽인 뒤를 쳐다본다 4. 술래가 등 돌리고 "무궁화 꽃이 피었습니다" 라고 말할 동안 참여자는 술래 쪽으로 걷거나 뛰어서 오고 술래가 뒤를 돌아보았을 때 모든 움직임을 멈춘다 5. 술래가 뒤 돌았을 때 참여자가 움직이면 술래가 참여자의 이름을 불러서 앞으로 나오게 한 뒤, 자신의 새끼손가락과 참여자 새끼손가락을 건다. 6. 참여자가 술래 가까이 까지 왔을 때 기회를 살펴서 술래의 등을 치고 도망가거나, 술래에게 잡혀있는 참여자가 있을 때는 술래와 참여자가 잡은 새끼손가락 가운데를 자르고 도망간다. 7. 술래는 참여자가 등을 치거나 새끼손가락을 쳤을 때, 바로 참여자들 쪽으로 뛰어가서 선을 넘지 못한 참여자의 몸에 손을 댄다. 손이 닿은 참여자가 술래가 되어 놀이를 이어 간다. 8. 술래는 "무궁화 꽃이 피었습니다" 를 시작하지 않은 상태에서 뒤를 갑자기 돌아 볼 수 있다. 이때 움직이는 참여자를 술래가 잡아낼 수 있다.		

Ⅲ. 결론

최근 코로나펜데믹과 4차 산업의 급속한 성장으로 삶의 방식과 정서적 가치의 변화를 체감하며 새로운 환경에 적응을 요하는 정보, 경제, 교육의 사회적 양극화를 경험하고 있다. 아울러, 코로나펜데믹으로 인한 비대면 콘텐츠에 대한 관심이 높아지면서 가상공간을 매개로 하는 4차 산업혁명의 한 축을 이루는 메타버스에 대한 관심도 높아졌다. 가상공간인 메타버스에서는 많은 사람들이 다양한 활동을 통한 과정에서 다른 이들과 유대감을 형성하며 사회 전반의 활동을 할 수 있게 되었다. 이렇게 급변하는 사회에서 정보와 소통의 양극화를 해소할 교육의 대안은 민족 전통이 어린 선조들의 지혜에서도 찾을 수 있었다. 생활 속 체험으로 타인에 대한 배려와 가족 간의 유대감을 강화해 나갈 세시풍속은 단오행사의 곳곳에서 논의 되었다. 단오 세시풍속은 문학교육을 통해 배경설화와 함께 자연의 신비성을 환상적 배경으로 그려내며 무한한 상상력으로 전유되고 은유되었다. 단오선을 통해서는 친척, 친구, 묘지기, 소작인, 군신간의 배려를, 민요에서는 서로를 이해하고 위로하는 공감대를 읽을 수 있었다. 또한 단군시대부터 전해져 내려온 교육방식으로 부모교육을 통한 따뜻한 마음과 방구타령 등을 통한 사회관계속의 해학적인 모습도 살펴보았다.

글로벌화에 따른 세계문화 수용은 다른 나라의 정치, 경제, 사회 문화를 존중으로 배려할 때 문화이해를 수반한 세계시민의식이 함양되며, 국제사회에서 경쟁력을 가질 수 있다.

오늘날 기후위기속의 환경오염, 인구문제, 민족 간의 분쟁 등

사회와 자연 생태환경은 긴밀하게 연관되어 총체적 대응을 요구하고 있다. 개인과 사회, 사회와 자연의 다원적인 순환 관계 속에 국제간의 소통은 대면 소통을 넘어 매체를 통한 교류로 가상공간과 우주공간으로 확산되고 있다. 무한한 잠재성의 발휘를 전재로 한 융합교육으로 문화와 예술, 교육의 다각적인 시도가 필요하다. 코로나펜데믹과 더불어 한층 가까워진 4차 산업혁명이라는 사회변혁 속에서 창의 융합을 우선으로 하는 가상공간의 적응은 이제 생활의 문제이며, 국가생존의 문제가 되었다. 다양한 학문영역을 다차원적인 융합교육과 전통 문화교육으로 발전시킬 때, 국제사회에서 세계시민으로 문화포용과 문화향상의 앞선 민족이 될 수 있다.

전통문화 속에서 살펴본 단오의 세시풍속은 학문간 학과간의 다양한 학습 자료의 응용으로 교사의 수업지도에서 프로그램을 무한하게 개발할 수 있다. 대상에 따른 차등 적용으로 가르치는 교사의 교수 효능감[3]은 한층 더 강화될 것이다. 전통교육을 접목한 융합교육은 다양한 교수방안과 학습장소의 구애됨이 없이 시대를 초월하고 세대와 계층을 뛰어넘어 세계 각국의 문화를 융합하게 된다. 이는 미래 인재교육이 21C 과학의 발전과 더불어 끊임없이 대두되는 인류문화에 대한 헌신과 공감능력으로 민

3) 교사변인이 학생들의 학업성취에 얼마나 영향을 미칠 수 있을 것인지에 대한 교사의 지각을 의미한다. 교사 효능감은 교수 효능감(teaching efficacy)과 개인적 교사 효능감(personal teacher efficacy)의 두 차원으로 구분되며 이 양자가 상호작용하여 교사의 동기, 정서, 행동을 결정한다. 교수 효능감이란 교수행위가 학생들의 학습에 영향을 미칠 수 있다는 교사의 기대를 말하며, 개인적 교사 효능감이란 자기 자신의 교수능력에 대한 개인적 평가를 말한다(네이버 지식백과).

족문화 교육의 정체성을 공유하게 될 필요성을 시사한다.

포스트 코로나19의 관심과 한류열풍은 [오징어게임]의 미디어 효과와 더불어 교육 현장에도 한국놀이에 대한 관심과 전통문화를 응용한 체험학습을 중시하게 되었다. 교과와 비교과 학습을 통한 융합교육을 비롯한 전통문화 교육은 역사적 사실을 재현하는 다각도의 연구로 이어져야 한다. 전통문화 전승에 대한 역사적 가치가 융합된 역사문화 콘텐츠로 재탄생되어 생활 속 체험학습과 누적된 경험학습으로 공유되어 지적 호기심을 성장시켜 나갈 필요가 있다. 국제문화 수용으로 세계시민사회를 향한 글로벌 인재교육은 이제, 국제사회의 시급한 과제가 되었다. 이를 위해서는 숭고한 민족역사의 참된 의미를 이해하고 고유한 전통문화의 실천적 방안의 체험교육 현장에 과감한 변화가 요구된다.

금번 「단오풍속편」으로 소개된 전통문화 연구는 코로나펜데믹의 시대적 요구와 4차 산업 현장과 생활 속에서 정서적 안정감을 필요로 하는 문화적 요구의 대안을 마련하였다. 신체의 오감활동을 통한 체험학습으로 정서적 안정감이 치유될 수 있는 단오 전반의 자료가 그 대안의 계기가 되기를 바란다.

아울러 각 나라의 전통문화를 수용하고 문화적 이질감을 극복하여 새로운 문화를 재창조하고 계발하는 미래교육의 당위성도 검토 되었으면 한다. 이에 전통문화 융합교육이 생활교육 속에서 교육환경의 변화를 과감하게 시도할 수 있는 지속적인 연구가 마련되었으면 한다.

[참고문헌]

강순예, 「세시풍속 창작 동시의 문화적 활용」, 성신여자대학교 석사학위논문, 2016.

곽승주, 다문화가정 영아의 언어 및 사회정서 발달 지원을 위한 가정연계 전래놀이의 협력적 실행 「한국유아교육학회」, 제18권, 2018.

구자순, 새로운 환경에 따른 무형문화재의 중요성과 가치 : 남사당놀이를 중심으로, 「한국문화산업학회」, 제6권, 2011.

국립민속박물관(2003) 한국세시풍속사전, 서울:국립민속박물관

김광희, 「한국의 무형문화유산 보전과 활용」, 고려대학교 박사학위논문, 2014.

김연주, 「<운영전>의 교재화 방안 연구」, 한국교원대학교 석사학위논문, 2018.

김영아, 「초등학교 통합교과를 위한 대주제별 전래동요 지도 내용 연구」, 한국교원대학교 석사학위논문, 2013.

박진재, 「국내 세계문화유산 주변 경관관리 방안에 관한 연구」, 성균관대학교 석사학위논문, 2004,

박진재, 세계유산의 이해와 연속유산으로의 암각화 「한국암각화연구」, 제23권, 2019.

서덕희·이희용, 사회과학과 예술 융합교육의 필요성과 가능성「한국문화융합학회」, 제11권, 2016.

서영숙, <사촌형님 노래>에 나타난 체험과 정서의 소통 「한국민요학회」, 제33권, 2011.

손수진, 「전래동요 지도를 위한 전래동화 활용방법 : 만5세 누리과정을 중심으로」, 중앙대학교 석사학위논문, 2015.

신윤미, 「세시풍속 주제 중심의 교과·통합적 창의인성교육 교수-학습법 연구」, 중앙대학교 석사학위논문, 2014.

안광선, 강릉단오제 신격변동 「민속학연구」, 제41권, 2017.

안상경, 러시아 연해주 고려인 공동체의 한민족 민속 문화 전승 연구 「민족연구」, 제56권, 2013.

원광연, 한국통합과정 학술대회, 제20회, 2017.

유소홍, 「한·중 세시풍속 비교 연구」, 공주대학교 박사학위논문, 2017.

유옥희, 하이쿠에 나타난 단오(端午) 수용 양상－한국과의 비교를 통하여 「한국일본어문학회」, 제84권, 2020.
윤창호, 기초학력향상과 학습동기부여를 위한 창의·인성 융합교육프로그램 개발 「융합교육연구」, 제4권, 2018.
이미림, 윤후명 소설의 서사구조적 특질, 「한국언어문학교육학회」, 제38권, 2016.
이미림, 윤후명 소설의 원형적 탐색 － 전쟁과 호환 모티프를 중심으로 「한중인문학연구」, 제59권, 2018.
이복규, 『한국 전통문화의 이해』, 민속원, 2015.
전지수, 심리운동기반 놀이 분석과 적용방안 －무궁화 꽃이 피었습니다－ 「심리운동연구」, 제4권, 2018.
정영철,박종민,박병전, AI교육을 위한 방향성에 대한 고찰「한국IT정책경영학회」, 제13권, 2021.
진로, 「한중 단오 풍속 비교 연구」, 세명대학교 석사학위논문, 2012.
최성욱, 본위 선택에 따른 융합교육의 양태 고찰, 「융합교육연구」, 제2권, 2016.
최지연, 예비교사교육에서 융합교육의 가치와 한계, 「융합교육연구」, 제1권, 2015.
국립민속박물관(2003) 한국세시풍속사전, 서울:국립민속박물관
Drake, S., & Burns, R. (2006). 통합교육과정 (박영무 역.). 서울: 원미사. (원저 2004 출판)
<인터넷 웹 사이트>
강릉단오제 홈페이지. https://2021.danojefestival.or.kr
경향비즈(김호기) 코로나19사태의 다섯가지 사회적코드.2020.3.10
https://www.youtube.com/watch?v=FiPxMbl1QJA
의성군지편찬위원회, 1988
정수지, 오징어게임의 효과
https://news.ebs.co.kr/ebsnews/allView/60124093/N
[네이버 지식백과]
[위키백과]
한국세시풍속사전. https://folkency.nfm.go.kr/kr/dic/2/picture

- 부 록 -

<학습 계획안 : 단오>

	교과별 활 동	활 동 내 용	활동매체
1	국어과	-문학작품 속 음성상징어 -고전시가에서 속담 찾기 -작품 속 전통생활문화와 관련된 주변인물의 일화를 설정하고 소설로 짓기 -작품 속 고어를 현대판 해석으로 풀이하기 -계절별 세시풍속과 농촌의 할 일 알아보기 -각 나라 별 단오의 특징이야기하기 -단동십훈의 교훈과 나의어린시절 알아보기 -작품 속 지역별 사투리 조사하기 -작품 속 인물의 성격 알아보기 -작품 속 인물의 전설 찾기 -지방별 전승문화 알아보기 -단옷날 행사를 마인드맵으로 정리하여 연관된 활동 도삭화하기 -문학작품 속 인물 원화 그리기 -무속신앙과 관련된 자신의 종	-단오관련 시대별 문학 작품 영상자료 -전통문화 지역별 민요 -인터넷 자료 -전통악기 -전통의상 -신체와 관련된 소리 -AR과 VR을 활용한 음향 -기타 시청각 자료

		교 속 이야기 나누기 -영상을 보고 이야기에 제시된 의미를 해석하기 -단오의 다른 이름 찾기 -나라별 단오의 이름 정리하기 -세시풍속의 다른 이름 찾기 -세계문화유산 찾기 -세계문화유산의 유래 제시하기 -고전시가와 관련된 인물 속 문학작품 찾기 -작품 속 여성의 인권 찾기 -고전작품 속 인간의 죽음에 대한 제례의식 -전통문화 속 그네, 씨름, 널뛰기의 유래 찾기 -오구굿, 등노래굿, 관노 가면극 속 인물 스토리텔링하기 -강릉단오제에 나타난 국사성왕식 외 다섯 신의 유래 스토링텔링 하기 -단옷날 행사에 따른 의미 찾기(건강, 축복, 풍년기원, 질병예방, 위로와 소통) -단옷날 만드는 음식(앵두편, 도행병)의 레시피 과정 제작하기 -전통문양을 생활 속에서 찾아	

		사물이름 제시하기 -민요의 소리를 통한 가상현실 과 증강 현실의 세계의 소리 의 차를 설명하기 -작품 속 인물관련 나의 어머니와 할머니 소개하기 -그네의 명칭과 유래를 춘향전 과 관련짓기 -오언절구와 칠언율시의 한시 필사하기	
2	체험 활동 (만들기)	-전통주 빚기 -한식을 이용한 다과 다식 만들기 -익모초 즙 만들기 -단오부채 만들기 -한지를 이용한 생활 속 작품 만들기 -인형극에 따른 가면 만들기 -단옷날 관련 수리취떡 만들기 -건강음료 만들기 -재료에 따른 색깔별 음료 만들기 -단오문양을 이용한 소품 만들기 -새끼 꼬기를 응용한 생활 속 가닥 땋기 -앵두편 만들기 -도행병 만들기	-각 활동별 재료준비 하기

3	체험 활동 (놀이)	-그네 -씨름 -격구 -널뛰기 -단동십훈의 신체활동 -신체를 이용한 민요타령 -민요를 응용한 신체활동 -윷놀이 -단오제에 따른 지역별 행사 재현 -강릉단오제에 나타난 가면극 놀이 -단오관련 민요의 독무, 군무 놀이하기 -단오관련 민요의 앞소리 매김, 뒷소리 후창 따라 하기	-영상 -음악 -전통악기 -VR과 AR을 활용한 향토 문화
4	단오의수	-5월 5일의 행사 -5월 5일의 행사 음력&양력 구분하기 -생일이 5월 5일인 친구(음력, 양력) -5학년 5반의 친구들 이름알기 -단동십훈의 역할극(발달단계) -5월 5일 단오의 율동(유투버	-영상 -음악 -전통악기 -VR과 AR을 활용한 향토 문화 - 필기구

		참고) -같은 반 학생 중 5월생과 다른 달 5일의 생일친구 -이름에 오자친구 성이 오씨인 친구 찾기 -휴대폰 번호에 5자 찾기 -초시계 5시 05분 05초에 했던 일 나누기 -도서관 책 5, 55, 555페이지의 책 내용 나누기 -실내화 던지기 5cm, 5m등 -단오관련 지역별 사투리(민요를 참고로)	

교과연계 전통문화융합교육(수학)

단오 관련 수학 체험

- 목 차 -

교과연계 전통문화융합교육(수학)

단오 관련 수학 체험

신 영 희

Ⅰ. 들어가는 말

빠르게 발전하는 과학기술 문명 속에 살고 있는 현대인에게 실생활 속에서 수학을 찾는 일은 낯선 일이 아니다. 휴대폰의 비밀번호와 패턴, 자동차의 내비게이션, 도로의 신호등 체계, 일기 예보에서의 비올 확률, 감염병의 확산 예측 등 일일이 열거하기 어려울 만큼 많이 있다. 오히려 수학과 무관한 것을 찾기가 더 어려운 일이 되었다. 즉, 과학기술의 기반이 되는 것이 수학이고 새로운 기술을 개발, 발전 시켜가는 과정 속에 수학은 지속적으로 작동하고 있기 때문이다.

나아가 기계가 인간의 영역을 더 깊이 장악하는 미래에는 더욱 수학의 역할이 커질 것임은 자명한 사실이다. 비단 수학과 과학기술관련 영역만이 아니라 교육, 문화, 예술 등 곳곳에서도 수학은 빛을 발할 것이다.

이토록 빠르게 변하는 기계화시대를 살아가면서 '전통'을 이야기하는 것은 마치 호랑이 담배피던 시절의 동화 속 이야기를 꺼내는 것 같을지도 모르겠다. 더욱이 '전통과 수학'이라니!

'전통(tradition)' 이라는 것은 우리의 대대로 전해 내려오는 생활과 문화를 말한다. 오래토록 유지되어 온 관습이나 가치가 있다. 그 중에서 시대의 흐름에 따라 소멸하여 잊혀지는 것이 있고 계승 발전되어가는 것이 있다. 가령, 현재 우리의 삶과 문화 또한 불과 얼마가지 못해 옛것이 될 것이다. "옛날에 사람들은 학교에 모여, 책이라는 것을 보고 공부를 했대" 라며 우리의 학교문화를 말할 것이다. 그들에게는 굳이 한곳에 모여 책을 보며 교육을 받을 필요가 없을 것이기 때문에 학교에서 종이책으로 공부하는 학생의 모습을 찾아보기는 어려울 것이다. 그러나 학교에서 만나는 친구와의 우정, 사제 간의 정과 같은 감성조차 터부시되지는 말아야할 것이다. 이것이 우리가 전통을 말하고자하는 이유와 맥을 같이 한다고 볼 수 있다.

전통을 말하는데 왜 수학인가? 얼핏 보면 상관이 없을 것 같이 보이지만 그렇지 않다. 수학은 어떤 주어진 조건에서 최적의 답을 찾고 풀어가는 기술이 될 수도 있고, 최상의 아름다움을 만들어내는 방법 속에는 수학이 있다. 특히 오랜 기간 전수되어오는 인간의 생활기술 속에도 있고, 자연의 생존방식 속에서도 수학은 빛난다.

그렇기에 우리의 '생활 속'에서 수학을 탐구하고 체험해보는 것은 사소하지만 큰 진리의 바다로 나아가는 과정이 될 수 있다. 즉, 훌륭한 공예작품을 만드는 기술전수 체험으로서가 아니라,

'일상의 소소한 체험으로 얻는 즐거움'이라는 의미만 부여하더라도 그 가치는 충분 할 것이다.

여기서는 단오와 관련된 수학과 체험활동을 해볼 수 있는 주제를 소개하고자 한다. 2장에서 사성보와 혼서지보, 약주머니(약낭) 등 수학적인 전통 보자기와 주머니에 대한 내용을 다루었다. 3장에서는 전통매듭에서는 다루지 않는 민간의 손에서 손으로 이어져 온 '장명루'의 땋임에 대한 주제를 다루었다.

우리 전통문화의 아름다움과 실용성, 특히 조형의 독창성은 말로 다 하지 못할 가치를 지녔다. 이것을 수학적인 관점에서 분석해보고자 한다. 이를 글을 따라가며 직접 체험을 해봄으로써 옛 생활 속에 깃든 풍유와 창의적 문화자산의 가치를 느끼고 그것을 다양한 활용으로 발전시켜갈 수 있는 계기가 되기를 기대한다.

전통문화와 수학이라는 이 새로운 조합을 제시하여 많은 관심과 연구가 활발히 전개되기를 바라는 마음에서 이 융합교육프로젝트에 합류하게 되었다. 그래서 독자들의 전통문화와 수학의 연계발전 연구에 대한 아낌없는 관심과 제안을 받을 창구를 열어두고자 한다. 누구나 평생학습의 시대를 살아가며 수학과 전통문화, 수학과 실생활의 주제로 의견을 제시할 수 있다. 작은 바람이 있다면, 이 글이 수학이 생활 문화영역으로 들어와 우리에게 더 친근해지는 일에 도움을 줄 수 있기를 소망한다.

Ⅱ. 청혼봉투와 약주머니

1. 사성보와 혼서지보

단옷날인 5월 5일에 숫자 5가 겹치는 날이다. 5는 다섯 개 또는 다섯 번째의 의미를 나타내는 숫자로써, 5일 장터, 5목 놀이, 음양 5행설, 윷놀이, 주판 등에서 중요한 수로 자리매김 하고 있다. 이것은 손가락으로 수를 세는 것에서 기인하는 자연스러운 현상이다.

그러나 수리철학의 전성기였던 고대 그리스의 피타고라스(BC 580년~BC 500년) 시대에는 수를 만물의 근원으로 보고 철학의 대상으로 삼았다. 따라서 숫자 하나하나에 의미를 부여하였다. 그 중에서도 5는 피타고라스학파의 문장 디자인이 정오각형 안에 오각별을 그려 넣었던 것으로 보아 각별한 숫자였음을 추측할 수 있다.

수(數)의 시작은 1(one)이다. 하나, 시작, 근원의 의미를 가진 1은 신의 영역으로 보여 졌다. 성경[4]에서도 1(the one)은 유일한 존재, 자연적으로 있는 근원이자 최고의 수로 해석한다. 1을 제외한 나머지 수들은 모두 홀수나 짝수로 이뤄진다. 고대 수학에서는 2, 4, 6,...의 짝수는 여성을 상징하고, 3, 5, 7,...의 홀수는 남성을 상징한다고 보았다. 그렇기 때문에 숫자에 색다른 의미를 부여하기도 했는데, 최초의 짝수인 2와 최초의 홀수인 3을 합쳐서 나오는 '5'라는 숫자를 '여성과 남성의 결혼을 나타내는 수' 즉, '사랑의 완성을 나타내는 수' 로 여겼다고 한다. 단옷날은 사랑의 숫자인 5가 두 번 반복되는 날이다. 5월 5일을 생각하면 '사랑이 몽글몽글 뿜어나는 느낌'이 든다면 5의 마력에 이미 빠

4) "The one who comes from above is above all" 요한복음 3장 31절 내용

져든 것이다.

우리나라 대표적인 사랑의 서사인 춘향전에서 광한루에서 시를 읊던 몽룡이 그네를 뛰는 춘향을 보고 첫눈에 반한 그 날이 바로 단옷날이었던 것도 우연이 아닐 것이다.

우리 조상들은 사랑의 결실을 맺는 혼례는 매우 복잡하지만 품위 있고 기풍이 있었다.

여기서는 청혼의 단계에서 행한 풍습 중에서 오고 간 사성보와 혼서지보를 다루어 보고자한다.

1) 천으로 만들기

단오에 맺어진 사랑이 짙어져 두 사람이 결혼까지 생각하게 된다면 '어떻게 청혼할까?'하는 행복한 고민을 하게 될 것이다. 전통혼례에서는 예비신랑이 직접 자신의 태어난 해, 달, 날, 시[5]를 적은 편지, 즉, 사성지를 신부의 집에 보내어 결혼 승낙을 얻는 우리나라 고유의 혼례절차가 있었다. 사성지를 받은 신부 측은 혼인 날짜를 잡아 통보함으로써 결혼을 허락하게 된다. 이후 신랑의 아버지는 신부 댁에 딸을 주어 고맙다는 뜻을 담은 서신, 즉 혼서지를 작성한 뒤 혼서지보에 싸서 다른 예물과 함께 신부의 집에 보낸다. 이때 사성지를 담은 '사성보'와 혼서지를 담은 '혼서지보'는 보자기를 잘 접어 봉투모양으로 만든다. 사성보는 청색과 홍색의 보자기를 쓰고, 혼서지보는 일반적으로 검정과 홍색을 써서 길한 기운과 소중함을 담았다. 그리고 나서 혼례가 끝

5) 사성(四星) 또는 사주(四柱)라고 함.

난 뒤 그 천은 다시 다른 용도의 보자기로 재활용하였다. 혼서지보와 사성보 속에 담긴 우리 조상의 지혜와 멋을 수학적인 관점으로 살펴보고자 한다.

사성보에 쓰인 천의 크기와 모양이 모두 같은 것은 아니다. 펼치는 보의 형식과 봉투 식으로 제작하는 것 등 지방마다 그 형태가 차이가 있다.(김지영, 김문진)

여기서는 규방공예 장인 최인숙에 의해 재현된 작품과 만드는 방법을 소개하고자 한다.[6)]

<table>
<tr><td></td><td>혼서지보</td><td>사성보</td></tr>
<tr><td>작품</td><td></td><td></td></tr>
<tr><td>혼서지보 만드는 방법</td><td colspan="2">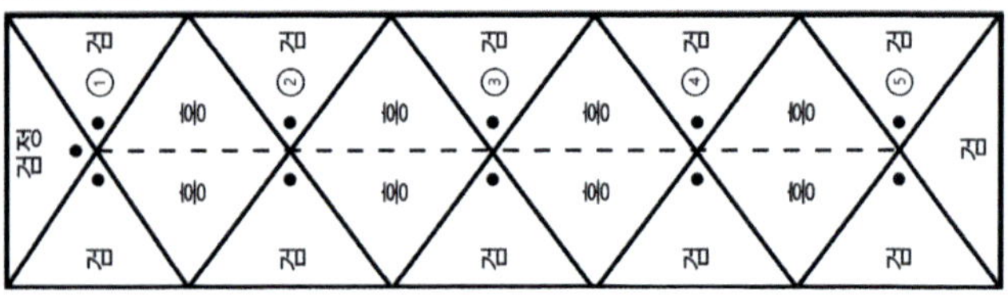

● 재료 : 국사(본견 : 양견) 검정색과 홍색
● 완성치수 : 12×56Cm</td></tr>
</table>

6) 혼서지보 : 2009년 03월 09일, 사성보 : 2009년 02월 19 울산여성신문 기고 글

	● 만들기 : 1. 48×48Cm 정사각형을 만든다.(구멍은 5Cm남겨두고) 2. ①은 3면의 모서리 부분을 모아 붉은 실로 묶는다. 3. ②~④는 2면의 모서리 부분을 모아 붉은 실로 묶는다. 4. ⑤는 마주보는 2면의 모서리 부분을 모아 붉은 실로 묶는다. 5. 봉투의 역할이다.
사성보 만드는 방법	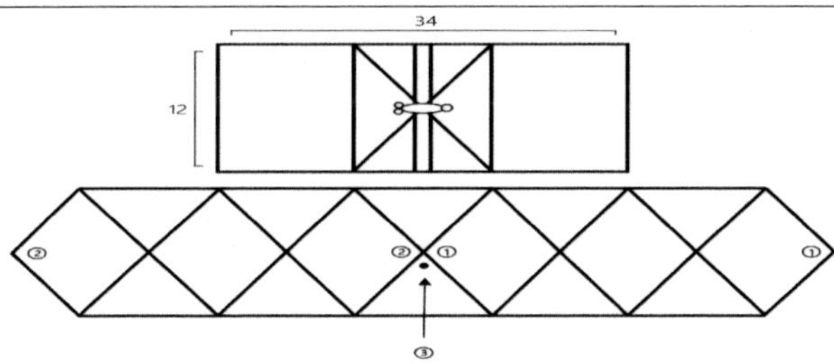 ● 재료: 국사(본견: 양견) 홍색과 남색(또는 연두) ● 완성 치수: 12×34Cm ● 만들기 : 1. 48×48Cm 정사각형을 만든다.(구멍은 5Cm남겨두고) 2. 그림과 같이 접어 만든다. (홍색이 겉감이 되도록) 3. 같은 번호가 겹치도록 접는다. ①번 겉에 단추를 달고, ②번 겉에 고리를 만들어 단다. ③번 부분에 끈을 단다.

사성보의 '보(褓)'는 보자기를 말한다. 보는 물건을 싸거나 덮

기 위해 헝겊으로 네모지게 만든 것으로 그 중 작은 것을 '보자기'라고 한다. 장에서 돌아오시는 할머니 머리 위의 둥그런 보자기는 휴대용 시장바구니였고, 가방을 대신한 책보, 밥상보, 이불보, 등 보자기는 물건을 싸거나 보관할 때도 쓰이지만 혼례용, 종교 및 여러 의식을 할 때 쓰인 특수 용도로도 사용했다. 김지영, 김문진의 책 '규방공예'(컬쳐라인)에서 보자기의 실용성과 예술성에 대해 이렇게 말하고 있다.

> 우리나라에서 보자기가 발달하게 된 까닭은 주거공간의 협소함에 있다고 한다.
>
> 물건을 보관하거나 운반할 때 크게 펴서 사용하다가 사용하지 않을 때는 작게 접어둘 수 있으므로 가재도구로서 기능성이 뛰어났다. 이런 유용성에도 불구하고 보자기를 만들기 위해 일부러 옷감을 마련하지는 않았다. 당시에는 옷감이 귀했으므로 옷을 짓고 남은 천 자투리를 버리지 않고 보관해 두었다가 이것을 아름다운 보자기로 구성하여 사용했던 것이다. 말하자면 우리가 자랑할 수 있는 예술적 가치를 품은 보자기는 조선 여인들이 쓰다 남은 자투리를 활용하고자 하던 소박한 마음에서 비롯된 셈이다.

2) 종이로 접어보기

여기서는 축소된 크기로 색종이로 접고 실 대신 풀로 붙여 만들어 보자.

준비물 : 15cm x 15cm 기본 색종이, 손 코팅지, 끈

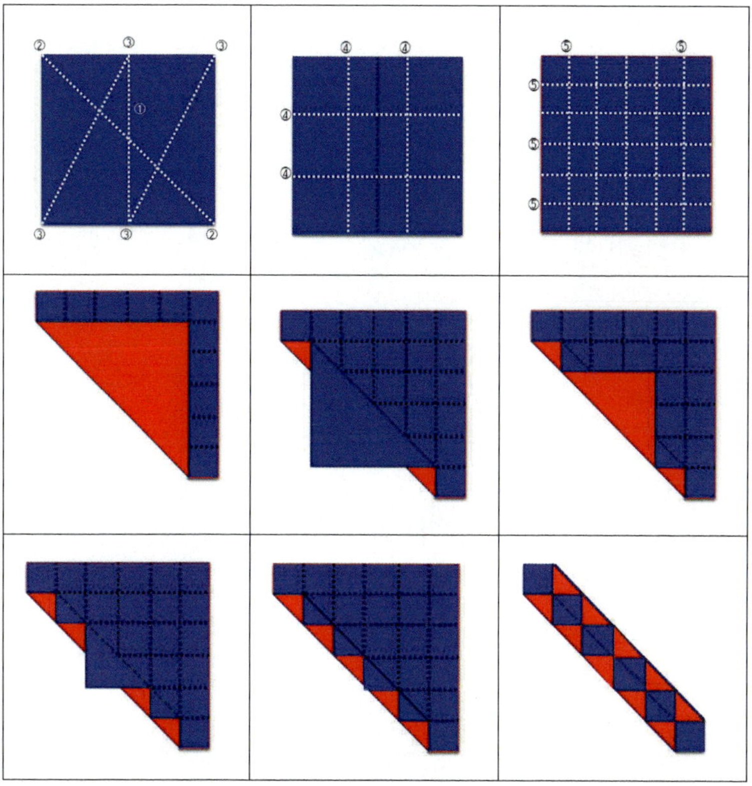

3) 사성보와 혼서지보 속에서 찾는 수학

앞서 소개한 봉투 식으로 제작된 사성보와 혼서지보에서는 왜 마름모가 여섯 개일까? 그 이유를 수학적인 관점으로 알아보고자 한다.

(1) 왜 가로와 세로를 6등분을 했나?

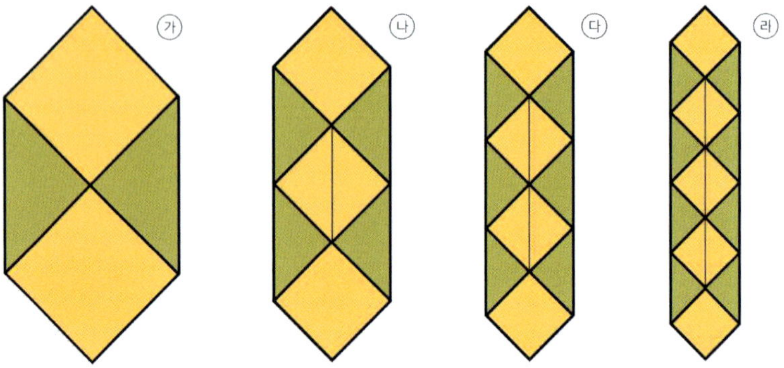

<같은 크기의 천으로 만들었을 경우의 비율 비교 그림>

① 2등분의 경우 : 그림의 ㉮는 가로 세로의 이등분점을 접어 만든 모형이다. 실제 크기인 $48cm \times 48cm$로 만든다고 생각해보자. 내부에 있는 마름모꼴 사각형 두 개의 크기는 한 변이 $24cm$인 정사각형이다. 이것을 봉투로 쓰기위해 아래 위를 접으면 가로. 세로가 $24\sqrt{2}\ cm$ (약, $34cm$)인 정사각형이 된다. 이것은 크기와 모양 면에서 봉투로 사용하기에는 부적합하다.

② 3등분, 5등분의 경우 : 그림의 ㉯와 ㉱ 모형이다. 3개, 5개와 같은 홀수개의 마름모를 만든다고 하자. 사성보를 접는 방법이 부채 접기와 같이 왔다갔다 교대로 접게 되는데 접는 순서가 안으로 먼저 접고 밖으로 접는 순서를 따른다. 순서대로 접었을 때 마지막 꼭지 점의 위치를 생각해보자. 짝수 등분을 한 경우는 안쪽에 모이지만 홀수 등분을 하면 바깥에서 끝나게 된다. 그림의 붉은 점이 끝점을 나타낸다. 이는 끝처리를 할 수 없는 상황이 되므

로 홀 수 등분의 사성보는 부적합하다.

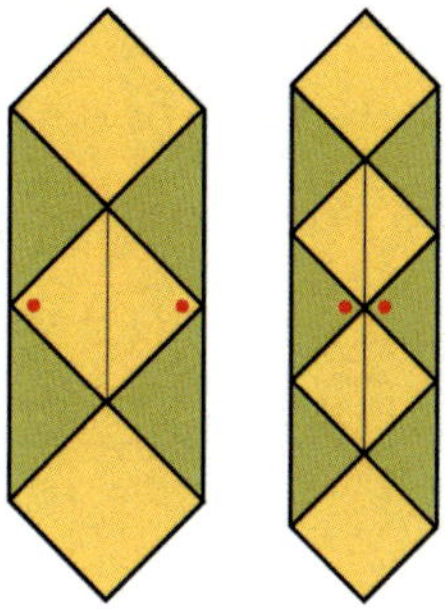

③ 4등분의 경우 : 그림의 ㉰의 모형이다. 만드는 기법의 문제는 없으나 최종 완성된 크기와 가로, 세로의 비를 생각해보자. 등분한 수와 상관없이 최종 완성한 봉투는 직사각형모양이 되고 세로의 길이는 항상 대각선 길이의 절반인 $24\sqrt{2}\,cm$(약 $34\,cm$)가 된다. 세로의 길이가 일정한 상태에서 가로의 길이를 정하는 문제가 되는데, 4등분일 때 마름모꼴의 한 변은 $12\,cm$가 되고 이때 봉투의 가로는 $12\sqrt{2}\,cm$ (약$17\,cm$)가 된다. 이는 가로 폭이 지나치게 넓어 자루의 느낌이 날 정도로 크다. 그래서 4등분을 한다면 만들기는 다소 쉽겠지만 크기 면에서 봉투의 용도로는 부적합하다. 봉투의 용도만 생각한다면 보자기의 크기를 줄여 사등분으로 만드는 방법도 있겠지만 봉투는 일회성 행사이고 이후 오랫동안 재활용할 보자기의 용도를 감안하면 굳이 작은 크기로 제단을 하지는 않았을 것이다.

④ 6등분의 경우 : 사성지를 6등분해서 접으면, 마름모꼴 6개와 나비꼴 5개가 나온다. 나비꼴 5개가 결혼을 나타내는 수 5를

상징하는 듯하다. 최종 완성 후 접은 모양은 가로 $8\sqrt{2}\,cm$(약 $11cm$), 세로 $24\sqrt{2}\,cm$(약 $34cm$)인 직사각형으로 가로와 세로의 길이 비는 1:3이다. 사성보 봉투의 폭은 보통 사용되는 A_4 편지지용 우편봉투의 가로 길이와 유사하고 세로는 가로의 세 배가 길다. 즉, 사성보는 보통의 보자기를 6등분으로 접어 만드는 것이 예전의 한지에 붓으로 사성을 적은 서신을 넣기에 가장 적합한 봉투였다.

숫자 6의 의미는 단순히 짝수라는 단순한 의미보다 더 특별한 수이다. 6의 약수는 1, 2, 3, 6으로 사성보의 봉투를 접어 마무리하는 구조를 보면, 길이의 사등분 위치를 양쪽에서 각각 접어 중간에 만나도록 하면 사각형 세 개를 품는 1:3의 봉투가 된다. 이것은 6이 2와 3으로 나누어 떨어지기 때문이다. 수학에서 6과 같이 자기 자신을 제외한 양의 약수를 더했을 때 자기 자신이 되는 양의 정수를 '완전수'라고 한다. 예를 들면, $1+2+3=6$, $1+2+4+7+14=28$와 같은 수를 말하고 처음 네 개의 완전수는 6, 28, 496, 8128이고 무수히 많다. 그러나 아직까지 홀수인 완전수는 알려지지 않았다.

(2) 사성보의 6등분점을 찾는 방법

자와 컴퍼스가 없이 색종이의 6등분점을 찾는 방법으로 사성보 접기를 활용할 수 있다. 앞서 접는 활동에서 6등분점을 잡는 방법은 먼저 3등분점을 잡아 다시 반을 접어 6등분점을 잡았다. 여기에 들어있는 수학은 삼각형의 닮음을 이용한 것이다. 이 방법은 이용하면 우리가 원하는 $n\,(n=2,3,4,5,6,\cdots)$ 등분점을 찾을 수 있다. 또 추가로 사성지에서 필요한 3등분점을 찾는 보다 더 쉬운 방법도 소개한다. (참고문헌. 수학이 있는 종이접기, 김부윤, 이성현, 이지성, 수학사랑, 2012)

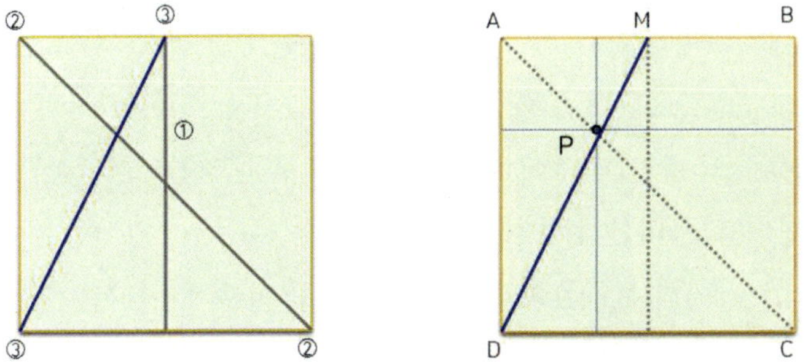

그림의 왼쪽은 3등분점 P를 찾기 위해 2등분점 M을 이용하여 접는 순서이고 오른쪽은 점 P를 지나고 $\overline{AB}$와 $\overline{AD}$에 평행하게 접어줌으로써 3등분점을 찾았다. 이 방법을 일반화하면 n등분점을 이용하여 $n+1$등분점을 찾는 방법이 된다.

※ 정리 : 정사각형 색종이에서 종이 접기만으로 $n\,(n=2,3,4,\cdots)$ 등분점을 잡을 수 있다.

(증명) 수학적 귀납법으로 증명하고자 한다.

① $n=2$일 때, 색종이를 가로와 세로방향으로 각각 반으로 접으면 2등분점을 잡을 수 있다.

② $n=k$일 때, 그림의 점E를 $\overline{AB}$의 k등분점이라 하자. 즉, $\overline{AE}:\overline{AB}=1:k$이다.

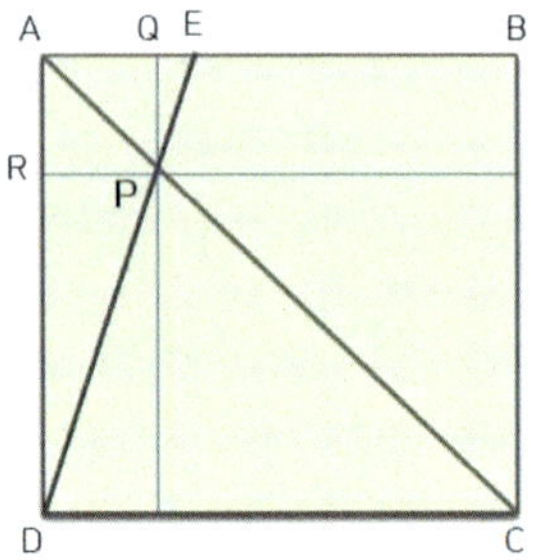

대각선 $\overline{AC}$와 $\overline{ED}$를 접어 만나는 점을 P라 두자. 이때, $\triangle AEP \backsim \triangle CDP$ 이므로 $\overline{AE} : \overline{CD} = \overline{AE} : \overline{AB} = 1 : k$이고 두 삼각형의 닮음비는 $1 : k$이다. 따라서 $\overline{AP} : \overline{CP} = 1 : k$ 이다.

점 P를 지나고 $\overline{AB}$와 $\overline{AD}$에 평행한 선분이 만나는 점을 각각 Q와 R이라 하면

$\triangle AQP \backsim \triangle ABC$ 이고 $\overline{AQ} : \overline{AB} = \overline{AP} : \overline{AC} = 1 : k+1$가 되고 같은 방법으로

$\triangle ARP \backsim \triangle ADC$ 이고 $\overline{AR} : \overline{AD} = \overline{AP} : \overline{AC} = 1 : k+1$가 된다. 즉 점$Q$와 점$R$ 은 각각 가로와 세로의 $k+1$등분점이다. ①과 ②에 의해 모든 n $(n=2,3,4, \cdots)$ 등분점을 찾을 수 있다. (증명 끝)

정사각형의 3등분점을 잡는 다른 방법

그림과 같이 두 번만 접으면 3등분점은 쉽게 잡을 수 있다. 이때, 세로선 $\overline{AB}$의 3등분점은 점G가 된다. 그 후 대각선 $\overline{BD}$를 접어 점 G와 맞닿는 점이 $\overline{BC}$의 3등분점이 된다.

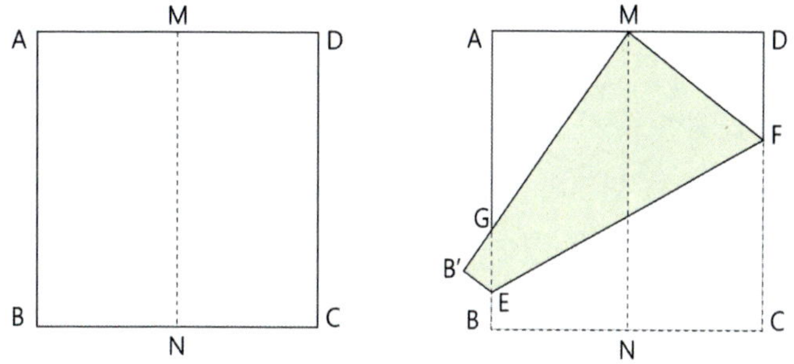

(증명) 직각삼각형 $\triangle MFD$에서 $\overline{MF} = \overline{CF}$이므로 피타고라스의 정리를 적용하면 $\overline{MF}^2 = \overline{MD}^2 + \overline{DF}^2$에서 정사각형의 한 변의 길이를 a 이라 두고, $\overline{DF} = x$라 하면,

$(a-x)^2 = x^2 + \left(\dfrac{a}{2}\right)^2$에서 $x = \dfrac{3}{8}a$이 된다.

$\triangle GMA \; \backsim$

$\triangle MFD$로부터 $\overline{GA} : \frac{1}{2}a = \frac{1}{2}a : \frac{3}{8}a$가 되므로 $\overline{GA} = \frac{2}{3}a$ 이다.

우리의 전통문화 속 곳곳에서 볼 수 있듯이 사성보, 혼서지보 속에서도 우리 조상의 지혜를 엿볼 수 있다. 먼저 보자기를 자르거나 붙이지 않고 꼭 필요한 부분에 최소의 접합을 함으로써 재활용의 용이성을 염두에 둔 알뜰함을 찾아볼 수 있다. 색채에서는 청, 홍으로 음양의 조화로움을, 홍과 흑으로 예의를 표시하였다. 또한 정사각형 보자기를 45°돌려 대각선 방향을 이용하여 마름모꼴과 나비 문양 등을 만들어 내는 등 창의적인 발상과 예술성을 엿 볼 수 있다.

2. 약주머니와 그 응용

단오의 체험 행사 중 빠지지 않는 것 중 하나는 향낭 만들기이다. 옛날에는 단오와 같은 세시 풍속의 일환이 아닌 일상생활 속에 늘 몸에 지니는 필수품 중 하나가 향주머니였다. 향주머니는 특별히 정해진 모양은 없고 다양한 형태의 전통 주머니에 약재를 담아 사용하였다 현대의 아로마테라피와 같이 심신의 안정이나 피부와 미용 등을 위해 보편적으로 사용하였고, 그림과 같이 약주머니 또는 향주머니는 화려한 색상과 자수와 매듭으로 장식하여 장신구의 역할을 하기도 했다.7)

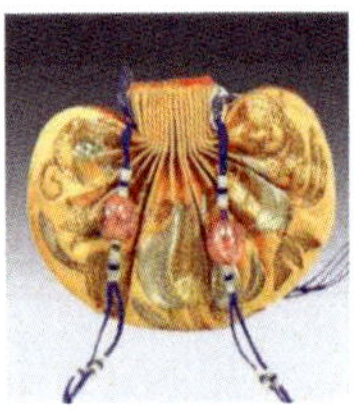

<소장기관 : 국립고궁박물관>

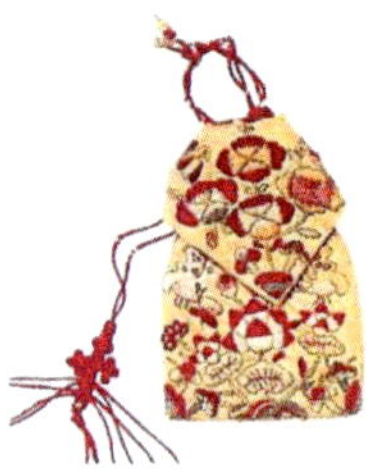

<소장기관 : 석주선기념박물관>

여기서는 다양한 전통주머니 중에서 '약주머니' 만들기에 대해 알아보고, 같은 방법으로 만드는 주머니로는 버선본 집, 붓 주머니 등이 있다. 이들 주머니를 만드는 방법과 색종이 접기로 체험하기의 두 가지를 소개하고자 한다.

---

7) 이세영. "한국 전통주머니를 응용한 오뜨꾸뛰르 아동복 디자인 연구." 국내석사학위논문 이화여자대학교 디자인대학원, 2008. 서울

1) 천으로 만들기

(1) 약주머니 만들기[8]

	약주머니 작품	설명글
작품		재료 : -본견양단(면 실크) 색상별 조각천(8.5×8.5Cm) : 8장 - 안감(17×34Cm) : 1장 - 매듭술 : 1개 ● 만들기 : 1. 색상 8장을 기호에 따라 나열하여 감침기로 잇기 2. 만들어진 겉감에 안감을 마주대고 창구멍을 남기고 박아 뒤집어 반듯한 직사각형으로 창구멍 막고 다림질한다. 3. 그림과 같이 접어 감칠질 하기 4. 양 옆선을 1.5Cm정도 안으로 접어 매듭 끈을 꿴다.

8) 울산여성신문 2009/05/04 최인숙 규방공예 명인 기고 글

만드는 방법	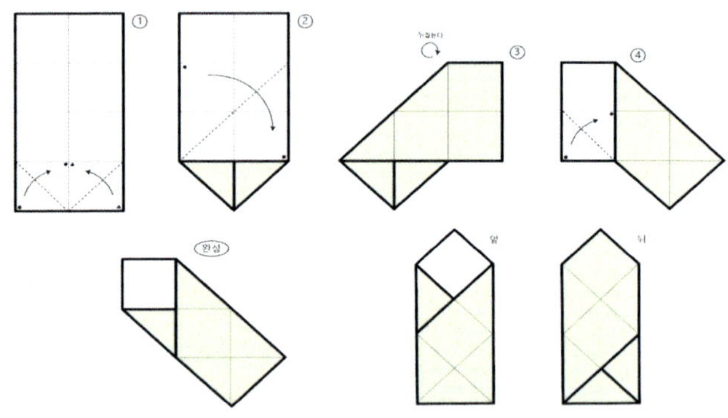

(2) 약주머니의 응용

약주머니 만드는 방법을 응용하여 다양한 길이의 주머니를 만들 수 있다.

만드는 방법은 용도에 맞게 재단한 긴 직사각형의 천 2장을 마주대고 박아, 창구멍으로 뒤집은 후, 사선으로 접어 솔기를 마주대고 겉에서 감침질 한다. 양 옆 중앙에 주름을 잡아 끈을 꿰고 나머지 부분을 앞으로 넘기면 삼각형의 입술모양이 만들어진다. 이때 잡은 주름으로 인해 주머니의 형태는 직사각형에서 완만한 직선의 어깨선으로 변형되어 부드러운 느낌의 곡선 형태가 표현된다. 이러한 방법으로 그림과 같은 버선본 집이나 비녀집, 수저집 그리고 붓 주머니도 만들 수 있다.9)

9) 윤경순. "전통주머니와 포크 아트(Folk Art) 기법을 활용한 문화상품." 국내석사학위논문 건국대학교 디자인대학원, 2013. 서울

 <소장기관 : 한양대 박물관>	 <소장기관 : 국립민속박물관>
버선본 주머니	수저 주머니
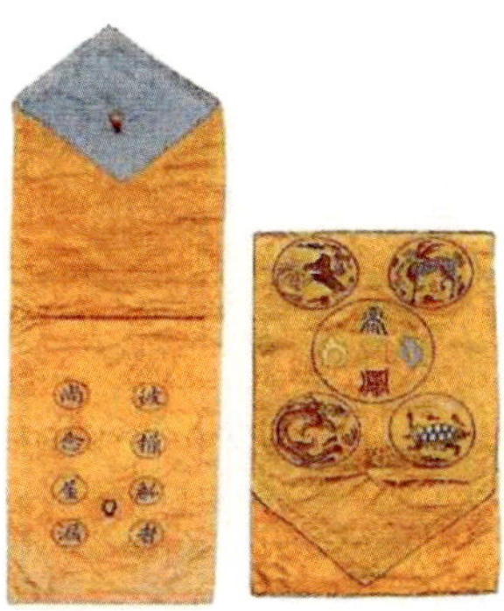 <소장기관 : 이화여자대학교박물관>	 <소장기관 : 이화여자대학교박물관>
붓 주머니	비녀 주머니

2) 종이로 접어보기

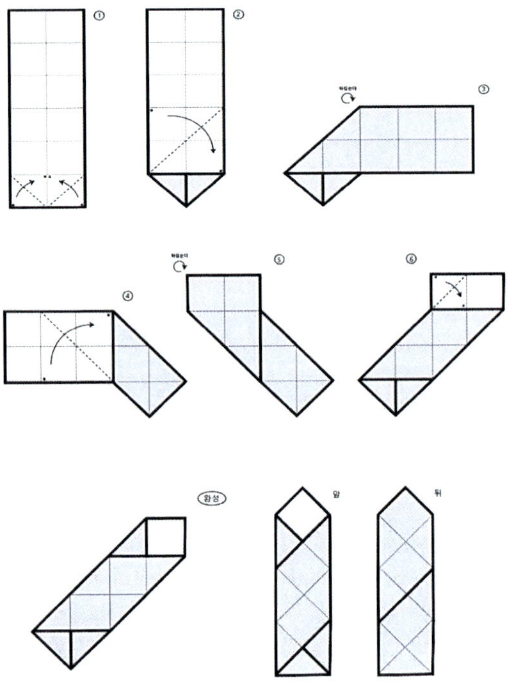

3) 약주머니 속에서 찾는 수학

(1) 대각선과 나선을 활용한 실용성과 예술성

정사각형의 조각 천을 이어 만들기나 한 장의 천으로 만드나 관계없이 모두 천의 올의 방향에 대해 45° 사선을 이용(바이어스, bias)하는 방법에서 우리는 조상의 슬기로움을 발견할 수 있다. 그 이유는 직물의 짜임은 씨줄과 날줄의 수직방향으로 짜여있으므로 수직 또는 수평 방향으로 당기면 신축성이 없는 반면 사선 방향은 잘 늘어난다. 즉, 작은 주머니이지만 그 용량을 늘이는데 효율적이며 잘 늘어나므로 이음새가 잘 터지지 않는 실용성이 있다.

조형적인 면에서는 삼각형 모양의 덮개 주둥이를 만들고 끈을 달 때 오므려 넣어 주름을 만들어 완성했을 때 부드러운 어깨선이 생기도록 하였다. 그리고 몸통부분의 바느질 선(이음선)을 따라 나타나는 나선은 직선을 통해 곡선의 아름다움을 느낄 수 있는 예술성을 겸비한 아이템이라 할 수 있다.

우리 옛 여성들은 약주머니와 같은 주머니나 자연 속의 나선 모양과 닮은 바느질 선이 드러나게 하여 단지 천을 잇는 기능만 생각한 것이 아니라 아름다운 선으로 멋을 더했다.

우리 주변 자연 속에서 볼 수 있는 나선은 다양하다.

타래난초	호박 덩쿨 손 (사진: 위키백과)	솔방울

나선의 방향은 오른손잡이 또는 왼손잡이 방향의 두 가지이다. 사진의 타래난초가 그리는 나선의 방향은 오른손 나사를 조일 때 나

사못이 진행하는 방향으로 꽃이 위로 올라가므로 오른손잡이 방향 나선이고, 사진의 호박넝쿨 손은 왼손잡이 방향의 나선의 예 이다. 솔방울은 두 가지 방향의 나선이 여러 겹으로 나타나는 것을 볼 수 있는데 사진 속의 솔방울은 오른 손 방향으로는 8겹, 왼손 방향은 13겹으로 확인되었다. 이는 황금비율[10] 13 : 8 = 1.625에 가깝다.

바느질선이 그리는 나선의 방향을 나선을 관찰하는 것도 중요한 감상 포인트가 될 수 있다. 주머니의 나선의 방향은 바느질을 하기 전 천을 접는 방향에 따라 결정된다.

한복명인 장현숙의 전통한복 허리띠를 관찰해 보자. 계량 한복에서는 남자 한복바지는 허리치수에 맞추어 지퍼나 단추를 이용하여 간편하게 만들지만 전통 남자 한복 바지는 넓고 긴 허리통을 접어 허리띠로 묶는 방식이다. 이때 사용하는 허리끈을 약주머니와 유사한 방법으로, 길게 만든 띠를 두 개 이어 만든다. 여기서 약주머니의 나선과 같은 긴 나선을 확인 할 수 있는데 장현숙 명인은 오른손 방향의 나선을 만들었다.

10) 황금비의 값은 $\phi \fallingdotseq 1.618$이다.

수학적으로 약주머니의 나선을 표현하기 위해 주머니를 꽉 채워 원통형으로 만들었다는 가정을 한다. 그 때 겉면에 보이는 바느질 선이 그리는 나선은 '중심축에서 같은 거리에 있고 일정한 각도로 회전하는 3차원의 원통형 나선 (helix)'이다. 이를 수식으로 나타내면 $x = a\cos t$, $y = a\sin t$, $z = at$.

여기서, a는 원통의 반지름을 나타낸다.

$a = 1$일 때, 두 바퀴 도는 오른쪽 방향 나선의 그래프이다.

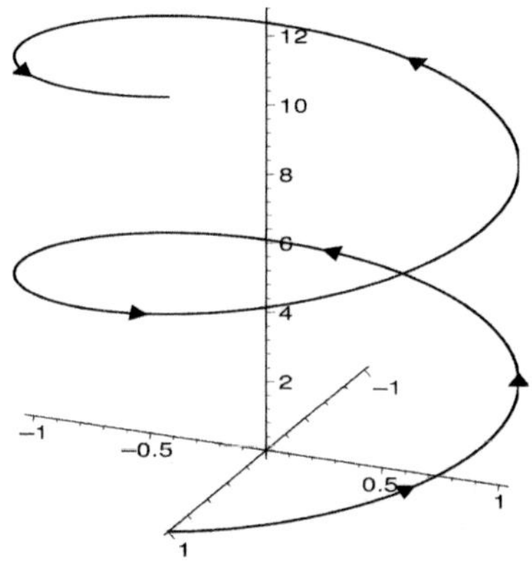

<그림 출처 : wikipedia>

(2) 길이 계산

한 장의 천으로 전통 주머니를 만들 때, 가로의 길이를 2 로 정하면 세로의 길이는 반드시$2 \times n\,(n = 1, 2, 3, \cdots)$이라는 규칙을 만족할 때 남거나 모자라지 않는다. 이 때 완성본의 크기는 삼각형의 입구를 제외하면 가로 폭이 $\sqrt{2}$ (약 1.4)이고 세로 길이는 $n \times \sqrt{2}$가 된다.

$n = 1$ 인 모양은 정사각형의 모양으로 버선본 집으로 사용했

다. 한지로 만든 버선본은 가족의 발의 크기에 따라 서로 다른 본이 있을 것이고 본을 잘 접어 넣어 보관하는 용도로 사용했다.

약낭은 $n=2$인 모양이고, 수저 집은 $n=3$, 긴 필낭은 $n=4$ 인 모양이 적합하다.

다음 표는 만들고자 주머니의 폭과 길이에 필요한 천의 치수를 근삿값(시접부분의 감안 없이 소수첫째 자리에서 반올림)으로 계산한 것이다.(천은 안감과 겉감 각각 한 장씩 필요 함)

버선본	완성본 치수(cm)	천의 치수(cm)	약낭	완성본 치수(cm)	천의 치수(cm)
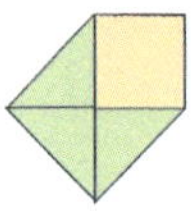	8×8	가로 11 세로 11	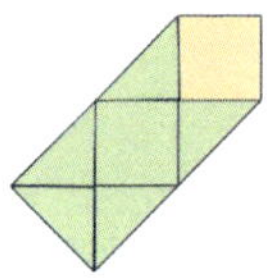	8×16	가로 11 세로 23
	10×10	가로 14 세로 14		10×20	가로 14 세로 28
	12×12	가로 17 세로 17		12×24	가로 17 세로 34
수저집	완성본 치수(cm)	천의 치수(cm)	필낭	완성본 치수(cm)	천의 치수(cm)
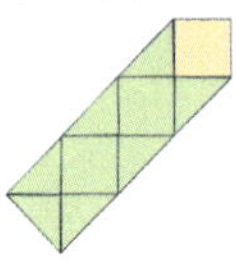	8×24	가로 11 세로 34	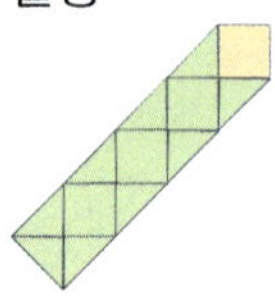	8×32	가로 11 세로 45
	10×30	가로 14 세로 42		10×40	가로 14 세로 57
	12×36	가로 17 세로 51		12×48	가로 17 세로 68

Ⅲ. 장명루와 수학 땋임

1. 장명루 만들기

장명루(長命縷)는 오색실로 땋아 만든 팔찌로서, 단오에 어머니나 할머니의 손으로 팔찌를 직접 만들어 어린아이들의 팔에 채워주어 무병장수를 기원하는 단오풍습의 하나이다.

장명루는 사람들의 손에서 손으로 긴 세월을 전승되어 오면서 독특한 땋임의 형태가 완성되었다. 중국의 장명루와는 전혀 다른 조형성을 지닌다.

그러나 장명루는 전통매듭의 범주에는 들어가지 않는다. 그 이유는 우리나라 전통매듭은 조형적인 면에서는 좌우가 같고 앞뒤가 같은 대칭성을 갖고, 그 쓰임은 양반 또는 귀족중심의 생활이나 의례에 쓰였다. 반면, 장명루는 줄의 수가 많은 땋임의 형태를 가지며 장식성 보다는 견고함과 같은 실용성에 주안점 둔 서민들의 손으로 전해져 내려온 이유이기 때문이라고 필자는 생각한다.

전통매듭의 기원이 중국에서 들어와 우리 것으로 토착화 되었다면 땋임은 더 옛날부터 기본 생활 속에서 삶의 영위를 위한 수단으로 쓰였다. 선사시대에 농경이나 어로 생활로 인한 정착생활이 시작된 때부터 매듭과 땋임은 생활 속 곳곳에 다양하게 사용된다. 식물의 줄기나 껍질 또는 동물의 가죽 등을 이용하여 한 가닥이나 두 가닥 씩 꼬거나 엮고, 세 가닥 이상은 땋아 끈을 만들어 이것을 맺어 연장을 만들 때나 신발, 또는 집을 짓는데 이용하였다. 일찍이 선사시대 또는 삼국시대의 유물인 짚신 장식잔[11]은 세줄 땋기로 만든 줄로 만든 짚신의 모형을 볼 수 있다.

11) 경주박물관 도록

이렇게 오랜 역사를 가진 땋임의 기법으로 독특한 장명루의 땋임이 완성되었다고 볼 수 있다. 땋는 방법의 독창성이나 결과물의 심미적인 탁월함이나 내구성의 우수성에도 불구하고 장명루의 땋임은 다른 전통매듭과는 달리 그동안 알려지지도 않았고 주목받지 못했다. 그 이유는 여타 전통매듭의 형식과 구조적인 면에서 차별되는 이유보다는 그 태동의 갈래가 다르다는 것이다. 장명루와 같은 생활 속의 땋임을 이용한 전통 공예 또는 규방공예에 대한 관심과 가치 연구는 우리 문화를 이해하고 발전시키는데 필요한 요소로 여겨진다. 이에 필자는 땋임에 대한 다양한 관점의 연구 중에서 수학적인 의미를 소개하고자 한다. 먼저 두 가지의 체험을 제안한다. 첫 번째는 장명루의 땋임으로 만든 줄을 이용하여 팔찌나 키링, 또는 마스크나 안경 끈 등으로 활용할 수 있고, 두 번째는 타래과 만들기이다. 밀가루 반죽을 얇게 밀어 꼬는 모양에서 수학을 만날 수 있다.

1) 장명루의 땋임 줄 만들기

준비물 : 120cm 길이의 매듭 줄 5줄, 고정할 집게, 테이프

만드는 방법

① 같은 길이의 5색 실의 각 끈을 반으로 접고 실 끝을 모아 돌려 묶는다.

② 묶은 부분을 집게로 집고 움직이지 않게 테이블 위에 테이프로 단단하게 고정시킨다.

③ 왼손의 약지, 중지, 검지의 순서로 3줄을 손끝 마디에 걸고, 나머지 2줄은 오른손 중지, 약지에 건다.

④ 오른손 검지로 왼손 검지, 중지에 걸린 실 사이로 들어가 약지의 실을 걸고 나온다. 이때 반드시 검지가 들어갈 때 왼손 검지의 앞줄을 먼저 누르고 뒷줄을 손톱부분으로 들고, 또 중지의 앞줄을 누르고 뒷줄을 들고 들어가야 한다.

⑤ 왼손에는 두 줄, 오른손에는 세 줄이 걸렸으면, 실을 당긴 상태에서 왼손의 중지, 검지의 실을 각각 약지, 중지로 한 칸씩 이동시킨다.

⑥ 다시 ④와 같은 방법으로 왼손의 검지로 오른쪽 실을 순서대로 누르고 젖히고 누르고 젖혀 약지의 실을 걸고 나온

⑦ 오른손의 검지, 중지의 실을 각각 중지, 약지로 옮기면 ④의 처음단계와 같다. ④에서 ⑦을 계속 반복해서 원하는 길이보다 조금 넉넉하게 땋고 마지막부분을 돌려 묶거나 용도에 따라 마감처리를 한다.

※ 땋임의 시작 부분은 마지막 부분에 비에 덜 촘촘하게 땋이므로 모양이 안 잡힐 수 있어서 조금 넉넉하게 땋아 첫 부분의 손실부분을 감안할 필요가 있다.

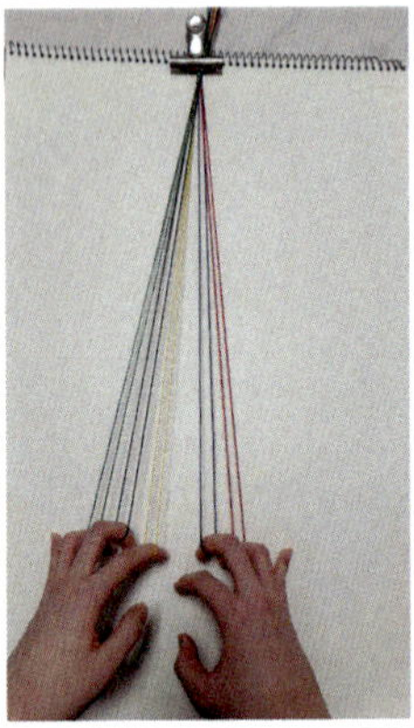	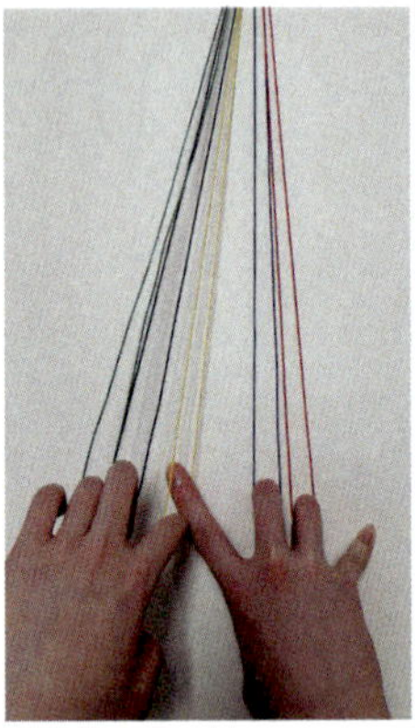	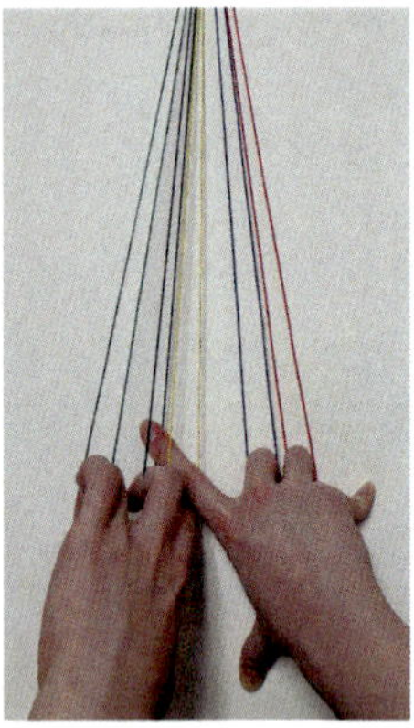
왼손의 약지, 중지, 검지의 순서로 3줄을 손끝 마디에 걸고, 나머지 2줄은 오른손 중지, 약지에 건다.	왼손 검지의 앞줄을 먼저 누르고 뒷줄을 손톱부분으로 들고 들어가는 모습이다.	왼손 중지의 앞줄을 누르고 뒷줄을 손톱부분으로 들고 들어가는 모습이다.
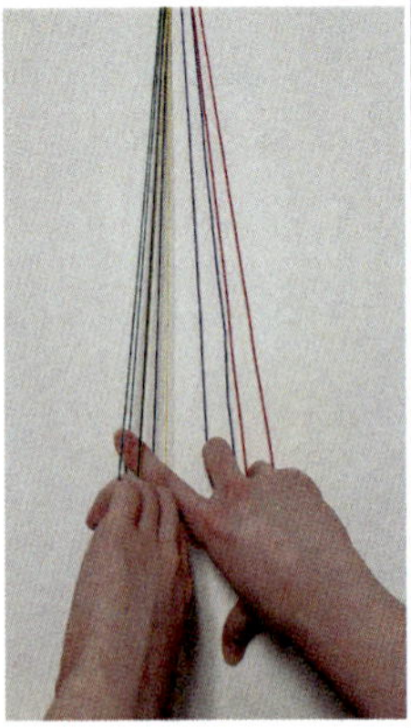	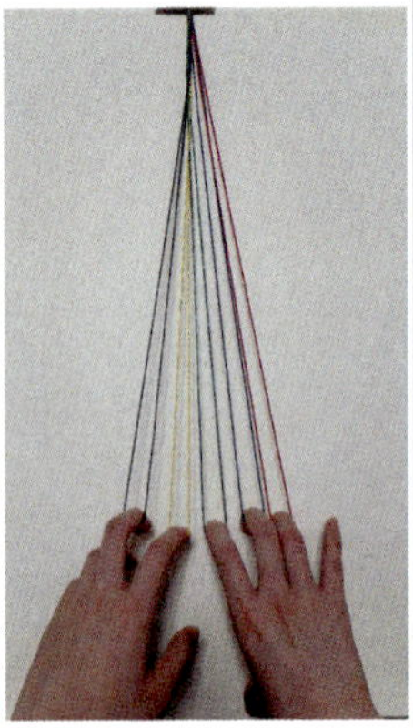	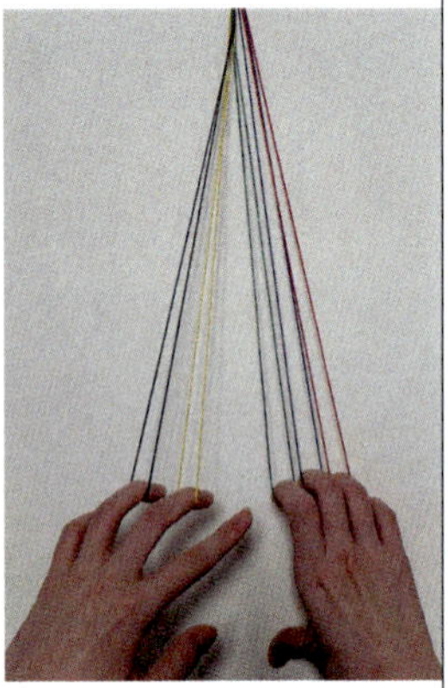
약지의 실을 걸고 들어 갔던길로 빠져 나온다.	왼손에는 두 줄, 오른손에는 세 줄이 걸려있다.	실을 당긴 상태에서 왼손의 중지, 검지의 실을 각각 약지, 중지로 한 칸씩 이동시킨다.

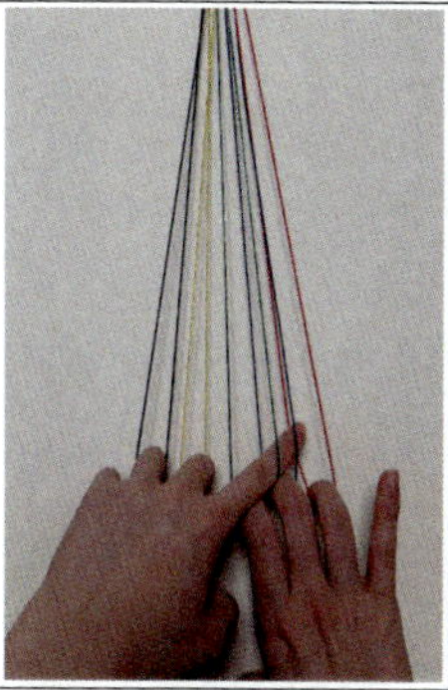	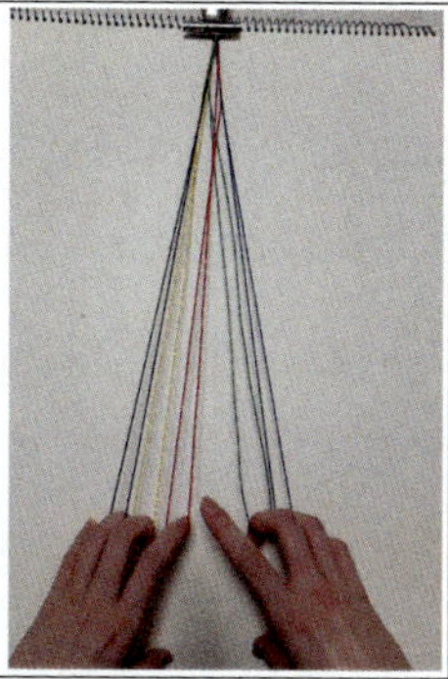	
왼손의 검지로 오른쪽 실을 순서대로 누르고 젖히고 누르고 젖혀 약지의 실을 걸고 나온다.	오른손의 검지, 중지의 실을 각각 중지, 약지로 옮긴다.	마지막부분을 돌려 묶거나 용도에 따라 마감처리를 한다.

<table>
<tr><td rowspan="3">
장명루의 땋임을 표현한 것으로 처음 시작한 지점으로 되돌아 올 때까지의 기본 한 주기를 나타낸다.</td><td></td></tr>
<tr><td></td></tr>
<tr><td></td></tr>
</table>

2) 타래과 만들기

타래과는 단오와 관련된 음식이라기보다는 평소 쉽게 만들어 먹었던 전통 과자이지만 여기서 다루는 이유는 타래과으 모양이 수학 뫼비우스띠 아니 수학 땋임의 구조를 하고 있기 때문이다. 수학 땋임은 생소한 개념일 수 있기 때문에 생김새나 구조가 흡사한 타래과를 체험주제로 선정하였다.

먼저 타래과에 대해 간단히 설명 하자면, 타래과는 반죽에 칼집을 세 줄로 넣고 칼집 사이로 양 끝을 넣어 뒤집어 꼬인 모양을 만들어 기름에 튀겨낸 후 꿀이나 설탕시럽을 묻혀서 만든 전통 과자이다. 모양이 마치 명주 실타래 모양과 같아 보여서 '타래과'라 하고, 또 '매화나무에 참새가 앉은 모습과 같다'고 하여 '매작과'등의 이름으로도 불린다. 타래과는 만들기가 비교적 쉬울 뿐만 아니라, 여러 가지 재료에서 우러나오는 독특한 풍미와 함께 잣가루를 뿌려 먹는 한과로서, 손님 접대용 다과상, 어린 자녀들의 간식용으로도 잘 어울리는 과자이다.

필자가 중학생이었던 1980년 초반에는 가정 교과서에 타래과를 다루었고 실습실에서 친구들과 함께 타래과를 만들어 먹었다. 지금은 가정교과에서 타래과는 다루지 않는다.

(1) 오색 타래과 만들기[12)]

만들기 재료와 분량

밀가루(중력분) 2컵, 소금 1/4 작은 술, 생강즙 4 큰 술, 잣가

12) 한식조리기능사 실기 ㈜시대고시기획 편저 배은자, 김아현, 이청욱, 박영란, 조현선

루 2큰 술, 튀김 기름 3컵

색 : 빨간색-딸기가루(오미자), 푸른색-쑥가루, 노란색-치자, 검은색-계피가루, 물 4~5 큰 술

시럽 만들기 재료와 분량 : 물 1컵, 설탕 1컵

만드는 방법

① 밀가루를 고운체로 친 다음 소금, 생강즙과 오색 물을 각각 들여 말랑하게 반죽하여 비닐에 30분 정도 싸 놓는다.

② 설탕시럽은 물과 설탕을 같은 비율로 넣어 반으로 졸여 놓는다.

③ 반죽은 방망이로 밀어서 길이 5cm, 폭 2cm, 두께 0.3cm로 잘라 중심에 칼집을 내천(川)자' 또는 숫자 '111'자처럼 세군데 칼집을 넣어 가운데로 한번 뒤집는다.

④ 기름 온도는 120 ~ 130℃ 정도가 되면 타래과를 넣어 튀기면서 서서히 온도를 높여 노릇하게 튀겨낸다.

⑤ 잣은 고깔을 떼고 물기를 닦아서 고슬고슬하게 다져놓는다.

⑥ 튀긴 타래과는 설탕시럽에 담갔다가 건져 접시에 담고, 잣가루를 뿌려낸다.

※ 참고사항

① 생강즙 만드는 방법은 생강을 강판에 갈아 면 보에 짜거나 생강을 곱게 다져 물에 섞어 거르는 방법이 있다.

② 튀길 때 낮은 온도에서 튀기면서 온도를 높여야 기포가 덜 생긴다.

<사진 : 문화콘텐츠닷컴 한국컨텐츠진흥원>

(2) 타래과 속의 땋임

타래과는 밀가루의 두께 등을 고려하지 않고 그 땋임의 구조로 해석하면 네 가닥 땋임의 일종으로 볼 수 있다. 반죽을 뒤집는 방향에 따라 다음 두 가지의 수학 땋임의 형태가 나온다.

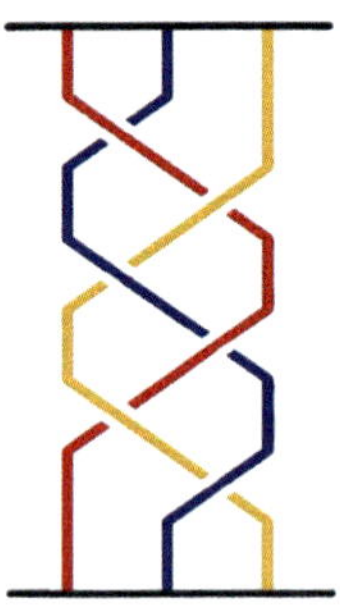

<땋임>

<고리>

<수학매듭>

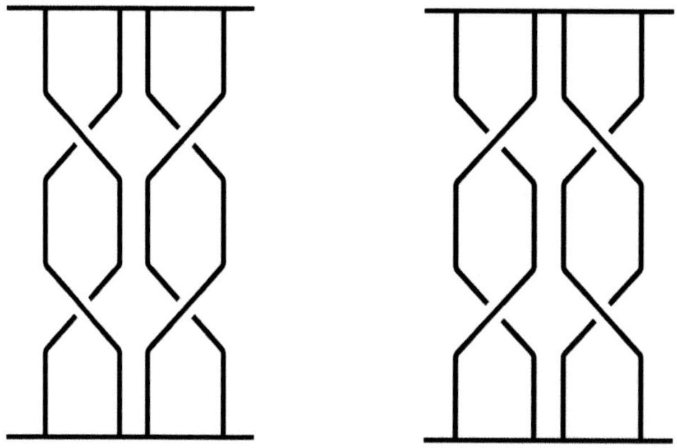

수학 땋임에서는 이러한 땋임에 대해 두 땋임이 같은가? 다른가? 또는 어떻게 하면 뒤집기 전의 상태가 되는지, 두 땋임을 이어붙이는 방법 등을 정의하여 땋임 이론을 발전시켜 다양한 응용분야에 쓰이고 있다.

2. 수학 땋임

수학에서 '땋임(braid)'이란 여러 가닥의 끈의 집합으로, 모든 가닥은 위와 아래의 수평막대에 붙어있는 것이다. '고리(link)'란 꼬인 폐곡선들이 서로 걸려 있는 것을 말한다. '수학 매듭(knot)'은 얽혀있고 양끝이 붙어 있는 끈을 말한다.

땋임의 위의 수평막대를 당겨 아래 수평막대에 붙이고 막대를 제거하면 매듭 또는 고리가 만들어지는데 이 결과를 '땋임의 닫힘(closure)'이라 한다. 땋임은 고리와 매듭과 함께 무슨 관련이 있을까? 다음 알렉산더의 정리는 그 연관성을 말해준다.

모든 땋임은 특정한 매듭 또는 고리에 대응하게 된다. 반대로 어떤 매듭과 고리는 닫힌 땋임으로 표현가능하다. (1923, 알렉산더, J.W. Alexander)

수학에서 땋임을 '단어(word)'로 나타내는데 이는 단어로 그 땋임의 정보를 쉽게 표현할 수 있다. 땋임의 단어를 나타내는 방법은 꼬임이 없으면 1, 줄이 꼬인 부분에서 i번째 줄이 $i+1$번째 줄 위로 지나가면 σ_i, 아래로 지나가면 σ_i^{-1}로 나타내고 위에서 아래의 순서대로 꼬임의 정보를 쓴다.

여기서는 생활 속에서 볼 수 있는 땋임을 그림으로 나타내고 수학적인 단어로 표현하고 그 수학적 의미를 알아보고자 한다.

(1) 두 가닥 꼬기와 세 가닥 꼬기

우리말에 '꼬기'와 '땋기'와 같이 부르는 이름이 다른 까닭은 그 만드는 방법의 차이일 것이다. 꼬기는 두 가닥 또는 세 가닥의 줄을 한쪽 방향으로 돌려주어 길게 만드는 것이고 땋기는 지그재그로 꼬임을 만드는 것이 다르다. 그 예로 짚으로 새끼줄을 만들 때는 '꼰다'고 하고 머리카락은 '땋는다'고 말한다. 새끼줄은 두 줄 꼬기로 만든 기본 줄을 합사하여 굵게 만들어 사용하기도 한다. 가마니용 줄은 기본 새끼줄을 그대로 쓰고, 기본 새끼줄 세 가닥을 꼬아 1차 합사 줄을 만든 다음 다시 1차 합사 줄 3가닥을 꼬아 2차 합사 줄을 만드는 방법으로 굵은 밧줄을 만들어 농촌이나 어촌에서 다양한 용도로 사용하였다. 다음 그림은 기본 새끼줄 꼬기 방법이다.

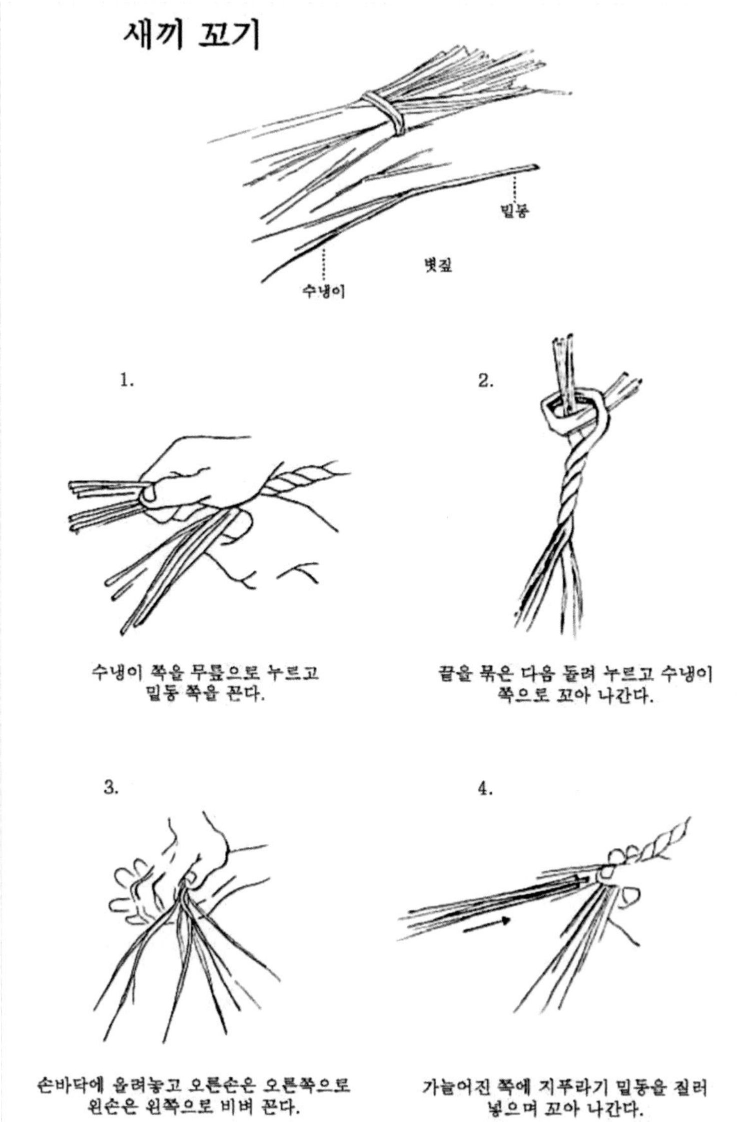

(그림 : 우리가 꼭 알아야 할 우리 짚풀 문화, 현암사)

먼저, 새끼줄 꼬기의 두 줄 꼬기 패턴[13]과 그 땋임의 닫힘을 나타내는 고리그림이다.

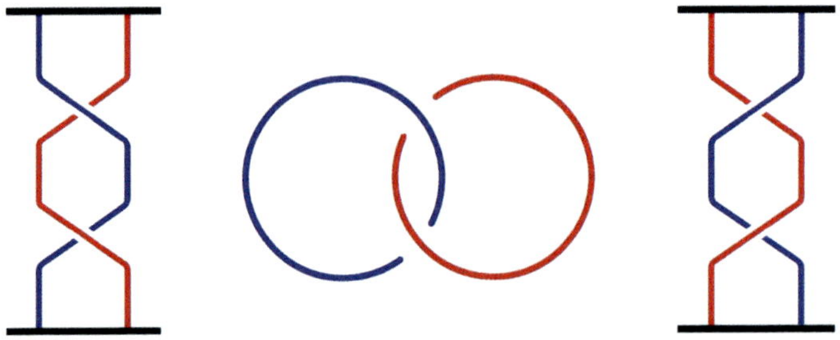

왼쪽 그림의 두 줄 꼬기의 기본 패턴을 단어로 나타내면 $\sigma_1\sigma_1$로 나타낼 수 있고 σ_1^2로도 적는다. 꼬는 방향을 바꾸면 오른쪽 꼬임이 되고 단어로 나타내면 $\sigma_1^{-1}\sigma_1^{-1}=\sigma_1^{-2}$가 된다.

다음은 합사 줄을 만들 때의 세 줄 꼬기의 기본 패턴과 그 닫힘의 고리그림이다.

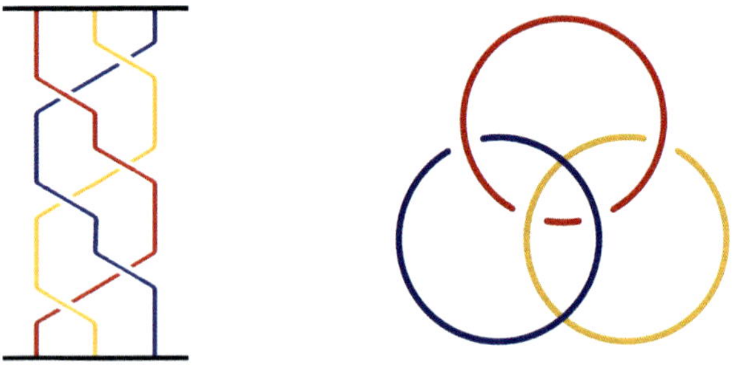

13) 각 땋임 패턴을 나타내는 그림은 처음의 상태로 되돌아오는 것을 한 주기하여 땋임의 그림으로 나타낸 것이다.

그림의 세 줄 꼬기의 패턴을 단어로 나타내면 $\sigma_2\sigma_1\sigma_2\sigma_1\sigma_2\sigma_1$로 나타낼 수 있고 간단히 $(\sigma_2\sigma_1)^3$다. 또 방향을 바꾸어 꼰다면 $(\sigma_1^{-1}\sigma_2^{-1})^3$으로 나타난다.

(2) 세 가닥 땋기

아이들의 머리를 땋을 때 많이 쓰는 방법이다. 땋임에 대한 단어는 $\sigma_1\sigma_2^{-1}\sigma_1\sigma_2^{-1}\sigma_1\sigma_2^{-1}$이고 $(\sigma_1\sigma_2^{-1})^3$과 같다. 땋임의 닫힘으로 나타난 오른쪽의 고리는 '보로미안 고리(Borromean rings)'라 부른다. 르네상스 시대 이탈리아 보로메오 가문의 문장으로 사용된 것으로부터 유래되었다. 보로미안 고리는 서로 걸려있으나 어느 한 고리만 제거하면 모든 고리가 서로 걸리지 않고 분리되는 구조를 갖는다. 이는 가문의 단합을 나타내는 상징이었다고 한다.

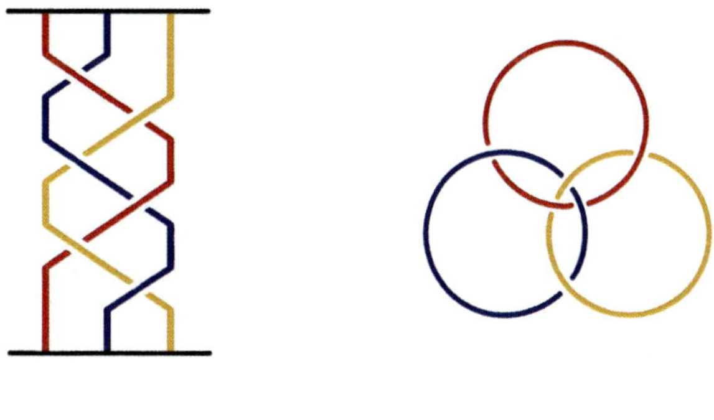

(3) 네 가닥 땋임

머리 땋기에서 세 가닥 땋기와 함께 많이 쓰이는 방법으로 네 가닥 땋기 두 가지를 소개한다.

왼쪽의 땋임은 네 가닥의 평면 땋임이고 오른쪽은 네 가닥의 입체 땋임의 기본 패턴이다. 중간의 그림은 두 땋임의 닫힘으로 나타나는 고리이다. 평면 땋기와 입체 땋기의 단어는 각각 다음과 같이 나타내어진다.

$$(\sigma_1\sigma_2^{-1}\sigma_3)^4, \quad (\sigma_1^{-1}\sigma_2^{-1}\sigma_2^{-1}\sigma_3\sigma_2\sigma_2)^2$$

(4) 장명루의 땋임

장명루의 오색실은 주로 빨강, 파랑, 노랑, 하양, 검정의 다섯 색을 사용하였다. (그림은 흰색을 초록으로 대신했다.) 장명루의 땋임은 열 가닥 줄의 땋임이다. 땋은 줄의 모양은 사각기둥 형태의 독특한 입체 구조를 만들어낸다. 장명루의 땋임을 단어로 나타내면 다음과 같다.

$$(\sigma_2^{-1}\sigma_1^{-1}\sigma_3\sigma_2\sigma_4^{-1}\sigma_3^{-1}\sigma_5\sigma_4\sigma_8\sigma_7^{-1}\sigma_9\sigma_8^{-1}\sigma_6^{-1}\sigma_7\sigma_5^{-1}\sigma_6^{-1})^2$$

(5) **타래과의 땋임**

타래과의 땋임 구조는 네 줄 땋임으로 뒤집는 방법에 따라 두 가지 모형으로 나타난다.

이것을 단어로 나타내면 $(\sigma_1^{-1}\sigma_3)^2$와 $(\sigma_1\sigma_3^{-1})^2$로 나타내어진다. 둘은 서로 좌우와 상하 방향 모두 서로 거울상 구조이다.

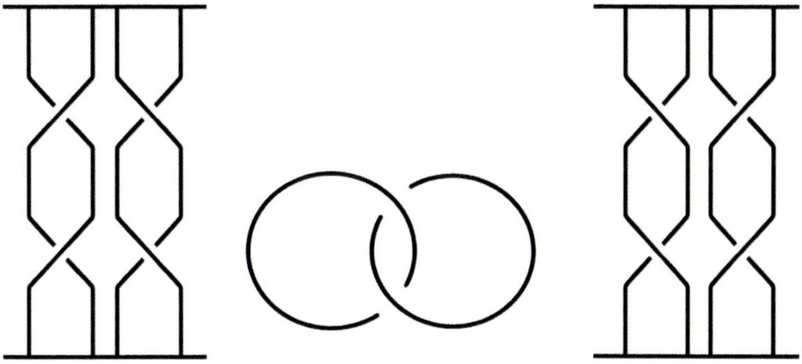

(6) 땋임의 수학적 의의 : 군(Braid group)

수학에서 땋임을 연구하는 이유는 그 응용이 다양하고 중요하기 때문이지만 땋임 속의 수학적 구조만으로도 충분히 아름다움을 느낄 수 있다. 여기서는 땋임 군(braid group)에 대해 간단히 소개하기로 한다.

한 예로써, 타래과의 땋임을 포함한 네 가닥 줄의 땋임 들의 집합에 한정해서 생각해 보자.

두 땋임 A와 B 사이에 '곱'을 다음과 같이 정의하자. 땋임 A의 아래 수평막대와 땋임 B의 위 수평막대를 붙이고 줄을 순서대로 이어붙인 다음 막대를 제거하면 A와 B를 곱한 새로운 땋임 AB를 얻는다.

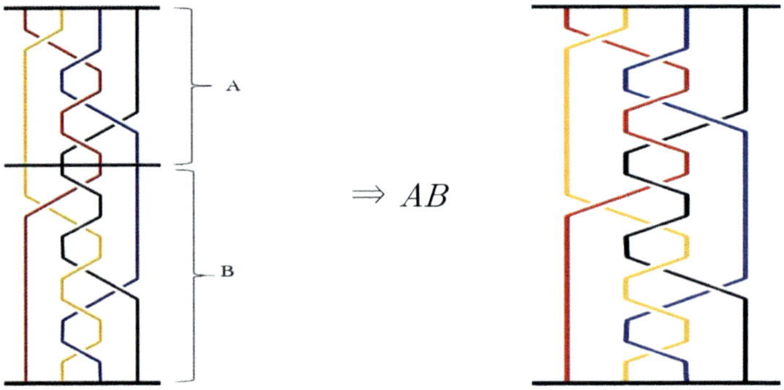

이때, A는 $\sigma_1^{-3}\sigma_3\sigma_2$ 와 B는 $\sigma_2\sigma_1^{-3}\sigma_3\sigma_2^2$로 나타내어지고 AB는 그 단어의 곱으로 다음과 같이 나타내어진다.

$$(\sigma_1^{-3}\sigma_3\sigma_2)(\sigma_2\sigma_1^{-3}\sigma_3\sigma_2^2) = \sigma_1^{-3}\sigma_3\sigma_2\sigma_2\sigma_1^{-3}\sigma_3\sigma_2^2 = (\sigma_1^{-3}\sigma_3\sigma_2)^2.$$

일반적으로 곱하는 순서를 바꾸면 다른 땋임의 결과를 얻는다. 즉, $AB \neq BA$ 로 교환법칙은 성립하지 않는다.

그러나 세 땋임 A, B, C 의 곱에서 AB 에 C를 곱한 $(AB)C$ 와 A 에 BC를 곱한 $A(BC)$는 같은 땋임이다. 즉, $(AB)C = A(BC)$ 로서 결합법칙이 성립한다.

꼬임이 없는 땋임을 I라고 하자. I와 어떤 땋임 A를 곱하면 IA와 AI는 A 와 같다.

땋임 I에 대한 단어의 표현은 1이다. 이것은 숫자 1은 곱해도 곱셈의 결과에 영향을 주지 않는 성질과 같다. 이러한 땋임 I를 '곱에 대한 항등원(identity)'이라고 부른다.

또 한 땋임 A 에 대해, A 의 아래 수평막대에 거울이 있다고 생각하고 거울에 보이는 것과 같은 땋임과 A 를 곱하면 꼬임이 없는 I가 된다. 이때 곱한 땋임을 'A의 역원(inverse)'이라 하고 A^{-1}로 나타낸다. 즉, AA^{-1}와 $A^{-1}A$ 는 모두 I와 같다. 타래과의 땋임에서 나타나는 두 가지 땋임은 서로 A와 A^{-1}의 관계이다. 다음 그림은 타래과의 두 땋임의 곱이 항등원임을 보여준다.

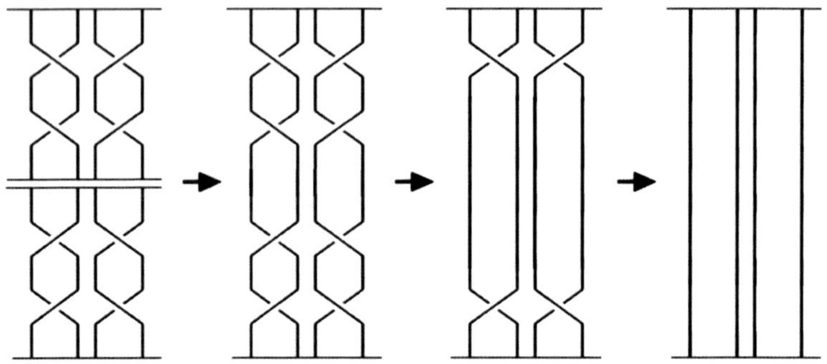

네 가닥 땋임 들의 집합만이 아니라 일반적으로 n가닥 땋임들의 집합에 이와 같은 방법으로 '곱'을 정의하면 다음과 같은 세 가지 성질을 가진다.

> ① 임의의 두 땋임 A, B에 대해 곱 AB를 만들 수 있고 결합법칙$(AB)C = A(BC)$가 성립한다.
> ② 곱에 대한 항등원 I를 갖는다. I는 $AI = IA = A$의 성질을 가진다.
> ③ 각 땋임 A에 대해 그에 대해 서로 쌍을 이루는 A^{-1}가 있고 $AA^{-1} = A^{-1}A = I$의 성질을 가진다. 이때, A^{-1}을 A의 역원이라고 한다.

위의 세 가지 성질을 가지는 n 가닥의 땋임들의 집합을 곱에 대한 '군 (群, group)' 이라고 부른다.

땋임 군의 활용영역은 다양하다. 특히 유체역학이나 양자물리학에서 중요한 응용을 가진다.

Ⅵ. 나가는 말

오랜 세월에 걸쳐 어머니들의 손에서 손으로 이어 내려온 서민 생활 속에서 찾은 단편을 엿보고 그 속에 깃든 수학적인 원리를 찾아보았다.

이러한 활동이 갖는 교육적인 의미는 무엇일까?

정답이 없는 질문이지만 미력하나마 그 답을 필자가 실제 수업 현장에 적용했을 당시 학습자의 반응으로 대신하고자 한다.

그 사례는 2021년 하반기 진해여성인력개발센터에서 다문화 초등학생을 대상으로 한 토요특강에서 저학년반과 고학년 반으로 나누어 각각 2차시씩 향주머니 만들기를 진행하였다. 바느질을 할 수 없는 초등학생들에게 맞게 한지로 만든 향주머니 만들기로 강의를 진행하였다. 먼저 색종이 잘라 접어보고 그 속에 든 수학 원리를 충분히 파악한 뒤, 짧은 시간에 만들어진 한지 주머니에 향을 넣고 매듭 장식을 끼워 마무리하는 것으로 강의안을 짰다.

그러나 색종이를 반으로 잘라 순서대로 접어보고 한 치의 오차 없이 맞아떨어지는 모습을 확인한 학생들은 '오~ 신기해요' 하면서 계획에 없었는데, 바느질 선에 테이프를 붙여 색종이 주머니를 만들어냈다. 이어서 한 번 더 잘라 접은 붓 주머니도 그 길이가 딱 떨어지는 것을 확인하는 순간 역시 놀라워하는 반응을 보였다. 강의에서 배운 어려운 비율이야기가 내 손으로 만든 색종이에서 실현되는 것을 확인하는 순간인 것이다. 물론 이론과 실물이 완전히 연결되고 이해가 되었다는 것이 아니다. 아이는 왜 그런지는 모르지만 정확하게 맞아떨어지는 주머니 구조가 신기하고 속지의 색과 겉지의 색이 어울려 예뻐 보이는 주머니가 마음에 든 것이었다. 이후 찍은 사진을 보면 연습용이라서 버리라고 한 색종이 주머니를 작품으로 자랑하고 있는 아이들을 확인할 수 있었다. 이러한 반응만으로도 기획 했던 강의의도 이상의 성과를 얻었다고 생각이 된다. 이 아이들에게 전통약주머니의 수학적 구조의 정교함과 전통규방공예의 심미적인 요소까지 모두 체험하는 시간이 되었다고 생각한다. 이것이 바로 필자가 체험수학강의를 만들고 알리려는 이유이다.

본고의 강의안이나 워크북은 다른 지면을 통해 소개할 예정이다. 작은 바람이 있다면 본고의 다음 이야기를 기대하는 사람이 있기를 소망하며 글을 맺는다.

참고문헌

이세영. "한국 전통주머니를 응용한 오뜨꾸뛰르 아동복 디자인 연구." 국내석사학위논문 이화여자대학교 디자인대학원, 2008. 서울

윤경순. "전통주머니와 포크 아트(Folk Art) 기법을 활용한 문화상품." 국내석사학위논문 건국대학교 디자인대학원, 2013. 서울

김지영, 김문진, 규방공예, 컬쳐라인, 2000

김은영, 매듭 만들기, 미진사, 2009

김은영, 우리나라 매듭, 도서출판 진화, 1989

김용운 김용국, 재미있는 수학여행 공간의 세계, 김영사, 1991

콜린아담스, 진교택. 전춘배 옮김, 매듭이론, 경문사, 2017

김부윤, 이성현, 이지성, 수학이 있는 종이접기, 수학사랑, 2012

인병선, 우리가 알아야할 우리 짚불 문화, 현암사, 1995

매트파커, 허성심 옮김, 차원이 다른 수학, 프리렉, 2017

미술교육과 단오

- 목 차 -

미술교육과 단오

구 본 숙

Ⅰ. 머리말

예로부터 단오는 설, 추석과 함께 우리나라 3대 고유명절로 여겨져 왔다. 양기가 가장 강한 날인 음력 5월 5일을 단오로 정하여 민속놀이를 즐기고 다양한 행사를 통해 여름을 준비하는 일종의 축제와 벽사의 의미를 지닌 날이었다. 단오에는 여성들의 창포물에 머리 감기, 그네뛰기를 하며 여가를 향유 했고 남성들은 씨름과 활쏘기를 하며 시간을 보냈다. 이밖에 단오빔 입기, 마을의 안녕과 풍년을 기원하는 제사인 단오제, 수취리 떡 먹기, 단오선 선물하기, 단오부적 붙이기, 장명루 만들기 등의 풍습이 이어진다.

본 연구에서는 설이나 추석에 비해 명절로서의 인식이 비교적 낮은 단오에 대해 회화와 공예를 통해 구체적으로 분석해보고자 했다. 회화에서는 주로 조선 후기 풍속화에서 단오의 모습을 살펴볼 수 있었으며 이후 기산 김준근의 풍속화를 통해 조선 말기의 시대상을 살펴볼 수 있었다. 근대에 이르러 운보 김기창의 작품에서 그네 뛰는 소녀들을 통해 당시의 모습도 알 수 있었다.

공예로는 더운 여름을 무탈하게 보내라는 의미에서 부채를 선물하고 여름을 맞이하는 새 옷의 개념인 단오빔을 입는 풍습, 오방색과 천연염색을 통한 단오의 색채와 더 나아가 조각보에 대해서도 모색해 보았다. 단오제에 쓰이는 종이꽃인 지화에 대해서도 알아보고자 했다.

특히 세시풍속 단오체험에서 지화 만들기를 통해 단오에 대해 이해하고 보다 흥미를 갖고 체험할 수 있도록 구체적인 교육 안을 마련했다. 체험은 남녀노소 누구나 가능하도록 만드는 과정을 간소화하였으며 현대 생활에서 활용하는 방안을 모색해 보고자 했다. 또한, 체험 프로그램의 교육자는 단오에 대해 인지하고 체험 이전의 이론적 교육을 간단히 진행함으로 참여자들의 이해도를 높이고 체험이 더욱 유의미하도록 구성하였다.

체험 전후로 활동지를 기록하며 참여자들에게도 지식전달을 자연스럽게 할 수 있을 뿐 아니라 이들의 생각이나 느낌 등을 비교적 명확하게 알 수 있으므로 활동자료를 통해 후속 연구나 활동에 대한 피드백으로 활용할 자료로 소명할 수 있다. 연구를 통해 미술교육과 단오를 접목하며 교과 활동으로 활용 가능하며 다른 교과목과 연계할 수 있을 뿐 아니라 일상적으로 활용 가능하며 행사나 자기 주도 학습을 통한 단오체험이 가능하다는 점이 본 연구의 주안점이다.

II 회화와 단오

1. 단원 김홍도(1745-1806추정)

김홍도는 어린 시절 강세황으로부터 그림을 배워 미술적 재능을 인정받았으며 그의 추천으로 이른 나이에 궁중 화원이 되었다. 뛰어난 외모와 넓은 도량을 가졌으며 산수화와 인물화에 능했다. 영조와 정조의 초상을 그린 어진 화가로도 명성을 떨쳤다. 이후 정조의 포상으로 중인 신분이었던 그에게 최고로 오를 수 있는 관직인 현감을 맡았으며, 현감 파직 후 50대 이후부터 거침없는 붓질로 자신만의 화풍을 그려내기 시작했다. 후기에 이르러 다양한 장르의 그림에 능했지만, 풍속화에서 그 면목이 특히 잘 드러난다.

살아 움직이는 듯한 생동감이 느껴지는 그의 풍속화에서는 조선 후기 서민의 삶과 애환이 녹아 있다. '단원풍속도첩' 에 나타난 여러 풍속화는 당시의 시대상을 보여주며 현장의 생생함과 속도감, 정형성을 벗어난 파격적인 구도와 인물의 심리를 섬세하게 표현했다.

1) 씨름

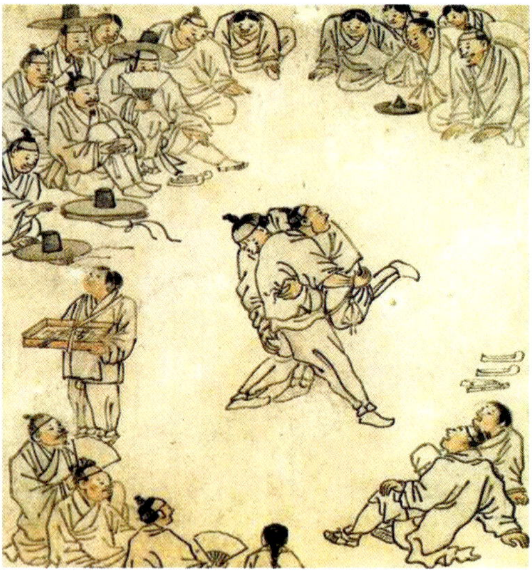

<그림 1> 씨름 (출처 - 국립중앙박물관)

조선 후기 풍속화가 김홍도가 남긴 풍속화첩(단원풍속도첩) 25첩 가운데 하나로 당시 단오씨름을 소재로 한 그림이다. 이는 보물 527호로 당시의 시대상을 사실감 있게 표현하고 있으며 씨름 하는 사람뿐 아니라 구경꾼의 모습까지 실감 나게 그려낸 섬세한 작품이라 할 수 있다. 조선 시대는 신분제 사회로서 계층 간 엄격한 위계질서가 존재했으나 씨름에서만큼은 양반에서부터 천민에 이르기까지 함께 어울리고 즐기며 공정한 승부를 가렸다. 남성들의 즐거운 단오의 모습을 엿볼 수 있다.

특히 신분이 다르지만 서로 간 어울리는 모습이 전혀 어색함이 없다. 그림에서 특이한 점 가운데 하나는 오른쪽 아래 구경꾼의 손 방향이 반대로 되어있음을 알 수 있다. 이는 그림에서 해학성을 도모하고자 작가로서 의도적으로 그림의 숨은 재미를 찾을 수 있도록 표현한 것이다. 보이는 것을 표현하는 것 이상의 그림을 관람하는 자와의 소통과 웃음을 주고자 한 작품이다.

2. 혜원 신윤복(1758-19세기)

조선 후기의 풍속화가로 양반의 풍류와 기생의 모습을 주로 다루었다. 유려한 묘사와 아름다운 색채를 사용해 부드럽고 여성적인 느낌의 화풍이 드러난다. 아버지와 할아버지가 도화서의 화원으로 이에 어린 시절부터 영향을 받아왔다. 김홍도, 김득신과 함께 조선시대 3대 풍속화가로 평가받고 있다. 선배인 김홍도의 화풍을 이어받았으나 점차 자신만의 독창적인 풍속화를 그리게 되었다.

김홍도와는 풍속화에서 큰 차이가 있다. 김홍도가 서민의 애환을 다룬 그림을 즐겨 그렸다면 신윤복은 기생이나 사랑을 주제로 한 양반의 삶을 묘사했고 배경을 절제한 김홍도와는 달리 작품의 배경을 자세하고 치밀하게 묘사했다. 김홍도가 무채색 톤의 작품이라면 신윤복은 원색적인 색채를 사용했다고 볼 수 있다. 김홍도와 달리 화려하고 세련된 풍속화의 장을 열었다는 점에서 미술사적 큰 의의가 있다.

1. 작품 <단오풍정>

<그림 2> 단오풍정 (출처 - 간송미술관)

단오에 여인들이 시냇가에서 머리를 감고 한편으로 그네를 타는 모습을 세밀하게 묘사한 작품이다. 커다란 가체에 노란 저고리와 붉은 치마를 입고 그네에 올라서려는 듯한 여인이 그림의 중심을 이루며 머리를 손질하는 두 여인, 시냇가에서 머리를 감고 있는 여인, 구석에서 이들을 훔쳐보는 두 명의 동자승, 머리

에 보따리를 이고 가는 여인을 볼 수 있다.

왼쪽의 동자승은 그네 타는 여인과 머리를 손질하는 여인들을 바라보고 오른쪽의 동자승은 머리를 감는 여인들의 모습을 바라보고 있어 그림의 전체적인 조화를 이룬다. 팔을 씻거나 세수를 하거나 머리를 매만지는 등 머리를 감으며 씻는 모습도 다양하게 표현되었다. 여인들의 옷은 대담하고 화려하며 수려한 작품을 돋보이게 한다.

국보 135호로 지금까지 많은 이들로부터 사랑받는 그림이다.

2. 작품 <그네 타는 여인들>

<그림 3> 그네 타는 여인들 (출처 - 국립중앙박물관)

커다란 나무를 중심으로 그루터기 쪽의 여인들과 오른쪽에서 그네를 타려는 여인이 어우러지며 화면을 구성한다. 나무 그루터기에 앉은 여인은 긴 담뱃대를 입에 물고 쉬고 있으며 그 옆의 여인은 무심히 그네 타는 모습을 지켜보고 있다. 긴 담뱃대는 조선 후기 유행했던 소품이었다. 나무로부터 길게 달린 그네를 타고 있는 여인은 가체를 땋아 풍성하게 늘어뜨린 채 두 여인 쪽을 향하며 그네 위에 올라서 있다. 당시 여인들은 머리가 풍성할수록 아름답다고 여겨 가체를 즐겨 사용했다. 본 작품을 통해 당시의 시대상과 문화를 함께 엿볼 수 있다.

3. 혜산 유숙(1827-1873)

조선 말기 도화서의 화원으로 철종과 고종의 어진을 그리는데 참여했다. 추사 김정희로부터 그림을 배웠으며 김정희의 문인화풍과 더불어 김홍도의 풍속화적 면모가 작품에 혼재되어 있다. 산수와 인물 표현에 능했으며 궁중 행사에 여러 차례 참여하여 그림을 그리기도 했다. 미술적 기량을 펼칠 뿐 아니라 다양한 활동을 한 점에서 주목할 만한 화가이다. 특히 시 짓기도 능했다. '수계도', '벽오사소집도'등의 그림이 후대에 전해진다. 풍속화로는 '대쾌도'와 '범차도'가 있으며 아주 섬세하고 유려한 선과 담담한 색채로 독창적인 회화세계를 구축한 작품이라 할 수 있다.

1. 작품 <대쾌도>

<그림 4> 대쾌도 (출처 - 서울대학교 박물관)

씨름하는 모습을 실감 나게 그려낸 대쾌도(大快圖)는 크게 유쾌하다는 의미를 지니고 있다. 마을 사람들이 모여 둥글게 모여

앉아 두 소년이 씨름을 겨루는 모습을 관람하고 있다. 아래쪽에서는 두 소년이 택견을 하고 있다. 그 옆에는 가지런히 정리된 엿이 담긴 상자를 들고 서 있는 엿 장사의 모습도 볼 수 있다. 앉아서 구경하는 모습도 각양각색이다. 담배를 피우며 서로 대화를 나누는 모습, 턱을 괴고 엎드려 구경하는 모습, 나막신을 벗어놓고 앉아 있는 모습, 삿갓을 벗어들고 흔들며 응원하는 모습 등을 볼 수 있다.

화면의 아래쪽에는 씨름하는 모습을 뒤로하고 구석에 앉아 거나하게 술을 마시는 인물과 술을 권하는 모습, 주머니에서 돈을 꺼내는 모습도 나타나 있다. 이 축제의 배경은 서울의 광희문으로 광희문의 일부 모습이 오른쪽에 그려져 있다. 현재 광희문은 서울 지하철 동대문운동장역 근처이다. 그림의 크기는 가로 54cm, 세로 105cm로 다양한 모습을 지닌 사람들과 풍속의 모습이 담긴 비교적 큰 그림이다.

4. 기산 김준근(19세기)

조선 말기인 1880년에서 1900년에 주로 활동했던 풍속 화가이다. 신윤복의 섬세한 필치와 김홍도, 김득신의 풍속 주제에 영향을 받았다. 19 세기 말 제물포, 부산포 등지의 개항장을 중심으로 해외 판매를 목적으로 한 풍속화를 대량으로 그렸다. 따라서 한국인보다 외국인들에게 인기가 높은 작가였으며 그의 풍속화는 외교 관계를 맺은 여러 나라에 전해졌으며 해외의 각 박물관에 소장되어 있다. 해외 박물관에 소장된 김준근의 작품은

1000여 점에 이른다.

그 가운데 '기산 풍속도'는 1887년 미국의 슈펠트(R.W.Shufeldt) 제독의 딸 메리 슈펠트의 주문에 따라 그려진 풍속화이다. 이 풍속화는 작품의 상단 간략한 내용이 표기되어 있으며 각 풍속에 대해서 사실적이고 자세한 장면이 묘사되어 있다. 국내에서 가장 많은 풍속 장면이 그려졌다는 점에서 그 의의가 크다. 특히 조선 말기 민중 생활을 여과 없이 보여주는 역사적 사료로 주목된다.

1) 단오에 산에 올나 추천호고(단오에 산에 올라가 그네 타고)

<그림 5> 단오에 산에 올나 추천호고 (출처 - 독일 함부르크 민속박물관)

단오에 산에 올라가 그네를 타는 여성들의 모습을 그린 작품이다. 섬세하고 한국적인 필치로 19세기 말 외국인에게 각광 받던 작가이다. 기산 풍속도에 나타난 그림 속 여성들로부터 조선 말기

단오 모습을 사실감 있게 볼 수 있다. 오방색으로 만들어진 부채를 들고 있는 여성, 창포물에 머리를 감고 온 듯 고운 색의 수건으로 머리를 감싸고 있는 여성, 태극문양 부채를 들고 있는 여성, 새 댕기를 맨 소녀들, 행사에 자주 볼 수 있는 엿장수에게 엿을 사 먹는 아이, 화면의 중앙에 치맛자락을 휘날리며 그네를 타는 소녀, 그네를 타고자 지루함을 감내하며 기다리는 아이의 모습이 잘 나타나 있다. 왼쪽 윗부분 낙관 위에 한글로 '단오에 산에 올라가 그네를 탄다'라는 내용이 적혀있다.

5. 운보 김기창(1913-2001)

운보 김기창(1914-2001)은 어린 시절 장티푸스로 인해 후천적으로 청각을 상실했다. 또래의 아이들이 초등학교를 졸업할 무렵의 나이인 12세에 초등학교에 입학했지만 선생님의 수업을 들을 수 없어 학교에서 공부보다 혼자 그림을 그리는 경우가 많아졌다. 그림을 그리며 자연스레 미술적 재능을 발현했고 17세에 비로소 초등학교를 졸업했다. 초등학교를 졸업 후 아버지는 목수가 되기를 희망했으나, 신여성이었던 어머니는 미술가로 자라기를 원했다. 수소문 끝에 이당 김은호 화백의 문하생으로 들어가게 되었다. 김은호 화백은 임금의 어진을 그리는 화가로서 능력과 기량이 뛰어났다.

운보 김기창 역시 미술적 재능이 뛰어났기에 미술을 배운 그 해 작품 '판상도무'를 완성했고 조선 미술전람회에서 어린 나이에 수상하기에 이른다. 여러 차례의 수상실적으로 조선미술전람회의 추천작가가 되었고 이후 국전 초대작가 및 심사위원을 역임했다. 교육자로서 수도여자사범대학과 홍익대학교에서 교수직을 지내며 제자를 양성했다. 운보 김기창은 청각장애를 이겨내고 수많은 작품으로 감동을 주었으며 섬세한 필치와 묘사는 한국 미술문화 발전에 큰 발자취를 남겼다.

1) 판상도무

<그림 6> 판상도무 (출처 - 운보 김기창 작품)

이당 김은호 화백으로부터 그림을 배운지 불과 2달 정도 지난 무렵 우연히 지나가던 서울, 안국동 뒷골목 담장 너머로 널뛰기를 하는 소녀들의 모습을 보았다. 소녀들의 모습을 섬세한 묘사와 정교한 생감으로 생생하게 그린 작품이다. 밑그림을 그린 후

채색에 두 달간 공들여 정성껏 그림을 완성했다. 그림을 정식으로 배운지 4개월 만의 일이었다. 작품에서 소녀들의 표정은 매우 사실적이며 고무신, 댕기, 옷감의 무늬까지 있는 자세히 있는 그대로 표현한 그림이라 하겠다. '판상도무'의 뜻은 널뛰기를 의미하며 널뛰기는 평상시에도 하지만 주로 단오에 여성들이 즐기던 놀이였다. 널빤지의 가운데 아래 짚이나 가마니를 괴어 고운 옷을 차려입고 양쪽에서 여성들이 뛰어오르던 놀이이다.

Ⅲ. 공예와 단오

1. 단오선과 단오빔

1) 단오선

단오부채를 의미하는 한자인 선(扇)을 합친 단어로 단오에 선물로 서로 주고받는 부채를 '단오선' 이라 한다. 조선 시대 임금은 단오를 맞이하여 여름을 시원하게 보내라는 마음을 담아 특별히 신하들에게 단오선을 하사했다. 다양한 모양의 부채가 있으나 단오를 축하한다는 의미에서 단오부채는 특히 화려하게 장식되었다(강기리 2004, P.19). 부채에 그림을 그리거나 손잡이 부분에 장식이나 술을 달아 장식하기도 했다. 바람을 일으키는 실용성과 멋스러움을 더해 신분이나 사회적 지위를 나타내기도 했다. 크게 접선과 단선으로 나뉘며 접선의 종류로 합죽선이 있다(한국세시풍속사전).

제작방법으로는 질 좋은 대나무를 골라 알맞은 크기로 자르고 삶은 뒤 잘 말린다. 말린 대나무가 견고해지면 얇고 일정하게 쪼

개 부챗살을 만들고 부챗살 위에 한지를 덧붙이고 마지막으로 부채 윗부분을 정리하거나 모양을 다음에 부채를 완성한다. 부채를 장식하기 위해 아름답게 그림을 그리거나 좋은 글귀의 글을 쓰기도 한다. 또한, 매듭이나 끈으로 부채 손잡이 끝에 달아(선추) 멋스러움을 더해준다.

단오 이후의 무더위를 대비하기 위해 부채가 만들어졌고 임금이 신하에게 하사하기도 했지만, 이웃끼리 부채를 만들어 선물로 주고받기도 했다. 양의 기운이 가장 강한 날이라 여겨지는 단오 부채를 통해 다가올 무더위를 이기고 부채에 장식적 요소와 그림 등을 표현함으로 개성을 살리기도 했다.

① 접선

<그림 7> 접선(출처 - 목아박물관)

접는 부채를 뜻한다. 지그재그로 접힌 반원의 부채에 각각 나무로 만들어진 부챗살이 붙어있다. 접었다 펼치기 편하며, 부채를 부치거나 바람을 막을 때는 펼치고 접어놓으면 부피가 작아 보관이나 들고 다니기 실용적이고 유용하다.

② 합죽선

<그림 8> 합죽선 (출처 - 국립민속박물관)

조선 후기에 나타난 부채의 모양으로 부챗살을 서로 붙여(합하여) 만든다는 의미를 지닌다. 매우 고급스러우며 대나무와 공임이 많이 든다는 이유로 조선 후기 사치품으로 분류되기도 하였으나 현대에 이르러 부챗살을 줄이고 실용적인 모습으로 재탄생되어 이어지고 있다.

③ 단선

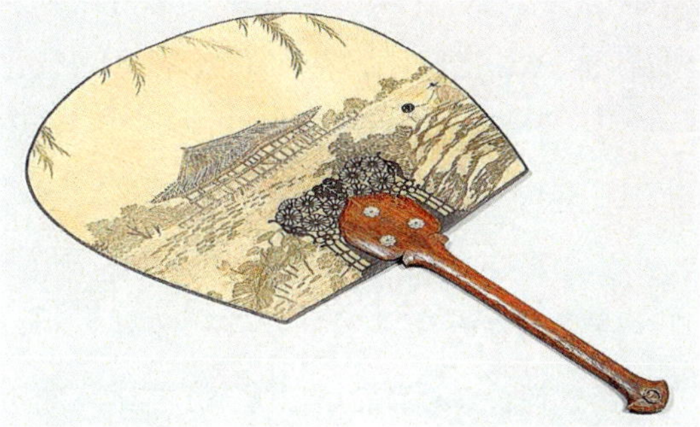

<그림 9> 단선(출처 - 연세대학교 박물관)

손잡이를 중심으로 부챗살에 종이를 붙여 만든 자루가 달린 모양의 부채를 의미한다. 부챗머리를 어떻게 정리하느냐에 따라 여러 모양이 나타날 수 있는 유동적인 부채의 형태이다. 단선에 태극문양이 그려지거나 풍경, 글씨 등 다양하게 꾸며 실생활에 활용했다.

2) 단오빔

<그림 10> 색동저고리 (출처 - 국립민속박물관)

단오에 입는 새 옷이라는 의미로 새 옷을 입는 기회가 잘 없던 예전에 이렇듯 의미를 담아 단오빔을 입었다. 형편에 따라 노인과 아이에게 새 옷을 마련해 주기도 했다. 아이들은 어머니가 정성스럽게 만든 색동옷을 주로 입었다. 색동옷은 새 옷이라는 의미를 지니기도 한다.

색동옷은 음양오행 사상을 바탕으로 오방색을 중심으로 한 다양한 색으로 이루어졌는데 무속신앙의 무복에서 나타나는 양상과 비슷하다. 따라서 아이들을 위한 귀여운 옷이기도 하지만 악귀를 물리치는 주술적인 의미를 담고 있는 옷이기도 하다. 다른 의미로는 조각보와 같이 조각조각 이어나간다는 행위에서 무병장수의 뜻이 깃들기도 한다. 어른의 경우 특별히 단오빔으로 지정된 옷은 없으나 여름이 다가오는 계절인 만큼 모시로 만들어진 흰색 저고리와 푸른 치마를 입기도 했다.

우리나라는 크게 설빔, 추석빔, 단오빔으로 1년간 세 차례의 새 옷을 입었다. 명절을 맞아 새 옷을 입는다는 것은 새로움을 뜻하며 부녀자들은 단오장으로 창포물에 머리 감기, 창포 뿌리로 만든 비녀로 치장하기, 아이들은 창포탕을 만들어 세수하기, 남자들은 창포 뿌리를 허리춤에 차고 다니기도 했다. 단오를 맞는 기쁨으로 새 옷을 입고 치장을 함으로 새롭게 단장하여 나쁜 기운을 물리치고 여름을 맞는다는 의미를 지닌다.

2. 오방색과 천연염색

1) 오방색

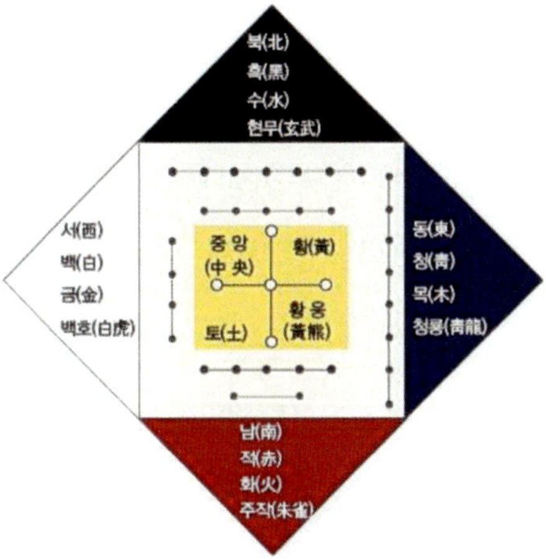

<그림 11> 오방색의 의미와 방향 (출처 - 국제자수원)

우리 고유의 전통 색채로 청(파랑), 적(빨강), 황(노랑), 백(흰색), 흑(검정)의 다섯 가지 색을 뜻한다. 음양오행을 바탕으로 만들어진 색이며 단오빔으로 아이들에게 입히는 색동옷 역시 음양오행을 두루 갖추라는 의미에서 만들어졌다고 할 수 있다(권오호, 우리 문화와 음양오행 1996, p173 재인용).

<그림 12> 오방낭 (출처 - 규방 공예가 원경이 작품)

오방색은 전통 생활에서 다양하게 사용되었으며 특히 다섯 색을 모두 가진 주머니를 '오방낭' 이라 하며 복을 가져다준다고 믿었다. 단옷날 만들어 팔찌로 매었던 장명루 역시 오방색 실 다섯 색 모두 이용해 만들었으며 생명을 길게 해주는 실이라는 의미로 무병장수를 기원하였다. 단오의 색동저고리 역시 오방색으로 만들어진 경우가 많았다.

	오방색과 방위	오방색과 동물	오방색의 물질
청(靑)	동	청룡	목(나무)
적(赤)	남	주작	화(불)
황(黃)	중앙	황웅	토(흙)
백(白)	서	백호	금(쇠)
흑(黑)	북	현무	수(물)

<표 1> 오방색의 의미

청(靑)

청색은 푸른 생명력과 활력을 지니며 이는 안도와 행복을 상징하였다. 우리 민족은 외부의 침략이 많았던 까닭에 푸른색을 안정적인 삶을 영위하고 넓고 높은 차원에 도달하기 위한 발원의 색이었다(조영실, 2007. p.24).

청색은 파란색에서 녹색에 이르는 넓은 개념을 지니며 옛 여성들은 녹의홍상의 옷을 차려입어 음양의 조화로움과 고운 자태를 드러내고자 했다.

현대적 의미로는 성실과 생명력을 의미하며 시원한 느낌, 청량함과 차가움을 나타내기도 한다.

적(赤)

정통적으로 양(陽)기가 왕성한 색이며 벽사신앙으로 사용되기도 했다. 『동국세기』에 따르면 '붉은 팥죽을 쑤어 문짝에 뿌려서 액운을 제거한다.'라고 했다. 붉은색은 양색이므로 음귀를 쫓는데 효과가 있다고 믿었다. 중국은 적색을 행운의 색으로 여겼다면 우리나라는 벽사신앙에서 붉은색을 많이 사용했다는 것을 알 수 있다(조영실, 2007. p.22).

붉은색은 열정과 정열, 태양을 나타내는 색이며 따뜻함, 뜨거움을 의미하기도 한다. 소화기, 불, 긴급한 상황 등을 나타내는 색이기도 하다.

황(黃)

우주의 중심이라 여기는 색이며 가장 밝게 빛나며 존귀한 색으로 성스러움과 고귀함을 나타냈다. 따라서 통치자, 임금만이 사용할 수 있는 색이었다. 통상적으로 잘 익은 곡식, 용기, 지성, 평화 등을 상징하지만 다른 의미로 불의, 황폐, 질투 등 부정적인 의미도 있다(조영실, 2007. p.25).

현대에 이르러 밝음, 명랑함을 나타내며, 긍정을 의미하기도 한다. 빨강, 파랑, 노랑 삼원색의 하나로 명시성이 높아 경고의 의미, 어린이와 관련된 색채로 사용기도 한다.

백(白)

백색은 우리 민족의 기질을 잘 드러내는 색으로 순결, 청렴, 깨끗함을 상징한다. 새로운 탄생, 또는 시작 이전의 무(無)의 상태를 의미하기도 한다. 우리 민족은 백색을 숭상하였으며 그 까닭은 태양 빛을 흰빛으로 여겨 태양숭배의 원시적 신앙에 의해 흰빛(백색)을 숭상하게 된 것이다(조영실, 2007. p.25-26). 오방색 가운데 우리 민족이 즐겨 입어 '백의민족'이라 불리기도 한다.

모든 빛을 반사하며 순결함과 깨끗함을 나타내는 색이다. 다양한 색과 어울리며 활용도가 높다.

흑(黑)

흑색은 음(陰)의 색으로 부정적으로 여겨져 왔다. 빛을 전혀 반사하지 않음으로 죽음, 어둠, 슬픔, 장례식 등을 상징했다(조영실, 2007. p.27).

모든 빛을 흡수하는 색으로 어두움과 무거움을 나타낸다. 장례식에서 죽음을 애도하기 위해 검은 옷을 입는 까닭도 이와 같다.

2) 천연염색

천연염료는 크게 식물성, 동물성, 광물성으로 나누어진다. 식물성 염료는 잎, 꽃, 열매의 과즙, 뿌리 등이고 동물성 염료는 조개껍데기, 동물의 피, 벌레 등이며 광물성 염료는 적토, 흑토, 황토 등이다. 식물성 염료는 우리 주위에서 어렵지 않게 구할 수 있으므로 가장 많이 사용된 염료이기도 하다. 이를 착즙하거나 장시간 우려서 얻어낸 염료를 섬유에 염색하는 것을 천연염색이라 한다(한국천연염색박물관, http://www.naturaldy
eing.or.kr).

천연염색 방법은 염료에 깨끗한 천을 넣고 약 20분간 염료가 골고루 스며들 수 있도록 잘 주무른다. 다음 염색한 천을 깨끗한 물에 잘 헹구고 널어 말리면 염색이 된다(EBS 동영상 2007. 7. 29). 진한 농도의 염료를 넣거나 여러 차례 염색할수록 색상이 짙어진다. 이후 매염작업을 통해 원단에 색을 고착시키는 과정을 거친다.

<그림 13> 천연염색 비단(출처 - 국립민속박물관 : 염색연구가 이병찬의 염색 인생 30년)

황색계 염재 : 양파, 뽕나무, 치자	적색계 염재 : 꼭두서니, 소목 홍화	청색계 염재 : 쪽, 닭의 장풀	흑색계 염재 : 떡갈나무, 침나무, 오이풀

<표 2> 천연염색 색상과 염재

천연염색의 염료로는 <표 2>와 같으며 화학 염색과 비교했을 경우 환경오염이 없으며 인체에 무해하다는 장점이 있다. 색상이 선명하지는 않으나 색감이 곱고 자연스러우며 은은한 느낌이 있다.

3. 조각보

1) 조각보의 원리

<그림 13> 조각보 (출처 - 우리가 정말 알아야 할 우리 규방문화, 1997, 허동화)

한국의 조각보는 자투리 원단을 이용해 아름다운 모양을 만드는 전통 기법이다. 여러 옷을 만들고 남은 원단을 사용했기 때문에 색채가 다양하다. 여러 자투리 옷감을 연결해 나타나는 조형성과 색채의 구성은 조각보에만 나타나는 한국적 아름다움이다.

넓은 의미에서 단오의 색동옷 역시 조각보의 기법이다. 의례에 사용되던 조각보와 일상적인 생활용품으로 사용되던 조각보가 있다. 조각보의 문양으로는 사각문양, 동심원, 자유형, 기하학 문양 등 다양한 양상으로 나타난다. 이러한 형태는 의도된 형태가 아닌 다양한 천을 절약하기 위해 의도성을 갖지 않고 이어붙이다 보니 자연스러운 문양이 나타나게 된 것이다.

2) 서양의 퀼트와 비교

<그림 14> 퀼트 (출처 - 구본숙 작품)

서양의 조각보라 불리는 퀼트는 한국의 조각보와 기법 적으로 비슷하다. 자투리 원단을 이어 붙여 공예품이나 생활용품을 만들 수 있다는 점에서 매우 흡사하다고 할 수 있다. 구체적인 문양과 도안이 있다는 점에서 다르다고 할 수 있다. 조각보와는 달리 계획된 대로 작품을 완성하는 특징을 지닌다.

퀼트는 현대적으로 개발되어 다양한 부속품과 곁들여 만들어지기도 한다. 소재로는 면 소재가 주로 이용되며 누빔 솜을 이용해 두껍고 튼튼하게 구성되는 작품도 있다.

서양의 실용주의와 미의식의 차이가 한국의 조각보와 다른 점이라 할 수 있다. 한국의 조각보가 한 가지 용도로 사용되지 않고 다양한 용도로 사용되며 사용 후 다시 만들어 재사용될 수 있지만, 서양의 퀼트는 하나의 작품이 한 가지 용도로 사용된다는 점에서 조각보와 차이가 있다(2008, 신동임, p.61 참조).

기법으로는 유사하나 소재에 있어 퀼트는 면 소재의 원단을 사용하고 조각보는 모시나 삼베 등의 한국적 원단을 사용해 조각보만이 가진 고유의 아름다움이 두드러지게 나타난다.

3) 몬드리안 작품에 나타난 조각보의 모티브

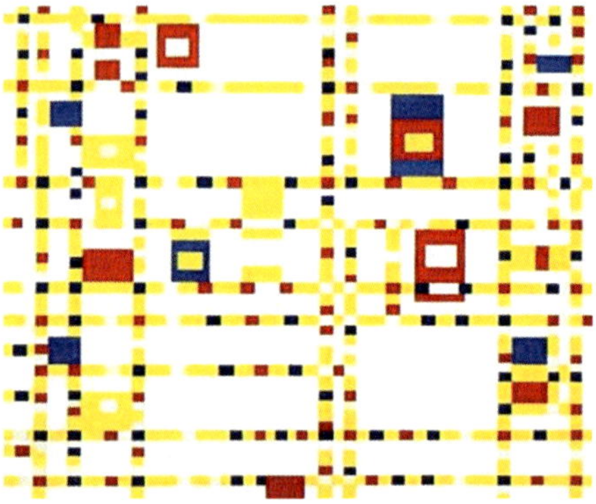

<그림 15> 브로드웨이 부기우기(뉴욕현대미술관 소장)

<그림 16> 빨강, 파랑, 노랑의 구성(개인소장, 뉴욕)

몬드리안(Piet Mondrain)은 네덜란드에서 출생했으며 어린 시절 엄격한 가정에서 자랐다. 종교에 대해 근원적 원리를 알고자 하는 신지학에 몰입했으며 이러한 환경적 요인은 몬드리안의 작품과 삶에도 영향을 주었다. 그의 삶은 매우 철저한 규칙을 따랐으며 실내장식마저 삼원색과 무채색만을 사용했다. 작품 '빨강,

파랑, 노랑의 구성'에서 나타나는 질서정연하고 절제된 표현양식을 신조형주의라 명명했다. 2차 세계대전 이후 미국으로 건너간 몬드리안은 신조형주의 양식에 변화를 주며 조금 더 자유로운 양상으로 변모해갔다. '브로드웨이 부기우기'는 미국에서 활동할 당시의 작품이며 활발한 도시의 이미지를 표현하고자 하였다. 이후 건축과 패션을 비롯한 문화 전반에 큰 영향을 미쳤다.

몬드리안의 작품에서 한국의 조각보와 비슷한 문양이 나타난다. 크고 작은 사각형을 구성적으로 배치하여 조형적 아름다움을 이루는 원리는 회화와 바느질이라는 기법만 다를 뿐 문양을 구성하는 패턴은 비슷하다. 이는 우리나라의 조각보가 가지는 근원적 아름다움이 시대와 장소를 초월하는 현대적 감각을 내포하는 동시에 작은 자투리 원단이라도 허투루 쓰지 않는 알뜰한 절약정신이 스며있다.

4. 지화

<그림 17> 삼척 초곡리 단오굿의 지화(출처 - 한국세시풍속사전 박상미 촬영)

주술적인 행사를 위해 장식적 용도로 사용된 종이로 만든 꽃을 의미한다. 고깔이나 상여 등을 장식하기도 했다. 강릉 단오제에 있어 허개등에 지화가 사용되었다. 허개등이란 굿당의 장식물로 대나무를 뼈대로 하여 그 위에 지화나 장식물 등으로 꾸며 신당의 바깥 가장 높은 위치에 달아 놓는 등을 의미한다. 허개등은 사람과 신에게 굿이 열리는 장소를 알려주는 역할을 한다. 따라서 단순 장식물이 아닌 신이 이동하는 수단으로 그 중요성을 지닌다.

지화의 종류로는 함박꽃, 연꽃, 덤불 국화 등 여러 가지가 있다. 꽃받침은 별도로 제작한다. 제작기법이 시대나 장소에 따라 다양하고 행사가 종료된 후 불에 태우는 풍습으로 말미암아 명확한 보존 자료가 희박하다. 전통적 방식으로는 원형의 색지를 이용해 주름을 만드는 것이다. 만드는 방식은 같지만, 가장자리를 어떻게 자르느냐에 따라 덤불 국화와 함박꽃으로 나뉜다. 둥글게 자르면 함박꽃이 되고 뾰족하게 자르면 덤불 국화가 되는 것이다. 꽃받침은 녹색 색지를 잘라 만든다.

Ⅳ. 세시풍속 단오 체험

1. 지화 만들기

1) 교육 목적

세시 풍속 가운데 단오 행사에 쓰인 지화에 대해 알아보고 지화 만들기를 통해서 우리 조상들의 단오굿에 대한 의미를 고찰해 본다. 농사가 잘되기 바라고 마을이 평화롭기를 바라는 마음이 담긴 단옷날의 전통 굿이다. 그렇다면 오늘날의 소망은 어떤 것이 있을까? 또한, 단오굿이 끝나고 지화가 불태워지는 이유에 대해서도 생각해보고자 한다. 제사 후 지화가 타서 사라지므로 현재까지 남아 있는 전통 그대로 보존된 경우가 희박하다. 지화를 태우는 대신 깊이 간직하거나 장식적 용도로 사용하는 등의 다양한 활용방안을 연구해 본다.

2) 교육 계획안

<table>
<tr><th colspan="3">단오 세시풍속 도입 교육내용</th></tr>
<tr><td>단오의 의미</td><td colspan="2">음역 5월 5일로 우리나라의 3대 명절
1년 중 양기가 가장 강한 달
무더운 여름을 대비하고 마을의 평안을 기원</td></tr>
<tr><td rowspan="2">회화 공예</td><td>회화</td><td>김홍도 : 씨름
신윤복 : 단오풍정, 그네 타는 여인들
유 숙 : 대쾌도
김기산 : 단오에 산에 올나 추천 호고(단오에 산에 올라 그네 타고)
김기창 : 판상도무
그림에 나타난 단오를 통해 시대상을 고찰</td></tr>
<tr><td>공예</td><td>단오선과 단오빔 : 단오에 부채를 주고받기, 새옷(단오빔) 입기
오방색과 천연염색 : 단옷날 만들었던 팔찌인 장명루, 오방색 중심의 천연염색
지 화 : 단오굿에 사용된 종이로 만들어진 꽃
조각보 : 서양의 퀼트, 몬드리안의 작품과 비교</td></tr>
</table>

<table>
<tr><td colspan="2">단오 행사</td><td>수취리 떡먹기, 씨름, 그네타기, 창포에 머리감기, 단오굿, 부채 선물</td></tr>
<tr><td rowspan="3">단
오
굿</td><td>의미</td><td>강원도 강릉 지방에서 단옷날 행해졌던 마을굿으로 풍년을 빌고 재앙을 쫓기 위해 서낭신에게 굿을 올렸다. 2005년 유네스코 세계 무형유산으로 지정되었으며 국가 무형문화재 13호이다(표준국어대사전 : 단오굿).</td></tr>
<tr><td>지화
의
쓰임</td><td>단오굿을 비롯한 각종 굿에 장식적 용도로 쓰였으며 액운을 물리치는 마음으로 지화를 만들었다.</td></tr>
<tr><td>나만
의
지화</td><td>간절한 마음을 지화에 담아보기
현대에 이르러 지화는 무속적인 용도보다 장식적 요소</td></tr>
</table>

<표 3> 단오 세시풍속 도입

<표 3>은 체험 활동 전 10분 정도 도입 부분에서 사전학습할 내용이다. 단오에 대해 알아보고 미술이나 공예품에 나타난 단오에 대해서 옛 조상들의 발자취를 엿볼 수 있다. 그리고 '단오굿'이라는 독특한 문화를 학습하고 단오굿에 쓰인 지화에 대해서도 알아본다. 일반적으로 지화에 대해 생소하지만 만드는 방법이 쉽고 활용도가 다양해 교육적으로 접근하기 좋다. 자신만의 바람을 지화에 담아보거나 현대적인 관점에서 지화를 재해석 해 볼 수 있다.

<table>
<tr><th colspan="3">단오 세시풍속 체험 - 지화 만들기</th></tr>
<tr><td>교육목표</td><td colspan="2">지화 만들기를 통해 단오굿의 의미를 고찰한다.
현대의 바램을 생각하고 전통 단오굿과 비교한다.</td></tr>
<tr><td rowspan="2">활동내용</td><td>이론</td><td>명절로서의 단오
단오의 세시풍속
미술, 공예에 나타난 단오
단오굿에 대한 이해 - 지화의 사용</td></tr>
<tr><td>활동</td><td>단오굿에 대한 이해
지화 만들기를 통한 현대적 바람을 적어보기
전통방식의 지화 만들기 및 현대적으로 표현하기
소감 및 느낀 점, 비교를 통해 새롭게 알게 된 점 작성</td></tr>
<tr><td>준비사항</td><td colspan="2">필기도구, 활동지, 지화 만들기 재료</td></tr>
<tr><td rowspan="3">활동시간</td><td>도입 10분</td><td>단오굿에 대한 설명
자신의 생각과 비교하여 현대적 바람 적기</td></tr>
<tr><td>전개 30분</td><td>전통 지화 만드는 과정 설명
자신만의 의미를 담아 지화 만들기</td></tr>
<tr><td>정리 10분</td><td>생각발표 및 작성표 적기</td></tr>
<tr><td>평가</td><td colspan="2">자기평가 및 피드백</td></tr>
</table>

<표 4> 단오 세시풍속 교육 안

<표 4>는 단오 세시풍속 체험에 관련된 세부사항이다. 도입 부분에서 10분 정도 간단한 학습을 하고 30분간 지화를 만들어 본다. 만드는 과정을 아래 ppt를 참고하여 제작할 수 있으며 전통 지화 만들기의 기법에서 간략화한 과정이므로 누구나 쉽게 만들어 볼 수 있다. 만들어진 지화의 활용방안에 대해서도 학습자와 생각을 나누며 결과물의 다양성을 추구할 수 있다.

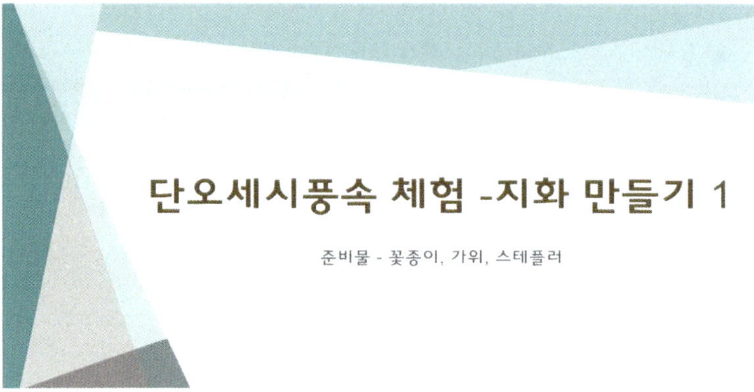

2. 접은 후 양 끝을 잘라주기

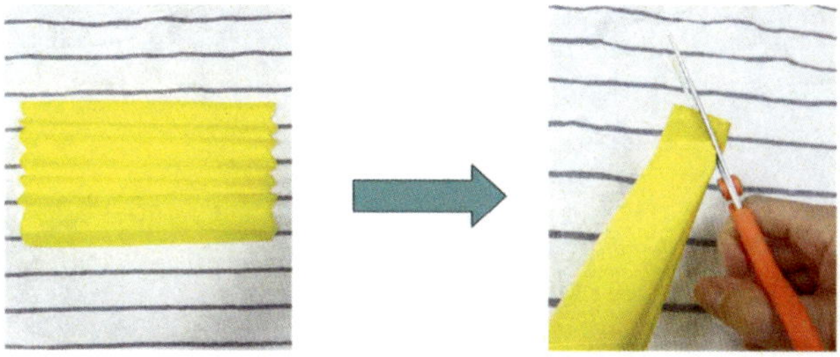

3. 가운데를 스테플러로 고정

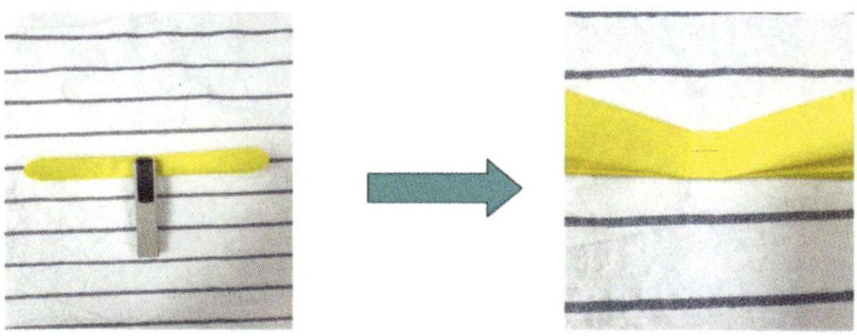

4. 접힌 부분을 펼쳐 완성

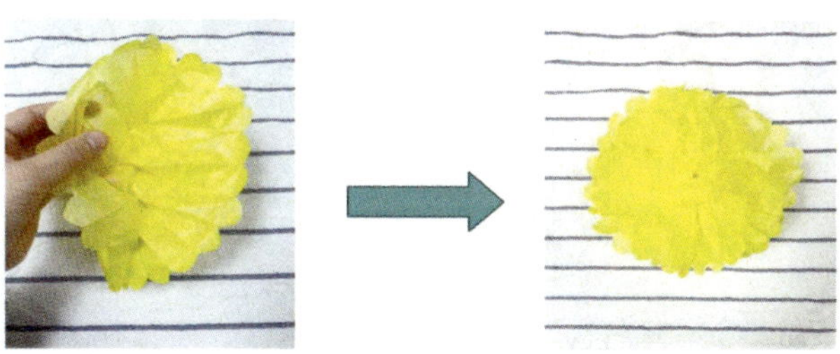

응용

▶ 포장 장식

▶ 실내장식

단오세시풍속 체험 - 지화만들기 2

준비물 - 주름지, 가위, 목공풀, 종이컵(작은 크기)

1. 주름지 자르기

▶ 연꽃잎 모양으로 20여장 자른다.

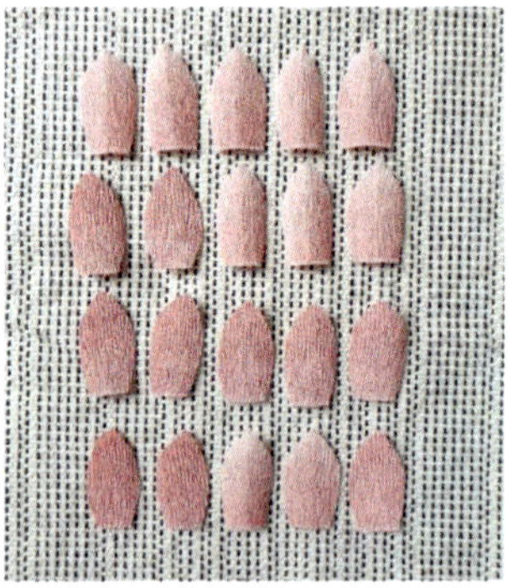

2. 꽃잎모양 만들기

▶ 꽃잎 가운데 부분을 펼쳐 입체적으로 만들어 준다.

3. 종이컵에 꽃잎 붙이기

▶ 종이컵을 아랫부분을 자른다.

▶ 위쪽부터 겹쳐가며 꽃잎을 붙인다.

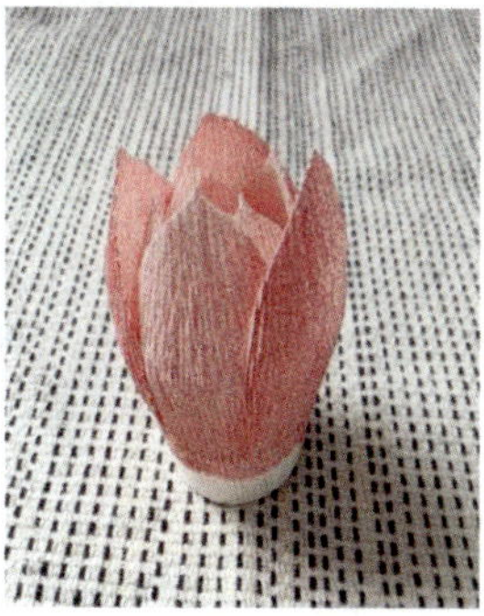

4. 완성

응용

▶ 촛불모양 전등을 넣어 활용

▶ 끈을 달아 장식용 걸이로 활용

활동지

단오세시풍속 - 지화만들기

단오굿에 대해 새롭게 알게된 점

자신의 소망 적어보기

전통 굿과 비교한 자신의 소망

자신만의 지화 특징과 그 이유

소감 및 제안사항

3) 수업 결과

지화 만들기 수업 전에는 참여자들이 대부분 처음에는 지화에 대해 알지 못했으나 이론과 실기를 통해 일상적으로 잘 사용하지 않아 생소한 지화의 의미와 뜻을 알고 현대적으로 재해석 하는 시간을 가졌다. 또, 지화 만들기를 통해 단오굿의 단순한 의미에서 벗어나 소망하는 바를 간절히 이루고자 하는 우리 선조들의 마음을 알고 현시대에서 개인이 바라는 점을 적고 이를 비교해서 생각하는 계기가 되었다.

단오 세시풍속 체험을 통해서 즐거움과 흥미를 느낀다는 사례가 많았다. 지화를 만드는 시간뿐 아니라 오늘날에 이르러 참여자 스스로가 어떤 것이든 흥미를 갖고 몰입하고 집중해 결과물을 시간이 많지 않다. 이 시간을 통해 잡념이 없어지고 즐거우며 마음이 편했다는 의견이 다수였다. 한편 체험하는 경우 대부분은 즐거워했으나 만드는 속도에 있어 다소 개인차가 있었다. 만들기를 어려워하거나 힘든 경우 강사가 스스로 할 수 있도록 도와주거나 천천히 설명해 주는 과정이 필요했다.

또한, 자신만의 지화로 응용하는 과정에서 다양한 아이디어가 도출되었으며, 전통적 지화의 쓰임새에서 벗어나 실내를 장식하는 소품으로, 혹은 물건이나 사물을 돋보이게 하는 역할 등 다채롭게 쓰일 수 있다는 것을 통해 생각의 폭을 넓히는 기회가 되었다. 마지막으로 체험자들의 아이디어 공유를 하며 단오에 대해 더욱 뜻 깊은 시간을 가졌다는 소감이 많았으며 이는 곧 유의미한 체험교육이 되었음을 시사한다.

Ⅴ. 맺음말

본 연구에서는 단오에 대해 알아보고 일반적으로 인지하는 내용보다 세부적으로 관련된 미술작품 및 공예(생활예술)에 대해 알아보았다.

회화에 나타난 단오를 통해서 옛 시대의 단오풍습과 단오놀이 등을 살펴보고 주로 여자들은 그네뛰기를 즐겼으며 남자들은 씨름 하거나 구경을 하며 하루를 보냈다. 또한, 신윤복의 '단오풍정'에 나타난 머리 감는 여인들을 살펴보며 여성에게 주어진 의미 있는 날이라는 것을 인식할 수 있었다.

공예품으로는 단오빔과 단오선이 대표적이며 단오빔은 새옷을 입을 기회가 없었던 시절에 새 옷을 입는 날이라 할 수 있다. 단오빔으로 특별히 지정된 옷차림은 없으나 주로 아이들은 색동을 입었다. 단오선은 단오에 주고받던 부채로 접선, 합죽선, 단선으로 나뉘었다. 부채를 서로 주고받으며 무더운 여름을 대비하고자 했으며 부채에 그림을 그리거나 선추를 달아 부채를 장식하기도 했다.

오방색이 사용된 장명루, 실, 옷감, 종이 등을 염색하는 방법으로 천연염색에 대해서도 간략히 다루었다. 또한, 단오굿에 쓰이던 지화와 조각보에 대해서도 알아보았다. 특히 조각보는 자투리 원단을 이용해 만든다는 점에서 색동과 일맥상통한다. 서양의 퀼트와 비교했을 때 다양성과 재활용성이 높은 점이 우수했으며 조각보의 문양은 서양의 몬드리안의 작품에서도 비슷한 양상으로 나타났다. 이는 우리 선조들이 서구 및 근대에 비교해도 손색이 없는 미적 감각을 지녔다 해석할 수 있다.

세시풍속 체험으로는 일상생활 속에서 손쉽게 접할 수 있는 재료를 활용해 본문에 언급된 '지화'라는 주제로 체험 활동을 해 보았다. 단오굿에 쓰이던 지화는 종이로 만들어진 꽃이라는 의미로 전통 지화에 대해 알아보고 현대적 관점으로 재해석해 보는 시간을 가졌다. 지화를 체험을 통해 단오에 대해 유의미한 학습이 되었으며 지화에 대해 몰았던 부분들도 알 수 있는 시간이 되었다.

학습을 통해 활동지와 피드백을 통해 단오에 대해 알고 있었으나 지화에 대해서는 새롭게 알았다는 의견이 다수였으며 중요했던 명절이었던 만큼 오늘날도 단오에 대해 깊이 생각해 본 기회가 되었다는 의견도 있었다. 본 연구는 단오에 대해 일반적인 상식뿐 아니라 미술, 공예에 대해 세부적으로 논의할 수 있으며 교육에 접목할 수 있다는 점에서 의미가 깊다.

참고문헌

논문

강기리 조선시대 단오연구. 한국외국어대학교 석사학위논문. 2004

고은빛 허개등 제작기법에 관한 연구. 세한대학교 석사학위논문. 2008

신동임 한국전통 조각보와 서양 퀼트 조각보의 비교연구. 성균관대학교 석사학위논문. 2008

염미란(관동대학교) 단오에 나타난 공예품 2007.9 아시아강원민속학회, 강원민속학 제21권

조영실 음양오행설을 통한 한국적 색채미감 연구 : 오방색을 중심으로. 홍익대학교 석사학위논문. 2007

최은주(영산대학교) 기산 김준근 풍속화에 나타난 19세기 말 일반복식과 놀이문화에 관한 연구 - 「한국의 놀이」 삽화를 중심으로 - 2012

단행본

권오호 우리문화와 음양오행. 교보문고. 1996

웹사이트

표준국어대사전 : 단오굿

한국세시풍속사전

한국천연염색박물관, http://www.naturaldyeing.or.kr

EBS 동영상 2007. 7. 29.

이미지 출처

간송미술관

경상북도 영덕군 축산면 경정 1리 뱃불마을 민속지

구본숙 작품

국립민속박물관

국립민속박물관 : 염색연구가 이병찬의 염색 인생 30년

국립중앙박물관
국제자수원
규방 공예가 원경이 작품
독일 함부르크 민속박물관
목아박물관
서울대학교 박물관
연세대학교 박물관
우리가 정말 알아야 할 우리규방문화, 1997, 허동화.
운보 김기창 작품
한국세시풍속사전, 박상미 촬영

세시풍속 단오의 음악

- 제의 및 가면극 · 탈춤 · 탈놀이를 중심으로 -

- 목 차 -

세시풍속 단오의 음악

- 제의 및 가면극 · 탈춤 · 탈놀이를 중심으로 -

서 정 매

Ⅰ. 들어가는 말

단오는 세시풍속의 하나이다. 세시풍속은 음력 정월부터 섣달까지 매년 같은 시기에 반복되는 주기전승의례로, 농경문화와 밀접하게 관련되어 있다. 우리나라는 봄 · 여름 · 가을 · 겨울의 사계절이 뚜렷한 기후적 조건으로 인해, 이에 따른 농사의 개시 · 파종 · 제초 · 수확 · 저장 등의 농경 주기가 분명한데, 이런 조건으로 인해 계절과 시기에 따라 놀이문화가 특히 발달되었다. 농경사회에서는 오로지 일만 있는 것이 아니라, 일이 쉬어지는 주기가 있다. 바로 농한기이다. 일이 시작되기 전이나 끝날 즈음 또는 추운 겨울에는 농한기에 접어드는데, 그 때마다 놀이를 통해 휴식이 이루어져 왔다. 이러한 휴식과 놀이는 그간의 스트레스와 피로를 푸는 것이기도 했지만, 동시에 다음 일을 위한 재충전의 기회이도 했다.[14] 농사를 짓는 일은 혼자서 하는 것이 아니라,

주로 두레와 협동으로 이루어졌기에 과거에는 개인의 놀이보다 마을단위의 행사가 주를 이루었고, 다함께 먹고 마시고 놀고 즐기는 일들이 많았다. 이때마다 반드시 노래와 춤이 어우러졌다.

한국의 세시풍속은 크게 세 부분으로 나눌 수 있다. 한해의 시작이 이루어지는 음력 1월 15일의 상원(上元), 농사일이 1차적으로 끝나는 무렵인 음력 7월 15일의 중원(中元, 백중), 그리고 오곡백과를 거두어들이는 추수기에 해당되는 음력 10월 15일의 하원(下元) 등이다. 상원·중원·하원의 삼원(三元)은 겨울, 여름, 가을에 해당되며, 고된 농사일에서 잠시나마 벗어날 수 있는 이 시기에는 각 마을마다, 지역마다 축제가 이루어졌다. 이 축제는 악·가·무가 결합되며 놀이형태의 문화로 이루어져 왔다. 오늘날 한국의 민속축제와 무형문화재가 상원놀이, 중원놀이, 하원놀이에서 파생된 이유이기도 하다.

한편, 상원·중원·하원의 삼원(三元) 외에도 매우 중요한 풍속이 있다. 바로 음력 5월 5일의 단오이다. 단오는 수릿날(水瀨日)·중오절(重午節)·천중절(天中節)·단양(端陽)이라는 다양한 이름으로도 불린다. 이때에는 약초를 캐고 창포를 문에 꽂아두는 행위 등 주로 재액을 예방하기 위한 것이었으며, 씨름, 그네놀이, 창포에 머리감기, 단오선 만들기, 향주머니 만들기 수리떡 만들어 먹기 등의 놀이와 풍습도 전해온다. 그러나 상원·중원·하원에 비해 그 놀이문화나 축제의 규모는 삼원에 비해 상대적으로 낮다. 그 이유는 단오 무렵은 모내기를 끝낸 시기여서 농경의 풍작과 풍요를 기원하기도 하지만, 무엇보다도 재액(災

---

14) 이복규, 『한국 전통문화의 이해』, 민속원, 2015, 119~120 참조.

厄)을 방지하고 악귀로부터 몸을 보호한다는 벽사(辟邪)의 의미가 가장 크게 자리 잡고 있기 때문이다. 이는 단오 무렵이면 비가 잦아져서 병마가 기승하는 시기인 것과도 연관이 있다. 이와 같은 풍습은 지금까지도 전해져서 현재에도 단오 때면 병마(病魔)와 재액을 쫓는 풍습이 놀이와 문화로 자리 잡고 있다.

따라서 단오 때마다 행해지는 향이 강한 쑥떡이나 망개떡을 만들어 먹는다거나, 향이 짙은 창포로 머리를 감는 것, 몸에 좋은 약초를 캐러 가는 것 등은 일종의 놀이 같지만, 모두 병마(病魔)를 방지하고자하는 염원이 들어있다. 놀이문화 역시 마찬가지이다. 강원도 강릉의 <관노가면극>, 황해도의 <은율탈춤>, <강령탈춤>, <봉산탈춤>, 경기도의 <양주별산대놀이>, 서울·경기의 <송파산대놀이> 등의 가면놀이·탈춤·산대놀이 등은 현재 무형문화재로 지정된 한국의 전통놀이문화로, 모두 단오에 행해진 놀이로, 가면과 탈을 쓰고 행해지는 벽사(辟邪)의 의미를 담고 있다.

이런 이유 때문인지 단오에는 반드시 마을 및 지역 단위로 반드시 제의가 이루어진다. 또 이 제의는 무속의례와 연결된다. 현재 무형문화재로 지정되어 있는 경북 경산의 <자인단오제>, 강원도의 <강릉단오제>, 전남 영광의 <법성포단오제>가 그러하며, 무형문화재로 지정되지는 않았지만, 이외에도 강원도 삼척의 <오금잠제>, 전남 순창의 <단오성황제> 등이 있다. 또한 가면과 탈을 쓰고 이루어지는 탈놀음 등도 단오에 많이 이루어져 왔다.

그렇다면 단오 때는 어떤 음악이 전래되어 왔을까? 현재 단오절마다 전국적으로 문화예술행사가 개최되고 있지만, 특별히 단오에만 연주되거나 단오에만 노래하는 음악이 따로 있는 것은 아니다. 오히려 음악보다는 씨름, 그네타기, 창포물에 머리감기, 부채 만들기, 향낭 만들기, 수리떡 만들어 먹기 등과 같이 놀이 문화가 발달되어 왔다고 볼 수 있다. 이로 인해 '단오의 음악은 어떤 것이 있는가?'라는 질문을 던진다면 '단오 음악은 이런 것이다'라고 선뜻 대답하는 이는 많지 않을 것이다. 왜냐하면 단오 음악이 별도로 있는 것이 아니라, 단오에 행해졌던 놀이나 제의 등에서 음악이 함께 이루어져왔기 때문이다. 이런 점에서 단오 때 연주되거나 노래되었던 음악은 한국의 축제와 놀이 등의 민속 문화와 민속예술 속에서 살펴보아야 할 것이다.

따라서 본문에서는 이러한 점에 착안하여, 한국의 단오 때에 이루어지는 음악이 어떤 방식으로 어디에서 어떻게 이루어져 왔는지, 단오의 다양한 음악의 사례와 양상을 살펴보고자 한다. 이를 위해 다음과 같은 순서로 살펴볼 것이다.

첫째, 제의(祭儀)에서의 단오음악이다. 한국에서 단오에 행해지는 제의는 모두 국가무형문화재로 지정되어 있는 단오굿에서 찾을 수 있다. 한국의 단오굿은 지역별로 크게 3곳에서 전승되고 있다. 강원도 강릉단오제·경북 경산 자인단오제·전남 영광 법성포단오제 등으로 공통적으로 단오절에 마을 또는 지역을 대표하는 축제성을 지니고 있으며 각각 그 지역의 특징을 담아 무당에 의한 무속굿이 이루어지고 있다. 이에 본문에서는 국가무형문화재로 지정되어 있는 3개의 단오제에서 이루어지는 단오굿을 중심으로 하여, 한국 단오의 제의에 나타난 음악적 특징을 살펴보고자 한다.

둘째, 가면극·탈춤·놀이에 나타나는 단오 음악이다. 탈춤, 탈놀이, 가면극 등은 정월, 삼월, 사월초파일, 오월단오, 칠월백중, 한가위, 섣달그믐 등 다양한 시기에 행해졌지만, 이중 특히 단오에 주로 이루어져왔던 황해도의 봉산탈춤·강령탈춤·은율탈춤과 경기도의 양주별산대놀이, 강릉단오제에서의 관노가면극, 자인단오굿의 팔광대놀이 등이 지역별로 전승되고 있으므로, 본 항에서는 단오에 이루어진 가면극·탈춤·탈놀이에서 사용된 음악의 종류와 양상을 살펴볼 것이다.

본 글은 한국의 세시풍속 단오에 행해진 음악을 대상으로 하여 단오에 행해진 제의(祭儀)와 제의에 사용된 음악, 그리고 단오에 이루어진 가면극·탈춤·탈놀이 문화에 나타난 음악적 특징을 총체적으로 고찰한 것으로, 한국의 세시풍속 단오 음악을 이해하는 데 도움이 되고자 한다.

Ⅱ. 제의(祭儀)에서의 단오 음악

단오는 동양의 세시풍속의 하나로, 한국·중국·일본 모두 중요시되는 민중들의 축제날이다. 한국의 단오는 예로부터 다양한 민속놀이와 문화가 존재하며, 특히 제의적인 부분은 단오에서 매우 중요한 부분이다. 병마(病魔)와 재액을 쫓는 풍습이 놀이와 문화로 자리를 잡은 것이 단오이기 때문이다.

본 항에서는 현재 무형문화재로 지정된 강릉단오제, 자인단오제, 법성포단오제 등 각 단오제의 유래와 특징과 함께 제의(祭儀)에 해당되는 단오굿에 나타난 단오음악의 특징을 살펴보겠다.

1. 강릉단오제

1) 강릉단오굿의 제의

강릉단오제는 1967년 국가무형문화재 제13호로 지정되었으며, 2005년 11월 25일에는 유네스코 세계무형문화유산 걸작으로 선정되었다. 종묘제례, 판소리에 이어 국내에서 세 번째로 유네스코 걸작에 등재된 강릉단오제는 음력 4월 5일에서부터 음력 5월 7일까지 짧게는 5일에서 길게는 한 달간 강릉 대관령 서낭에게 제사하여 험한 산길의 안전과 풍작·풍어 및 집안의 태평을 기원하는 향토신제이자 마을축제이다. 현재 강릉단오제는 홈페이지[15)]가 따로 운영되고 있어서 축제는 조직적이고 체계적으로 매년 이루어지는 추세이다.

강릉단오제는 단오굿과 같은 제의를 비롯하여, 놀이, 난장이 공존하는 축제성을 종합적으로 지니고 있는 축제의 하나로 이어져오는 전통문화유산이다. 이미 지역의 대표 축제로 자리 잡고 있는 만큼 문화예술축제의 다양한 프로그램으로 이루어지는데, 본 항에서는 이중 가장 중요한 핵심적인 부분인 단오일 제의와 제의에 사용되는 음악을 살펴보고자 한다.

단오굿의 제의는 지역마다 그 신격 대상이 동일하지 않다. 특히 강릉단오제는 제의의 대상에서도 많은 변화가 있었다. 조선 초까지는 산신신앙이 주축이었으나 대관령 국사성황으로 대치되었고, 조선조 말까지는 향리의 주축으로 이루어지면서 읍치성황

---

15) 강릉단오제 홈페이지(https://2021.danojefestival.or.kr).

제로 변모되었다. 그러나 강릉단오제의 중심은 바로 대관령 신앙이라 할 수 있으며, 이러한 제의를 통해 강릉단오굿은 신성성을 확보하여 오늘날까지 전승되고 있다.

먼저 강릉단오제에서 제의에서의 신(神)은 크게는 세 명을 모시고 있다. 첫째는 대관령 산신인 신라의 김유신 장군, 둘째는 대관령 국사성황신인 범일국사, 셋째는 대관령 국사여성황신인 정씨 처녀이다. 이 세 신에게 제사 지내는 날은 음력 4월 15일이며, 절차에 따라 대관령에서 지내는 산신제, 국사서낭신을 모셔오는 국사서낭제, 신맞이를 하는 구산서낭제와 학산서낭제, 신을 모셔놓는 봉안제가 있다. 그리고 음력 5월 3일에는 신을 옮기는 영신제, 즉 국사성황신과 국사여성황신을 단오장에 마련된 임시 제단으로 모셔오는 제의. 그리고 5월 3일에서 8일까지 강릉단오제의 핵심인 영동 지역의 안녕과 번영을 기원하기 위한 단오굿이 무녀에 의해 5일 동안 이루어진다. 아울러 음력 5월 4일에서 8일까지 매일 아침마다 유교식 제의인 신을 즐겁게 하는 조전제가 이루어지며, 마지막 날인 5월 8일은 두 분의 국사성황신을 원래 계셨던 곳으로 보내드리는 송신제(送神祭)로 강릉단오제의 대단원의 막을 내린다.

결국 강릉단오제는 음력 4월 5일에 제례에 사용할 신주(神酒)를 빚는 일부터 시작하여, 산신제·서낭제·봉안제, 영신제 및 5일간의 조전제와 단오굿, 송신제에 이르기까지 약 40여일에 걸쳐 제의가 이루어지는 대규모의 제의로 이루어져 있다. 또한 강릉단오제는 유교식 제례와 무속의례가 융합되어 이루어지는 독특한 특징을 지닌다. 강릉단오제의 제의(祭儀) 과정을 날짜와 순서에 따라 표로 정리하면 다음과 같다.

<표 1> 강릉단오제의 제의 과정

	제의 순서	제의 날짜	제의 내용
1	신주 빚기	음력 4월 5일	제례에 쓸 술을 만드는 일
2	대관령 산신제	음력 4월 15일	김유신 장군을 모신 대관령 산신당에서 지내는 유교식 제례
3	대관령 국사성황제		강릉단오제의 주신인 대관령국사성황신인 범일국사에게 지내는 유교식 제례
4	구산서낭제		대관령 국사성황신인 범일국사를 모시고 구산 마을에서 지내는 서낭제
5	학산서낭제		범일국사가 태어난 학산마을에서 지낸는 서낭제
6	봉안제		국사성황신 신목을 대관령국사여성황사에 모시고 성황신 부부에게 지내는 제례
7	영신제	음력 5월 3일	대관령국사여성황사에 모신 국사성황신과 국사여성황신을 단오장에 마련된 임시 제단(굿당)으로 모시는 제의
8	조전제	음력 5월 4일~8일	단오장 내 임시 제단(굿당)에서 아침으로 지내는 유교식 제의
9	단오굿	음력 5월 3일~8일	두 분의 국사 성황신위와 대관령에서 모셔온 신목을 모시고 5일 동안 무녀가 주재하는 굿
10	송신제	음력 5월 8일	두 분의 국사성황신을 원래 계셨던 곳으로 보내드리는 의식

<도판 1> 유교의식과 무속의식이 모두 이루어지는 대관령 국사성황제 모습

2) 강릉단오굿의 악기

그렇다면 강릉단오제의 제의에서 이루어지는 음악은 어떠할까? 제의에서 연주되는 음악은 무녀가 절차에 따라 사설을 노래하고, 악사는 이를 반주하는 굿의 일종으로, 무속인들과 같은 특수층에서 이루어지는 음악의 형태로 이루어진다. 따라서 제의는 무녀에 의해 주제되며, 각 절차에 따라 무녀가 무가(巫歌)를 부르면, 남자 양중(박수무당)이 무가의 반주를 맡는다. 단오굿에서는 무가뿐 아니라 춤, 각종 굿놀이 등이 포함되는 악・가・무・극이 총체적으로 이루어지는 종합예술의 형태를 띤다. 이때 반주는 대부분 타악기 위주인 꽹과리, 장구, 징, 바라로 구성되며, 유일한 선율악기로 태평소가 포함된다.

이와 같은 악기 편성은 기본적으로 한국의 농악에서 비롯되는 것임과 동시에 사물놀이의 모태가 되는 것으로, 북 대신에 바라(자바라, 제금)가 편성된다는 점만 다르다. 바라는 한국의 굿판에서 자주 편성되는 악기로, 지역을 막론하고 굿 음악에 사용된다. 강릉단오구은 특히 세습무당에 의해 전승이 되어왔기 때문에 다른 지역의 음악에 비해 예술성이 매우 뛰어날 뿐 아나리 양중(남자 악사)들에 의해 연주되는 타악 연주는 셈여림이 강력하게 대비되어 매우 섬세하면서도 강렬하여, 강릉단오굿만의 예술성을 보여준다. 특히 장구는 일반장구와는 다른 크기와 모양이 약간 다른데, 이는 무속장구만의 특징이기도 하다.

<도판 2> 강릉단오굿에서 악가무가 이루어지는 모습[16]

<도판 3> 강릉단오굿에서 사용되는 무속장구

강릉단오굿의 제의 절차와 악기는 동해안지역 대표적인 무속의례인 국가무형문화재 제82-1호 동해안별신굿과도 매우 유사하다. 동해안별신굿의 무녀와 악사가 강릉단오굿을 직접 주제하는 경우도 있기 때문이다. 다만 강릉단오굿은 대관령 산신인 신라의 김유신 장군, 대관령 국사성황신인 범일국사, 대관령 국사여성황 정씨 처녀로 구성되며 매년 이루어지는 반면, 동해안별신굿은 1년 혹은 2, 3년의 주기로 동해안을 중심으로 마을의 당산신을 모시고 이루어진다는 데에서 차이가 있다.

이런 점에서 강릉단오굿에서 가장 큰 핵심적인 굿은 대관령 산신인 김유신 장군을 모시는 군웅·장수굿이라고 할 수 있다. 강릉단오제를 김유신장군제라고도 보는 이유이기도 하다. 군웅·장수굿은 군웅굿, 놋동이굿, 장군굿 등으로도 불리는데, 1976년의 단오굿에서는 별도로 나누어져서 행해졌으나, 유사 신격의 굿이 합쳐져서 오늘날에는 하나의 굿 절차로 이루어진다. 군웅·장

16) 사진은 유튜브 HELLO DANO의 강릉단오제 영상에서 발췌.
https://www.youtube.com/watch?v=FiPxMbl1QJA

수굿은 모든 질병과 액을 물리치는 기능과 의미를 지니는 절차로, 군웅신의 신격은 무가 사설에 따르면, 식욕이 왕성하고 힘이 센 거인 장사신으로, 소와 말, 돼지 등의 가축을 번성시켜 주며 액을 막아주는 신에 해당된다. 이에 양기가 가장 왕성한 5월 5일 단오일에서도 가장 낮의 시간이 긴 오시(午時, 오전 11시~1시)에 이루어진다.[17)]

3) 강릉단오굿의 무가와 장단

강릉단오굿에서 무녀는 구음, 무가, 춤 등을 연행하며, 각 제차마다 무녀의 춤으로 시작하며 노래와 어우러진다. 이대 기본적으로 양중이 반주하는 푸너리장단에 맞추어 춤을 추기 시작하여 청보무가 또는 제마수 무가를 부르고, 거무 장단에 맞추어 춤을 추고, 사자풀이 장단에 맞추어 수부 무가를 부르는 것이 기본 형식이다.

푸너리장단은 거의 모든 제차에 사용되며, 굿의 마지막 부분인, 제단에 장식된 장엄물을 들고 춤을 추는 꽃노래굿, 뱃노래굿, 등노래굿, 탈굿(거리굿) 등에서는 삼공잽이와 배기장 장단이 이 부분에서만 사용된다. 삼공잽이 장단은 3장으로 구성되는데, 1장은 (♩. +♩+♩.)과 같이 '3소박+2소박+3소박'의 단위로 무가와 악기가 교대로 연주하여 12박이 한 장단을 이루는 형태이고, 2장은 무가와 악기가 두 장단씩 주고받는 것이며, 3장은 한 장단씩 주고받는 형식으로 이루어져 있다.

17) 김이숙, 「강릉단오굿 제차의 구성과 무가의 특징」, 『아시아강원민속』 제16권, 2002, 89쪽 참조.

각 제차는 크게 청보 무가형과 제마수 무가형으로 구분된다. 이 중 강릉단오굿에서 가장 많이 나타나는 장단은 청보 장단으로, 느리게 시작하여 점점 빨라지는 형태가 가장 많이 나타난다. 청보장단은 무녀가 한 장단을 노래하면 타악 반주가 한 장단을 받는 형태로, 무녀의 독창과 양중(남자 악사)의 타악 반주가 교대되는 형식이 주를 이룬다. 청보 무가는 신을 굿판에 모시는 청신(請神)의 기능을 하는 것으로, 청보(請步)는 '신을 청하기 위해 신에게 걸어서 다가간다'는 의미이다. 청보는 느리게 시작해서 점점 빨라지는 5장 형식으로 이루어져 있다.

한편 무녀가 부르는 무가에서 특히 중요한 부분은 서사무가이다. 서사무가는 장구 반주로만 이루어지며 무녀가 홀로 3시간 이상 부르는 긴 내용이어서, 숙련된 무당이 아니면 부르기가 어렵다. 이로 인해 때로는 무당의 기량을 서사무가로 평가하기도 한다. 서사무가는 판소리와 같이 굿판에서 한 명의 무녀에 의해 노래와 이야기, 표정, 몸짓 등이 어우러지는 구연방식이므로, 굿판에 모인 이들은 무녀의 서사무가를 들으며 웃기도 하고 눈물을 흘리기도 하는 등 굿판에 삽입된 일종의 공연과 같은 형태를 띤다.

무녀가 부르는 무가는 대부분 동부지역의 민요의 특징이라고 할 수 있는 메나리토리로 이루어져 있다. 메나리토리는 미, 솔, 라, 도, 레의 5음 음계의 구성에서 '라↘솔↘미'로 하행되는 선율을 의미한다. 만약 '라↘솔↘미'로 하행하지 않고 '라↘미'와같이 솔이 생략된 4도 하행으로 이루어진다면 이는 전라도 민요의 특징인 육자배기토리에 해당되는 것인데, 강릉단오굿의 무가는 반드시 '라'는 '솔'을 거쳐서 '미'로 하행되는 전형적인 메나리토리의 선율구조로 되어 있다. 한편 이러한 무가 외에도 지역의 민요와

타 지역의 민요, 심지어 가요에 이르기까지 굿에 참석한 일반인들이 쉽게 소통할 수 있도록 널리 알려진 통속 민요나 가요를 부르기도 한다. 이상으로 강릉단오굿의 무가와 춤에 사용되는 장단 및 강릉단오굿의 제의 절차와 이에 따른 장단을 표로 각각 정리하면 다음과 같다.

<표 3> 강릉단오굿에 사용되는 무가와 춤(巫舞) 장단[18]

<table>
<tr><th>종류</th><th>무가(창)</th><th>제의 절차</th></tr>
<tr><td rowspan="8">무가 장단</td><td>청보</td><td>국사성황굿, 청좌굿, 하회동참굿, 조상굿, 산신굿, 성주굿, 칠성굿, 지신굿, 군웅장수굿, 천왕굿, (축원굿)</td></tr>
<tr><td>제마수</td><td>세존굿, 심청굿, 손님굿, 제면굿</td></tr>
<tr><td>부정</td><td>부정굿</td></tr>
<tr><td>사자풀이</td><td>청좌굿, 하회동참굿, 조상굿, 산신굿, 성주굿, 칠성굿, 지신굿, 군웅장수굿, 심청굿, 천왕굿, 손님굿, 제면굿, (축원굿)</td></tr>
<tr><td>삼공잽이, 배기장</td><td>꽃노래굿, 뱃노래굿, 등노래굿</td></tr>
<tr><td>동살풀이</td><td>청좌굿, 조상굿, 성주굿, 군웅장수굿, 산신굿, 천왕굿, 제면굿</td></tr>
<tr><td>고삼, 자삼</td><td>세존굿</td></tr>
<tr><td>살풀이, 덩덕궁이</td><td>축원</td></tr>
<tr><td rowspan="3">춤(巫舞) 장단</td><td>푸너리</td><td>부정굿, 청좌굿, 하회굿, 세존굿, 조상굿, 산신굿, 심청굿, 천왕굿, 축원굿, 성주굿, 손님굿, 군웅장수굿, 제면굿</td></tr>
<tr><td>거무</td><td>부정굿, 청좌굿, 하회굿, 세존굿, 조상굿, 산신굿, 심청굿, 천왕굿, 축원굿, 성주굿, 손님굿, 군웅장수굿, 제면굿</td></tr>
<tr><td>삼오장</td><td>세존굿</td></tr>
</table>

18) 황루시・이용식, 『강릉단오굿 양중 연구』, 사단법인 강릉단오제보존회, 2014, 159~160쪽 참조.

	굿거리, 덩덕궁이	세존굿
	드렁갱이	굿을 시작하기 전에 동해안 무속사물로 별도로 연주

<표 4> 강릉단오굿의 제의 절차와 장단[20]

<table>
<tr><th>날짜
(음력)</th><th colspan="2">제의 절차</th><th>사용되는 장단</th></tr>
<tr><td rowspan="2">4월 5일</td><td colspan="2">신주 빚기 굿</td><td>길군악 (굿거리) - 부정 무가 - 길군악</td></tr>
<tr><td colspan="2">칠사당 굿</td><td>부정무가 - 술 고사 - 비손(덩덕궁이 - 자진 덩덕궁이)</td></tr>
<tr><td rowspan="3">4월 15일</td><td colspan="2">국사 성황굿</td><td>푸너리 - 부정굿 - 청보 1~5장 - 거무 - 축원 - 수부(사자풀이)</td></tr>
<tr><td colspan="2">구산 성황굿</td><td>청보 5장 - 거무 - 축원 - 지신밟기</td></tr>
<tr><td colspan="2">학산 성황굿</td><td>청보 5장 - 부정굿 - 축원 - 창부타령 - 수부(사자풀이)</td></tr>
<tr><td rowspan="2">5월 3일</td><td colspan="2">영산굿</td><td>굿거리 - 대맞이 무가 - 굿거리</td></tr>
<tr><td colspan="2">정씨 생가 굿</td><td>굿거리 - 대맞이 무가 - 청보 5장 - 수부(사자풀이)</td></tr>
<tr><td colspan="4">남대천에서 이루어지는 강릉단오굿 (5월 4일부터)</td></tr>
<tr><td rowspan="6">5월 4일</td><td>1</td><td>부정굿</td><td>부정 - 푸너리 - 단악 - 축원</td></tr>
<tr><td>2</td><td>정좌굿</td><td>푸너리 - 청보 - 거무 - 축원 - 수부(사자풀이)[19]</td></tr>
<tr><td>3</td><td>하회동참굿</td><td>푸너리 –청보 –거무 - 축원 - 수부(사자풀이)</td></tr>
<tr><td>4</td><td>조상굿</td><td>푸너리 - 청보 - 거무 - 차부타령(굿거리) - 축원무가</td></tr>
<tr><td rowspan="2">5</td><td>세존굿</td><td>푸너리 - 제마수 - 아이 어르는 소리(중모리) - 중춤(삼오장) - 중타령(자삼) - 거무 - 축원무가</td></tr>
<tr><td>축원굿</td><td>푸너리 - 청보 - 거무 - 단가 갈까부다(중모리) - 새라령(굿거리) - 노랫가락(노랫가락</td></tr>
</table>

	5		장단) - 청춘가(굿거리) - 창부타령(굿거리) - 수부(사자풀이)
		축원굿	푸너리 - 청보 - 거무 - 단가 어화세상(중모리) - 한강수타령(굿거리) - 뱃노래(굿거리-자진모리) - 노랫가락(노랫가락 장단) - 유행가(여자의 마음, 남행열차 등) - 수부(사자풀이)
		축원굿	푸너리 - 청보 - 거무 - 한오백년(세마치) - 강원도아리랑(엇모리) - 경복궁타령(자진모리) - 청춘가(굿거리) - 창부타령(굿거리) - 수부(사자풀이)
		축원굿	푸너리 - 청보 - 거무 - 꽃이 피었네(굿거리) - 풍년이 왔네(굿거리) - 뱃노래(굿거리-자진굿거리) - 노랫가락(노랫가락 장단) - 청춘가(굿거리) - 창부타령(굿거리) - 유행가(무조건 달려 갈거야, 청춘은 봄이요 등) - 수부(사자풀이)
	6	산신굿	푸너리 - 청보 - 거무 - 축원 - 수부(사자풀이)
		축원굿	푸너리 - 청보 - 거무 - 창부타령(굿거리) - 축원
	7	군웅장수굿	푸너리 - 청보 - 노랫가락(노랫가락 장단) - 거무 - 축원
	8	성주굿	푸너리 - 청보 거무 - 상사소리(중모리) - 톱질소리(중모리) - 농부가(중모리) - 진도아리랑(세마치) - 노랫가락(노랫가락 장단) - 청춘가(굿거리) - 창부타령(굿거리) - 축원 무가 - 수부(사자풀이)
		축원굿	푸너리 - 청보 - 거무 - 새타령(굿거리) - 어랑타령(굿거리) - 닐리리야(굿거리) - 수부(사자풀이)
		축원굿	푸너리 - 청보 - 거무 - 사랑가(중모리) -

			밀양아리랑(세마치) - 늴리리아(굿거리) - 노랫가락(노랫가락 장단) - 청춘가(굿거리) - 창부타령(굿러리) - 수부(사자풀이)
		축원굿	푸너리 - 청보 - 거무 - 스님타령(중모리) - 창부타령(굿거리)
		축원굿	푸너리 - 청보 - 거무 - 사랑가(중모리-중중모리) - 노랫가락(노랫가락 장단) - 수부(사자풀이)
	9	칠성굿	푸너리 –청보 –거무 - 축원– 수부(사자풀이)
	10	심청굿	푸너리 - 제마수 - 아이 어르는 소리(중중모리) - 중타령(자삼) - 뱃노래(굿거리) - 창부타령(굿거리) - 수부(사자풀이)
	11	지신굿	푸너리 - 청보 - 거무 - 남원산성(중중모리) - 태평가(굿거리) - 한강수타령(굿거리) - 뱃노래(굿거리) - 강원도아리랑(엇모리) - 밀양아리랑(세마치) - 수부(사자풀이)
	12	천왕굿	푸너리 - 청보 - 거무 - 노랫가락(노랫가락 장단) - 수부(사자풀이)
		지탈굿	양중들의 굿놀이
	13	손님굿	푸너리 - 제마수 - 거무 - 수부(사자풀이)
	14	제면굿	푸너리 - 제마수 - 거무 - 수부(사자풀이)
	15	꽃노래굿	삼공잽이 장단
	16	뱃노래굿	삼공잽이 장단
	17	등노래굿	초롱등노래굿(삼공잽이- 배기장) - 등대 나무 베러 가는 노래(중모리) - 산신 제만 모시는 shof(덩덕궁이) - 단오굿 하는 노래(중모리) - 톱 벼르는 춤(덩덕궁이) - 톱질 소리(중모리) - 사랑가(중모리) - 유행가(사랑

			은 아무나 하나) - 탑등 노래(중중모리) - 탑등 춤(덩덕궁이) - 축원
	18	환우굿	

2. 경산자인단오제

1) 경산자인단오제의 유래와 전승

자인단오제는 영남을 대표하는 단오 축제로, 1971년 '한장군놀이'의 명칭으로 중요무형문화재 제44호로 지정되었다가 2007년에 경산자인단오제로 개칭되어 전승하고 있는 무형문화재이다. 자인단오제는 경북 경산시 자인면에서 왜적의 무리를 물리친 신라 말 혹은 고려 초의 인물로 전해지는 한장군(韓將軍)을 수호신으로 섬기며, 해마다 단오절에 제사를 지내는 것으로부터 유래되었다. 1971년 3월 16일 국가무형문화재 제44호로 지정되었다. 한장군은 왜적을 물리친 인물로, 그가 베었던 칼자국이 있는 바위가 참왜석(斬倭石) 또는 검흔석(劍痕石)이라는 이름으로 지금도 남아 있으며, 단오 때마다 한장군을 위한 제사와 놀이가 성대하게 벌어졌다. 이를 '한장군놀이'라 하였다가 2007년에 '경산자인단오제'로 개칭되었고, 현재 (사)경산자인단오제보존회 홈페이지[21]에서 체계적으로 운영되고 있다.

---

19) 강릉단오굿에서는 사자풀이 장단에 수부무가를 길게 부르지 않고,"수부야~"하면서 짧게 마치기도 하고, 축원을 하다가 마치기도 한다.
20) 황루시 · 이용식, 『강릉단오굿 양중 연구』, 153~155쪽 참조.

<도판 4> 자인 계정숲의 한장군(韓將軍)의 묘와 사당인 진충묘(우)

경산자인단오제는 그동안 많은 명칭의 변경이 있었다. 처음에는 '한장군대제→ 여원무→ 자인단오→ 한장군놀이→ 자인단오→ 자인단오-한장군놀이→ 경산자인단오제' 등으로 지속적으로 개칭되어 왔기 때문이다. 이러한 변경은 단오제로서의 기능보다 한 장군놀이로서의 기능이 더 큰 부분을 차지하고 있는 점 때문이기

21) (사)경산자인단오제보존회 홈페이지(http://jaindano.or.kr).

도 하다. 경산자인단오제의 명칭의 변화 및 구성을 각각 표로 정리하면 다음과 같다.

<표 5> 경산자인단오제의 명칭의 변화[22]

연도	명칭	비고
1936년		한장군놀이(여원무)가 일제하에 중단됨
1946년		해방 후 한장군놀이 재연 (재정 관계로 2~3년마다 실시됨)
1962년		한장군놀이보존회 창립
1968년	한장군 대제	김도근을 중심으로 재현과 복원 시작
1969년	여원무	제10회 전국민속예술경연대회 국무총리상 수상
	여원무 조사보고	김택규에 의해 문호재 관리국 보고
1970년	제1회 자인단오	현장조사 및 문화재 관리 조사 (김천흥, 임석재)
1971년	한장군놀이	중요무형문화재 제44호로 지정[23]
1991년	자인단오	한묘제, 여원무, 호장굿(기장행렬), 자인팔광대, 큰굿
1996년	자인단오-한장군놀이	경산시 후원
2007년	경산자인단오제	한묘대제, 여원무, 호장굿(가장행렬), 자인팔광대, 자인단오굿, 계정들소리

22) 길영순, 「경산자인단오제 여원무의 계승현황 및 발전방안」, 『영남춤학회』 3권 1호, 2015, 62쪽 참고.

23) 2016년 무형문화재 보전 및 진흥에 관한 법률 제정에 따라 중요무형문

<표 5> 자인단오제의 전체 구성

날짜(음력)	구성	비고
4월	신주빚기	
5월 3~4일	산신제	
	당산제	
5월 5일	한묘제사	한장군 제사
	호장장군행렬	호장굿이라고도 함
	한장군대제	
	개막식	
	여원무	
	자인팔광대	팔광대놀이 또는 자인팔광대놀이
	자인들소리	
	자인단오굿	큰굿이라고도 함

자인단오제는 한장군 사당이 있던 용성면 송림리에서 정월 보름에 동제(洞祭)를 올리고, 대종리의 진충묘[24]에서 매년 단오일 자시(子時, 밤 11시~오전 1시)에 제를 지내고, 단오굿을 행하였다. 현재에는 지역의 큰 축제로 자리하면서 신주 빚기, 산신제, 당산제 등을 미리 지내고, 단오 아침에 호장장군행렬, 한장군 대제, 개막식, 여원무, 자인팔광대, 자인단오굿 등의 순서로 주 행

화재는 국가무형문화재로 명칭이 변경되었다.

24) 한 장군이 죽은 뒤에 사람들이 계정 숲에 세운 것으로, 영조 때의 자인 현감 정충언이 중수하였다.

사가 이루어지고, 2~4일차에는 다양한 초청공연, 체험행사 등으로 주민이 즐기는 축제의 형태로 이루어지고 있다.

단오일 오전에 이루어지는 호장장군행렬은 호장굿으로 불리는데, 조선시대 자인현청의 사또 행차와 같은 격식과 채비를 갖추어 단오행사장으로 행렬이 이루어지는 절차이다. 이때 장산사명기, 청룡기, 박호기, 영기, 농기 등의 각종 깃발과 3미터 높이의 여원화관, 그리고 무부, 희광이, 감사뚝, 군노 2명, 사령 2명, 포장, 무녀 4명, 포군 20명, 영장, 기생전회 4명, 중군, 삼재비 악사들, 전배통인 20명, 일산과 파오선, 도원수, 수배 및 독축관 등 많은 이들이 말을 타고 행렬을 하여 장관을 이룬다. 이후 3미터 높이의 화려한 꽃관(花冠)을 쓰고 추는 여원무(女圓舞), 가면놀이인 자인팔광대가 이루어지며, 오후에는 자인단오굿이 행해진다.

이중 특히 여원무의 유래가 눈여겨 볼만하다. 여원무는 9세기 전후 신라 말 또는 고려 초에 왜구의 무리들이 자인 도천산에 성을 쌓고 주둔하며 주민들을 괴롭힐 당시, 한장군이 묘책을 내어 왜구를 물리친 내용에서 비롯된다. 즉 한 장군이 여자로 가장하여 누이동생과 함께 화려한 꽃관을 쓰고 풍악에 맞추어 춤을 추었는데, 이 광경이 워낙 신기하여 많은 구경꾼들이 모여들었을 때 왜의 무리도 함께 끼어들었다. 이것이 한장군의 작전이었다. 결국 한장군과 그의 부하들은 왜구들이 여원무의 신기함에 넋이 팔려 있을 때를 틈타 왜의 무리들을 모두 소탕했다. 왜구를 소탕한 춤, 여원무의가 전승되어 왔다. 즉 여원무는 다른 지역에서는 찾아볼 수 없는 이 지역에서만 유래되어 온 희귀한 춤으로, 자인단오제의 핵심이 되는 부분이기도 하다.

여원무에서 사용되는 화관(花冠)은 높이 10자 정도(3미터)로 귀신을 쫓는 힘이 있다고 하며, 이 꽃송이를 품고 집으로 들고 오면 풍년, 제액, 치병의 효험이 있다고 전해지고 있다. 단오의 재액을 막는 부분과도 상통하는 춤의 기능을 지닌다. 한편 자인팔광대 역시 한장군이 왜구의 무리를 물리친 이야기를 바탕으로 이루어지는 것으로, 풍물을 반주음악으로 하여 탈놀이가 이루어진다. 탈을 쓰는 가면놀이라는 점에서 벽사, 제액, 치병의 의미가 내재되어 있다. 결국 자인단오제에서 가장 핵심적 부분은 자인단오굿, 여원무, 자인팔광대(또는 팔광대놀이)라고 할 수 있다. 본 항에서는 자인단오굿과 여원무를 중심으로 음악적 특징을 살펴볼 것이며, 이외 팔광대놀이는 다음 항의 탈춤·놀이 부분에서 다루도록 하겠다.

2) 자인단오굿(큰굿)의 구성

자인단오굿은 진충묘에 모셔진 한 장군이 이 굿의 신격이다. 한 장군은 신라시대 또는 고려초기의 실존인물로, 고을의 수호신 역할을 한다. 따라서 진충묘에서 한장군에 대한 유교식 제사를 마친 후, 계정숲에 있는 시중당에서 많은 무당들의 참가로 진행된다. 이런 점에서 자인단오굿은 고을굿으로도 볼 수 있다. 따라서 자인단오굿은 수호신인 한장군의 공수를 주로하며, 주민들의 벽사와 풍농의 기원 및 국태민안을 위한 굿으로 이루어져 있고, 약 4시간 이상의 시간이 소요된다. 자인단오굿은 주로 큰굿이라는 명칭으로 불리며, 총 7단계의 풀이로 구성된다. 그 기본거리를 표로 정리하면 다음과 같다.

<표 7> 자인단오굿 절차의 구성[25)]

순번	굿의 순서	내용
1	부정굿	주변을 정화하기위한 굿의 첫 순서
2	산신맞이굿	삼황 제신을 봉청하여 공수를 내린다
3	천왕맞이굿	천왕신을 맞이한다
4	칠성맞이굿	수명을 주관하는 칠성신을 맞이한다
5	조상축원굿	조상신을 공수하여 축원한다
6	장군맞이굿	한장군을 공수한다
7	사자풀이굿	죽은 사람들의 원넋을 풀어준다

현재 자인단오굿은 대구광역시 무형문화재 제9호 살풀이 기능 보유자인 권명화가 주무를 맡아 굿을 시연하고 있다. 그러나 그 전에는 굿을 전승해 온 무당들이 모두 작고하여 전승이 끊어지게 되면서 자인단오굿의 원형이 전해지지 않는다는 논란 속에서 여러 차례 복원을 시도하였다. 그러나 여러 가지 문제점 등이 발견되면서 이에 대한 논란이 지속되어 왔다. 이에 자인단오굿의 한계점과 발전방향에 대해서도 많은 노력과 연구가 이루어졌고, 지속적으로 보완하여 오늘에 이르고 있다.

여러 가지 이유가 있겠지만, 굿의 전승이 끊어진 면도 있지만, 자인단오제의 성격 자체가 단오제의 성격보다는 호국충의 정신이 강조된 측면 즉 한장군놀이의 성격이 더 강조되는 면모를 지니고 있기 때문인 것도 이유일 것이다. 그러나 지역의 문화와 정신이 반영되어 있고, 지속적으로 전승되어 온 한장군을 중심으로

25) 심상교, 「자인단오제의 전승과 실태」, 『강릉민속학』 제24집, 2010, 18쪽 참조.

이루어진 여원무, 호장행렬(또는 호장굿), 자인팔광대 등과 계정들 소리, 큰 줄 당기기 등의 다양한 구성요소로 민속대회에 네 차례나 입상하는 결과까지 보이는 등 경산자인단오제는 지역문화의 전통을 잇고 있다는 점에서 그 자체로서의 의의를 지니고 있다고 보아야 할 것이다.

3) 여원무에서의 악기 구성과 음악

여원무는 자인단오제의 핵심이 되는 것으로, 오랜 역사성을 지닌다. 이를 입증할 만한 자료로 한장군의 일화에 대한 최초의 기록으로, 조선시대 임진왜란 때의 의병장이었던 성재 최문병(1577~1599)이 1593년에 단오에 제사를 지낸 뒤에 읊은 시가 있다. 이 시는 임진왜란 때 자인에서 의병을 일으켜 큰 공을 세웠던 최문병이 1593년 단오절에 한장군의 전설이 남아 있는 참왜석 앞에서 한장군에게 제사를 모신 후 다음의 시를 남겼다고 전해진다. 시의 내용을 소개하면 다음과 같다.

<표 8> 성재 최문병(1577~1599)이 단오제를 지낸 뒤 읊은 시

행객이 길 멈추고 노도 소리 듣고선 왜구들 죽이는 장군을 대하는 듯 칼자욱은 어제일 같이 반석에 남아있고 장한 업적은 천추에 빛나리 당시의 공열은 세상을 진동했고 그 충성 천년토록 늠름도 하네 지금까지 장군의 이 전하고 있어 단오 때의 여원무는 영원히 빛나리

위의 시는 오래전부터 한장군이 지역의 수호신으로 추대되어 온 사실을 입증해주는 문헌자료로, 적어도 16세기에 여원무가 전승되었음을 보여준다.[26] 위의 내용과 같은 전설을 가지고 있는 여원무는 진무, 화관무, 무부들의 춤, 검무, 전체가 추는 춤으로 연행되고 있다. 특히 여원무는 우리나라의 단오 때에 행해지는 유일한 민속춤이며, 원무(圓舞) 대형으로 이루어지는 춤이다.

즉 전남 진도·해남의 강강술래, 경북 영덕의 월월이청청 등과 같이 여인들이 원형으로 손을 잡고 노는 놀이가 춤의 형태가 발전된 여원무는 원형으로 이루어지는 춤이기에 보호와 방어적임 힘을 지니는 주술적인 힘을 가진 춤으로도 해석이 가능하다. 이는 원무로 이루어지는 강강술래의 유래 역시 임진왜란 때 이순신 장군이 군사놀이의 하나로 창안했다는 설이 있듯이, 여원무 역시 보호와 방어적인 주술성이 강하게 표현되는 원무형태의 춤으로 발전되었다. 이러한 특징은 여원무가 한장군의 충효정신에 비롯된 춤이지만, 외부로부터의 보호 및 방어적 측면의 무용형태를 띠고 있다는 점에서 단오의 풍습인 벽사와 재액의 의미로 확장될 수 있다고 본다.

여원무는 한장군이 직접 여장을 하여 왜군을 소탕했다는 데서 비롯되는 춤이다. 이러한 특징은 여원무에서 그대로 활용되어 왔다. 즉 13~14세 정도의 남자소년(화랭이)을 여장시켜서 춤이 이루어지기 때문이다. 이러한 점은 곧 여원무의 전통을 잇고 있다는 점에서 큰 의의가 있다. 현재에는 30~40명이 여성 군무로 확대되었고, 원무가 아닌 원진(圓陣)의 형태로 발전하였다. 즉

26) 김신효, 「경산자인단오제의 전개양상」, 『향토문화』 24집(대구향토문화연구소, 2009) 참조.

초창기 여원무는 악사가 원진(圓陣) 안에서 북과 나팔을 부는 군진(軍陣) 풍악의 형태로 연주하였으나[27], 현재에는 악사는 따로 배치되고, 원진은 3겹으로 발전되었다.

원진(圓陣)은 전쟁에서의 진을 치는 형태를 상징하는 것으로, 진풀이의 일종이다. 이와 같은 원진 및 진풀이는 한국의 농악에서 자주 나타나는 형태로, 여원무의 반주는 농악대에 의해 구성된다. 즉 꽹과리, 장구, 북, 징 등의 타악기 위주로 된 반주형태로, 농악 연주가 춤의 반주를 맡는다. 이때 반주는 대부분 굿거리장단의 반주로 연주되며, 보조적으로 자진모리와 휘모리장단이 사용된다. 즉 여원문은 굿거리・자진모리・휘모리장단으로 이루어진 전형적인 영남지역 농악의 대표적인 주요장단의 반복으로 이루어져 있다.

물론 선율악기로 태평소 연주가 있으나, 태평소는 여원무를 위한 특별한 악곡을 연주하는 것이 아니라 능게 가락 등을 자유롭게 연주하는 형식으로 이루어져 있다. 결국 여원무를 반주하는 악기 연주는 특별한 음악적 특징이 있다고 보기 보다는 여원무를 위한 보조적인 역할로서 연주가 이루어진다. 즉 음악보다는 춤의 예술성이 더 발전된 형태라고 하겠다.

이상 1969년 여원무에서의 무동과 무희 및 농악대의 구성 도판과 실제 여원무의 모습, 그리고 화관의 크기와 화관무를 추를 여장소년의 모습 및 악사들의 연주 등을 사진으로 소개하면 다음과 같다.

---

27) 김택규, 「자인단오굿」, 『비교민속학회지』 제13집, 1996 참조/백금자・장유경・이종희, 「여원무 연희 연구」, 『한국무용학회지』 제11권 제2호 1-11, 2011, 7쪽 참조.

<도판 5> 1969년 여원무에서의 무동과 무희 및 농악대의 구성[28]과 실제 여원무 모습

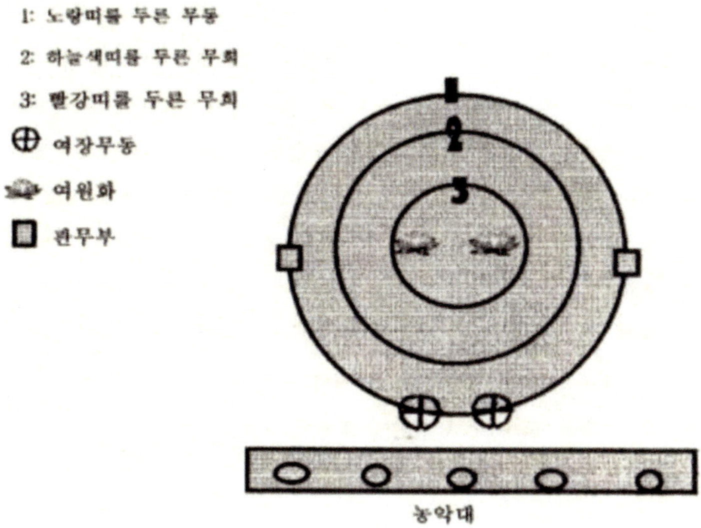

28) 이병옥, 『한국민속무용학 개론』, 도서출판 노리, 2000, 11쪽 참조.

<도판 6> 화관(좌)[29]과 여원무의 시작부분에 여장한 소년이 추는 화관무[30]

29) 석대권, 『한장군놀이』(국립문화재연구소, 1999), 52쪽 사진 발췌.
30) 2017년 경산 자인단오제에서의 여』(원무 공연 모습.

<도판 7> 여원무의 반주음악을 연주하는 악사들[31]

3. 법성포단오제

1) 법성포단오제의 유래와 전승기반

법성포단오제는 2012년 7월 23일에 국가무형문화재 제123호로 지정된 법성포에서 행해지는 마을축제로, 서해안 최대의 민속축제로, 강릉단오제, 자인단오제와 더불어 전라도를 대표하는 단오축제이다. 현재 법성포단오제 홈페이지[32]가 운영되고 있어서, 법성포단오제는 고려에서부터 비롯되고 있어 그 연원이 매우 오래된 축제로 크게 조창(漕倉) 기원설과 파시(波市) 기원설이 있

31) 석대권, 『한장군놀이』, 59쪽 사진 발췌.
32) 법성포단오제 홈페이지(http://www.bspdanoje.co.kr).

다. 고려 성종 11년(992)에 법성포에 세곡을 보관・관리・수송하기 위한 창고인 부용창(芙蓉倉)이 있었으나, 1512년(조선 중종 7년)에 나주 영산포장이 폐창되면서 법성포창은 호남 제일의 창으로 성장하게 되면서 많은 군사와 인부가 필요하게 되었고, 단오에 자연스럽게 제전의 형태를 갖추었을 것으로 보는 설이다. 이외에 조기가 많이 생산되는 법성포에서는 바다에서 열리는 생선시장인 조기 파시((波市)가 성행하였던 장소였다. 이때 수많은 보부상들이 법성포에 모이게 되면서 재정이 크게 성장했는데, 이 시기가 단오제의 성행 시기와 일치한다는 점에서 법성포단오제의 유래와 연관 짓기도 한다.

법성포의 조기파시가 사회문화적으로 어떤 연관성이 있는지에 대해서는 『세종실록지리지』, 『신증동국여지승람』, 『지도군총쇄록』 등에서 확인된다.

> (조기는) 군의 서쪽 파시평(波市坪)에서 난다(봄・여름 사이에 여러 곳의 어선이 모두 이곳에 모여 그물로 잡는데, 관청에서 그 세금을 받아서 국용(國用)에 이바지한다)[33]

> 파시전(波市田) : 군 북쪽 20리에 있는데 조기가 생산된다. 매년 봄에 경외(京外)의 상선이 사방에서 모여 들어 그물을 던져 고기를 잡아 판매하는데 서울 저자와 같이 떠들썩한 소리가 가득하다. 그 고깃배들은 모두 세금을 낸다.[34]

---

33) 『세종실록지리지』 제151권, 전라도 영광군.
34) 『동국여지승람』 제36권, 영광군, 산천조.

법성포의 서쪽 바다에는 배를 댈 곳이 없고 이곳에 있는 칠뫼라는 작은 섬들이 위도로부터 나주까지의 경계가 되는데 이곳을 통칭하여 칠산바다라고 한다. 서쪽 바다는 망망대해로서 해마다 고기가 많이 잡혀 팔도에서 수천 척의 배들이 이곳에 모여 고기를 사고팔며 오고 가는 거래액은 가히 수십만 냥에 이른다고 한다. 이때 가장 많이 잡히는 물고기는 조기로 팔도에서 모두 먹을 수 있었다.[35)]

법성포는 오일장(5일, 10일)뿐 아니라, 거의 매일 장이 서다시피 할 정도로 거상과 어상들이 붐빈 곳이었다. 심지의 조기 철이 지난 이후에도 백하, 중하 등과 병치, 홍어, 민어, 농어 등의 잡어가 계절마다 나왔기 때문에 경제적 활력이 지속적으로 유지되었다고 한다. 이와 같은 경제적 활기는 법성포단오제의 물적 기반이 되었을 것이고, 수산물 생산과 유통을 중심으로 한 포구의 활력은 다른 지역보다 성대한 단오제가 전승될 수 있게 하는 배경이 되었을 것으로 유추할 수 있다.[36)]

뿐만 아니라 『법호견문기』에는 당시 법성포단오제의 후원세력을 언급하는 내용이 발견된다.

한말부터 매년 5월 5일이면 수정에서 대회가 열리어 시내는 남녀노소 축제의 명절로 정하고 판소리, 입창, 좌창, 시조, 땅재주(앞군도, 뒷군도, 자반뒤지기 등등)

35) 오횡묵, 『진도군총쇄록』, 1895년 5월 13일자.

36) 이경엽, 「법성포단오제의 축제적 기반과 무속적 전통」, 『남도민속연구』 제14집, 2007, 68~69쪽 참조.

> 줄타기, 그네 등 우리나라에 있는 모든 기예가 경연되어 여기에서 명창명인이 결정되고, 최고의 영예를 획득하였다. 나도 우리의 명절이면 어데고 이런 행사가 있는 줄로 알았더니 장성하여 알고 보니 1850년경부터 백목전계[37]가 있어 여기에서 비용이 지출되고 가무, 기예 등을 보급시켜 왔단다.[38]

즉 법성포단오제는 전국적 조직을 가지고 있는 보부상들의 조직인 백목전계가 단오제 전승에 관여했다는 것을 알 수 있다. 한편 『법성향지』에는 다음과 같은 기록이 있다.

> 법성의 단오제는 단순한 민속놀이의 차원을 넘어서 일종의 예능 고시장 같은 성격을 띠고 있었다. 팔도의 예능인들이 이 법성 단오 마당에서 입선됨으로써 명인, 명창으로 인정을 받는 등용문적 성격과 권위를 동시에 부여하고 있었다. 신명희 선생의 증언에 의하면 이 대회에서 연희되었던 종목과 순서는 이러하였다. 먼저 가창으로 시조, 단가, 판소리, 육자배기, 잡가 등이 끝나고, 다음은 기악으로 가야금, 현금(거문고), 퉁소, 태평소, 대금의 순서가 끝나면, 줄타기, 버나(접시돌리기), 땅재주(자반뒤집기)를 시연하였고, 이어서 선소리로 염불, 보렴, 승무, 검무 등이 진행되었다. 이어지는 연희는 씨름, 그네 등으로 끝을 맺었다.[39]

---

37) 전국적 조직을 가지고 있는 보부상들의 집합처.
38) 신명희, 『법호견문기』(필사본), 9쪽/ 이경엽, 「법성포단오제의 축제적 기반과 무속적 전통」, 69쪽.
39) 법성향지편찬위원회, 『법성향지』, 1991, 270~201쪽.

즉 일제강점기 당시 법성의 단오제는 팔도예능인들이 모이는 곳으로, 단오제는 곧 명창으로 인정받는 예능인들의 등용문의 기능이었다는 점이다. 이러한 특징으로 인해 오늘날의 법성포단오제는 제의적인 기능보다도 예술적·연희적 기능이 강조되는 축제로 자리 잡고 있다. 이는 법성포단오굿을 이어오는 무속인들에게도 영향을 미쳐서 무속인들은 판소리, 기악, 농악, 줄타기 등에서도 두드러진 활동을 해 온 예인들이었다. 법성포단오제는 이러한 다양한 사회문화적 환경 속에서 발전되어 온 타 지역의 단오제와는 차별되는 독특한 전승기반을 가지고 있다.

2) 법성포단오제의 제의와 음악

법성포단오제는 긴 대나무의 신대(神竹)로 만든 깃발인 난장기(亂場)기를 법성포에 설치하여 단오행사의 시작을 알린다. 이를 '난장트기'라고 한다. 그리고 산신제(인의제), 당산제, 선유놀이, 용왕제 등의 제의가 이루어진다. 즉 매년 축제가 시작되는 날 오전에 고유제의 성격으로 산신제를 지내고, 이후 숫당산과 암당산의 두 곳에서 당산제가 이루어진다. 즉 할아버지당산인 숫당산은 옹성마을에서 모시고, 할머니당산과 같은 암당산은 노거수가 우거진 마을노인정에서 각각 모신다. 할아버지당산에는 유교식 재차에 의해 제사를 모시며, 할머니당산에서는 할아버지당산의 제사를 마친 후 굿을 치는 사람들만 모여 간략하게 지낸다. 그리고 배 위에서 풍어를 위한 용왕제가 이루어지는데, 먼저 제관들에 의해 유교식 제사가 이루어진 후 무당에 의해 선상에서 굿이 이루어지는 형식으로, 유교와 무교가 병행되는 절차로 구성된다.

이외에도 한스럽게 죽은 이들을 위한 한제라고 하는 독특한 제사를 올리는데, 한제는 유교식 제사와 무속적인 굿이 순서대로 진행되는데, 전반적인 성격은 전라도 씻김굿의 양식을 따르며, 한풀이와 액막이를 겸하고 있다.[40] 법성포단오제의 전체 구성을 표로 정리하면 다음과 같다.

<표 9> 법성포단오제의 제의 구성

날짜 (음력)	제의	장소	특징	음악	비고
4월 3일	난장트기	숲쟁이 공원, 단오제 전수관	단오제의 시작을 알리는 행사	농악대	놀이
5월 2일	산신제 (인의제)	법성포 인의산 인의정	마을의 수호신인 산신에게 지내는 제사로 재난과 환난을 예방하고 영광군민의 풍요를 기원	농악대	유교식
5월 3일	당산제	법성진성 당산	마을의 안녕과 수호 및 풍요・풍어・다산・치병・재액을 기원	농악대	유교식, 무속굿
5월 5일	용왕제	법성포 앞바다 용왕선	풍어와 안전조업을 기원	굿음악	유교식, 무속굿
5월 5일	선유놀이	법성포 앞바다 용왕선	용왕제를 지내고 남은 음식으로 배 위에서 참여한 모든 이들이 함께 즐기는 놀이	농악대	놀이
축제 내	한굿	육지	법성포에서 조운이나 조어 중에 해상에서 죽은 영령들을 위한 제사. 한풀이・액막이. 씻김굿 양식	농악대	유교식, 무속굿

40) 나경수, 「법성포단오제의 제의성」, 『법성포단오제』, 도서출판 월인, 2007, 129~143쪽 참조.

따라서 법성포단오제는 제의는 다양하게 구성되지만, 이중 산신제와 당산제는 법성포단오제와는 관계없는 정월에 지내는 제사를 옮겨온 것이라 할 수 있다. 즉 실질적으로 단오제와 직접적으로 연결되는 제의는 용왕제뿐이다. 나머지 산신제, 당산제, 한(恨)굿 등은 법성포단오제가 체계적인 형식을 갖추게 되면서 시기가 다른 제의를 추가하거나 새로운 제의 등이 부가된 형태로 구성된 것이다.

각 제의에 사용되는 음악은 대부분 꽹과리, 북, 장구, 징, 태평소 등의 농악대의 합주로 이루어지며, 단오굿을 대표하는 용왕제와 한(恨)굿의 경우에만 농악대와 함께 씻김굿의 악사가 참여하여 구음, 무가, 무악, 무녀의 지전춤 등의 반주와 연주를 맡는다. 무녀의 무가는 주로 일자일음(一字一音)으로 부르다가 사설의 마지막 글자를 길게 노래하는 일자다음(一字多音, melismatic)으로 부르며 악구의 단락을 형성한다.

장단은 진양, 중모리, 중중모리, 자진모리, 살풀이, 덩덕궁이, 안당, 대왕놀이(엇모리) 등 다양한 장단으로 구성되어 전문적인 악사에 의해 연주된다. 진양장단은 3소박 6박 장단이며, 중모리장단은 2소박 12박 장단, 그리고 중중모리장단, 자진모리장단, 굿거리장단, 덩덕궁이장단은 모두 3소박 4박 장단이다. 이중 굿거리장단은 성주풀이의 반주에서만 사용된다. 이외 안당살풀이장단은 2소박 4박 장단으로 빠른 템포로 이루어지는 것으로 주로 휘모리, 단모리, 세산조시, 흘림 등으로 부르기도 한다. 마지막으로 대왕놀이장단은 2+3+3+2 또는 3+2+2+3 등으로 2소박과 3소박이 혼합되어 나타나는 엇모리장단에 해당된다.

용왕제를 비롯하여 법성포단오제의 음악은 거의 육자배기토리로 이루어져 있다. 성주풀이 부분에서만 남부경토리가 사용될 뿐이다. 남부경토리는 육자배기토리와 경토리가 혼합된 것을 의미하는 것으로, 서울·경기지역의 음악적 어법인 경토리의 전형적인 구성으로 이루어져 있지만, 마치 육자배기토리에서와 같은 시김새적 특징이 나타나는 독특한 선율적 특징을 말한다. 즉 솔-라-도-레-미의 구성에서 도↘솔로 하행될 때 솔을 떨어주고, 레는 꺾는소리로 노래되는 시김새가 생성되는 것인데, 이는 마치 육자배기토리에서 라↘미로 하행될 때 미를 떨어주고, 도를 꺾는 소리로 노래하는 시김새와 매우 유사하다. 음은 다르지만 선율적 성격은 육자배기토리를 닮아있는 이러한 선율적 특징을 남부경토리라고 한다. 육자배기토리와 남부경토리의 특징을 악보로 소개하면 다음과 같다.

<표 10> 육자배기토리와 경토리, 남부경토리의 악보 예시 및 특징

<table>
<tr><th>선법</th><th>악보 예시</th></tr>
<tr><td>육자배
기토리</td><td>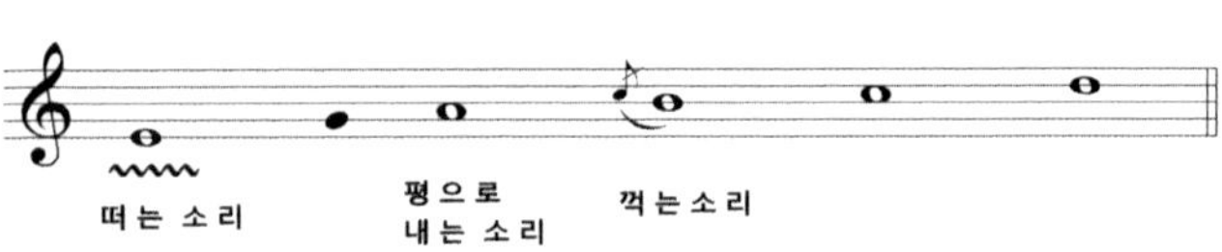
</td></tr>
<tr><td>경토리</td><td></td></tr>
<tr><td>남부경
토리</td><td>
</td></tr>
</table>

용왕제의 반주를 맡고 있는 무악은 피리, 대금, 가야금, 아쟁, 장구 등의 구성으로 이루어진 씻김굿의 전형적인 악기 편성으로 이루어져 있다. 이와 같은 관현 반주 편성을 일반적으로 삼현육각이라고도 하는데, 삼현육각은 원래 피리2, 해금1, 대금1, 북1, 장구1 등의 소규모 합주를 일컫는 것이지만, 근래에 들어와서 삼현육각의 편성은 가야금, 거문고, 아쟁 등이 더 추가되어 음악적으로 예술성을 강조할 수 있도록 편성되기도 하거나 악기 편성을 축소되기도 하는 등 상황에 따라 자유롭게 편성이 이루어진다.

따라서 법성포단오제에서 대표되는 단오굿은 용왕제(용왕굿)이라 할 수 있으며, 바다와 인접한 지역이라는 점에서 배 위에서 굿이 이루어진다는 법성포만의 독특한 지역성을 지닌다. 또한 무당에 의한 씻김굿 형태로 굿이 이루어지면서도 마지막에는 제관들에 의해 유교식 제사가 이루어진다는 점 역시 법성포단오제만의 특징이다. 법성포단오제에서의 용왕제의 절차에 따른 음악 구성과 배 위에서 이루어지는 용왕제의 모습을 소개하면 다음과 같다.41)

<표 11> 법성포단오제 중 용왕제의 절차와 음악 구성42)

<table>
<tr><th>절차</th><th>음악</th><th>장단</th><th>사설</th><th>음악 형식</th><th>사설 붙임</th><th>선법</th><th>반주</th></tr>
<tr><td rowspan="2">유교제사, 용왕제</td><td>보렴</td><td>중모리</td><td>분연체</td><td>유절 형식</td><td rowspan="2">일자 일음
+
일자 다음</td><td>육자배 기토리</td><td>수성 가락</td></tr>
<tr><td>남도 거상악</td><td>진양</td><td>×</td><td>×</td><td>육자배 기토리</td><td>×</td></tr>
</table>

41) 용왕제 사진은 법성포단오제 홈페이지에 소개된 영상에서 발췌함. http://www.bspdanoje.co.kr/bbs/content.php?co_id=sub02_04.

<table>
<tr><td colspan="2"></td><td>남도
삼현악</td><td>굿거리</td><td>×</td><td>×</td><td rowspan="12"></td><td>육자배
기토리</td><td>×</td></tr>
<tr><td rowspan="11">무속의례 : 용왕굿</td><td rowspan="3">안당</td><td>안당</td><td>안당살
풀이</td><td rowspan="3">비연체</td><td rowspan="3">통절
형식</td><td>육자배
기토리</td><td rowspan="11">수성
가락</td></tr>
<tr><td>치국
잡이</td><td>안당살
풀이</td><td>육자배
기토리</td></tr>
<tr><td>부정
풀이</td><td>대왕
놀이</td><td>육자배
기토리</td></tr>
<tr><td rowspan="2">선부리</td><td>조상
맞이</td><td>진양</td><td>비연체</td><td>통절
형식</td><td>육자배
기토리</td></tr>
<tr><td>성주
풀이</td><td>굿거리</td><td>분연체</td><td>유절
형식</td><td>남부경
토리</td></tr>
<tr><td rowspan="2">용왕굿</td><td>용왕
맞이</td><td>진양</td><td>분연체</td><td>통절
형식</td><td>육자배
기토리</td></tr>
<tr><td>성주
풀이</td><td>굿거리</td><td>분연체</td><td>유절
형식</td><td>남부경
토리</td></tr>
<tr><td>수궁가
살풀이
춤</td><td>수궁가</td><td>자진
모리</td><td>비연체</td><td>통절
형식</td><td>육자배
기토리</td></tr>
<tr><td rowspan="3">고풀이</td><td>용왕고
풀이</td><td>안당살
풀이</td><td>비연체</td><td>통절
형식</td><td>육자배
기토리</td></tr>
<tr><td>성주
풀이</td><td>굿거리</td><td>분연체</td><td>유절
형식</td><td>남부경
토리</td></tr>
<tr><td>혼건짐</td><td>덩덕
궁이</td><td>비연체</td><td>유절
형식</td><td>육자배
기토리</td></tr>
</table>

<도판 8> 법성포단오제의 대표 굿인 용왕제에서의 무녀와 악사

<도판 9> 법성포단오제 용왕제 마지막 부분에 이루어지는 유교식 제사

---

42) 국립무형유산원, 『법성포단오제』(민속원, 2017), 222쪽 참조.

Ⅲ. 가면극 · 탈춤 · 탈놀이에서의 단오 음악

한국은 지역별로 가면극과 탈놀이가 매우 발달되어 있다. 우리말 '탈'은 광대, 초란이, 탈박, 탈바가지라고도 하며, 한자 표기로는 면(面), 면구(面具), 가면(假面), 대면(代面), 귀두(龜頭), 가두(假頭), 가수(假首), 괴뢰(傀儡), 귀뢰(鬼儡) 등이 뒤섞여 사용된다. 이외에도 인형 계통의 한자어인 곽독(郭禿), 토용(土俑), 처용(處容) 등도 같은 뜻으로 사용된다. 광대는 연희자라는 뜻 외에도 얼굴이나 낯 또는 거기에 물감을 칠하는 일을 뜻하기도 하였다. 이런 점에서 탈은 머리뿐 아니라, 온몸을 가리거나 가장물을 만들어 놀리는 것을 모두 포함한다. 따라서 탈을 쓰고 추는 탈춤이나 탈놀이는 좋지 않은 세상살이를 두고 까탈 부리며, 거짓으로 꾸며서 춤추고 노는 행위이자 놀이로서, 탈을 통해 부정적인 것을 밝혀 꼬집어 내어 비평하는 풍자와 해학성을 지니고 있다. 또한 탈놀이는 벽사진경의 액댐 역할 및 살풀이로서의 기능을 하고 있어서 주술성을 지니며, 세시풍속의 일환으로 명절날 마을단위의 놀이로 전승되어 왔다.43)

이러한 특징으로 인해 한국의 탈놀이는 대부분 이른 시기인 1960년대 초반 무렵에서 1980년에 대부분 국가무형문화재로 지정되었다. 그리고 근래에 들어와 무형문화재로 지정된 종목인 퇴계원 산대놀이(2010년 지정)와 예천 청단놀음(2017년 지정) 등이 있고, 이외에도 나름의 지역성을 지니며 전승하고 있는 탈놀음이 있다. 한국 탈춤의 종목과 지정시기 등을 표로 정리하면 다음과 같다.

---

43) 채희완(글)/김문호(사진), 『탈춤』(대원사, 2004), 12~16쪽 참조.

<표 12> 무형문화재로 전승되고 있는 한국의 탈놀이 종류와 지역

	종목	지정 연도	무형문화재 번호	지역	비고
1	양주별산대놀이	1964	국가무형문화재 제2호	경기도 양주시	
2	통영오광대	1964	국가무형문화재 제6호	경상남도 통영시	
3	고성오광대	1964	국가무형문화재 제7호	경상남도 고성군	
4	북청사자놀이	1967	국가무형문화재 제15호	함경남도 북청군	
5	봉산탈춤	1967	국가무형문화재 제17호	황해도 봉산군	
6	강령탈춤	1970	국가무형문화재 제34호	황해도 강령군	
7	은율탈춤	1970	국가무형문화재 제61호	황해도 은율군	
8	수영야류	1971	국가무형문화재 제43호	부산시 수영구	
9	송파산대놀이	1973	국가무형문화재 제49호	서울시 송파구	
10	하회별신굿탈놀이	1980	국가무형문화재 제69호	경상남도 안동시	
11	가산오광대	1980	국가무형문화재 제73호	경상남도 사천시	
12	강릉관노가면극	1967	국가무형문화재 제13호	강원도 강릉시	강릉단오제 내
13	자인팔광대	1971	국가무형문화재 제43호	경상도 경산시	자인단오제 내
14	퇴계원산대놀이	2010	경기도무형문화재 제52호	경기도 남양주시	
15	예천 청단놀음	2017	경북무형문화재 제42호	경상도 예천시	
16	합천밤마리오광대	×	×	경상도 합천군	
17	김해가락오광대	×	×	경상도 김해시	
18	마산오광대	×	×	경상도 창원시	

탈놀이는 정월대보름, 삼월 그믐이나 사월초순, 사월초파일, 단오, 백중, 추석 등의 시기에 이루어지며, 탈춤의 성격에 따라 그 시기를 달리하기도 한다. 즉 북청사자놀이, 하회별신굿탈놀이, 고성오광대, 통영오광대, 수영야류, 동래야류, 김해오광대, 예천 청단놀음 등은 주로 정월 대보름에 이루어지며, 마산오광대는 삼월 그믐이나 사월초순, 개성탈춤은 사월초파일, 강령탈춤, 봉산탈춤, 은율탈춤, 양주별산대놀이, 강릉관노가면극, 자인팔광대 등은 주로 단오에 이루어지며, 송파산대놀이와 퇴계원산대놀이는 정월보름, 사월초파일, 단오, 백중, 추석에 걸쳐 이루어졌으며 특히 송파산대놀이는 7월 백중에 매우 크게 이루어졌다고 알려져 있다. 이처럼 탈춤은 지역에 따라 그 연행 시기는 각기 다르다. 먼저 한국의 가면극, 탈춤, 탈놀이 등의 연행시기를 표로 정리하면 다음과 같다.

<표 13> 한국의 가면극 · 탈춤 · 탈놀이의 연행시기와 종류

연행시기	탈놀이의 종류
정월대보름 (음력 1월 15일)	북청사자놀이, 하회별신굿탈놀이, 수영야류, 동래야류, 가산오광대, 고성오광대, 통영오광대, 예천 청단놀음, 합천밤마리오광대, 김해오광대
삼월 그믐이나 사월초순	마산오광대
사월초파일 (음력 4월 8일)	개성탈춤, 퇴계원산대놀이
단오 (음력 5월 5일)	강령탈춤, 봉산탈춤, 은율탈춤, 양주별산대놀이, 강릉관노가면극, 자인팔광대
백중 (음력 7월 15일)	송파산대놀이

또한 한국의 탈놀이는 지역적으로 연희방법이나 음악이 구분되므로, 지역에 따른 탈놀이권역이 형성된다.[44] 즉 황해도의 해서지역, 서울·경기지역, 경상도 북부와 남부·동부지역, 함경도의 관북지역 등으로 나눌 수 있다. 지역에 따른 탈놀이의 종류 및 지역별 분포 지도를 도판으로 소개하며 다음과 같다.

<표 14> 지역 구분에 따른 탈놀이의 종류

지역 구분	탈놀이의 종류	비고
황해도 (해서지방)	봉산탈춤, 강령탈춤, 은율탈춤	탈춤
서울·경기	양주별산대놀이, 송파산대놀이, 퇴계원산대놀이	산대놀이
경상도 북부	안동 하회별신굿탈놀이, 예천 청단놀음, 자인팔광대	탈놀이
경상도 남부	고성오광대, 통영오광대, 사천 가산오광대, 김해오광대, 마산오광대	오광대
경상도 동부 (부산)	수영야류, 동래야류,	야류
함경도 (관북지방)	북청사자놀이	사자놀이

44) 이용식, 『민속, 문화, 그리고 음악』, 집문당, 2006, 244 참조.

<도판 10> 국가무형문화재로 지정되어 있는 한국 탈놀이의 분포 지도[45)]

이와 같이 한국의 탈놀이는 함경도, 황해도, 강원도, 경기도, 경상도 북쪽·남쪽·동쪽 등지에 각각 특징을 지니며 분포된다. 본문에서는 이중 단오에서 주로 행해졌던 탈놀음인 황해도의 봉

45) 은율탈춤전수관 내에 전시된 한국의 탈춤 분포 지도 참조.

산탈춤·은율탈춤·강령탈춤, 경기도 양주별산대놀이, 강릉관노가면극, 경북 자인팔광대 등을 중심으로 탈놀이의 연행과 이에 따른 음악적 특징을 살펴보도록 하겠다.

1. 황해도의 <봉산탈춤>·<강령탈춤>·<은율탈춤>

황해도의 탈놀이는 서울 근교에서 전승되던 산대놀이에서 파생되었다고[46] 알려져 있다. 그러나 1950년 한국전쟁 이후 피난민들이 남한으로 이주하게 되면서 특히 황해도와 인접한 인천, 서울, 경기 등지에서 주로 머물렀다. 황해도에서 탈놀이를 연행했던 예인들도 마찬가지였다. 이로 인해 황해도에서 전승되어 온 봉산탈춤, 강령탈춤, 은율탈춤은 인천과 서울에서 자리를 잡게 되었고, 모두 국가무형문화재로 지정되어 전승되고 있다. 봉산탈춤, 강령탈춤, 은율탈춤의 특징과 탈놀이에 사용되는 악기와 노래 및 음악적 특징을 살펴보면 다음과 같다.

1) 봉산탈춤

봉산탈춤은 황해도 전역에서 전해져 온 해서탈춤 가운데 가장 널리 알려진 대표적인 탈놀이 가면극으로, 1967년 6월 16일에 국가무형문화재 제17호로 지정되었다. 현재 서울 강남구에 위치한 봉산탈춤보존회를 중심으로 전승되고 있다. 놀이는 크게 앞놀이, 본놀이, 뒷놀이의 3마당으로 구성된다. 앞놀이는 길놀이로서 악사의 반주에 맞추어 연희자들이 읍내를 도는 행렬이며, 뒷놀이

46) 전경욱, 『은율탈춤』, 국립문화재연구소, 2003, 6쪽.

는 관중과 연희자들이 어울려서 한바탕 노는 마무리 부분이며, 실제 본의식인 탈놀음은 본놀이에서 상좌춤, 팔먹중춤, 사당춤, 노승춤((老僧춤, 노장춤), 사자춤, 양반춤, 미얄춤 등의 7개의 탈춤 과장으로 이루어져 있다.

봉산탈춤은 먼저 읍내 곳곳을 도는 행렬인 길놀이를 통해 탈춤의 시작을 알린다. 길놀이는 탈놀이의 일부 출연자와 악사들의 연주를 선두로 하여, 사자 · 말뚝이 · 취발이 · 포도부장 · 소무 · 양반 · 영감 · 상좌 · 노장 그리고 남강노인의 순서로 열을 지어 읍내를 일주한다. 각각의 탈이 개성과 재미를 더하는 데다, 원숭이가 앞뒤로 뛰어다니며 장난하므로, 이 광경을 보기 위해 많은 군중들이 따라다니거나 몰려오게 된다. 행렬대가 광장에 이르면 모인 사람들이 모두 함께 어울려서 춤을 추고 놀다가, 다시 열을 지어 지정된 놀이장소로 이동한 후에 본격적인 탈놀음이 시작된다. 근래에는 길놀이는 사라지고, 나무판에 광고문을 적어 사방에 붙이는 것으로 대신한다.47)

봉산탈춤에 사용되는 가면은 모두 종이로 만든 탈이며 그 종류는 상좌(4), 목중(8), 거사(6, 목중탈을 겸용), 사당(소무탈 겸용), 노장, 소무, 신장수, 원숭이, 취발이, 맏양반(샌님), 둘째양반(서방님), 셋째양반(종가집 도련님) 말뚝이, 영감, 미얄, 덜머리집, 남강노인, 무당(소무탈 겸용), 사자 등 모두 34개의 탈로 구성된다. 다만 역할이 중복되기도 하므로 가면은 26개 정도가 사용된다. 가면은 인물 탈이지만, 귀면형(鬼面形)으로 이루어

---

47) 사단법인 국가무형문화재 봉산탈춤보존회 홈페이지 참조. http://bongsantal.com/?page_id=309.

져 있다. 연희자는 원래는 남자들로만 구성되었으나, 1920년대에 기생조합이 생긴 후로는 남자 대신 기생들이 상좌와 소무(小巫)를 맡게 되었다.

<도판 15> 봉산탈춤의 주요 등장인물[48]

노장탈	말뚝이탈	먹중탈	소무탈
		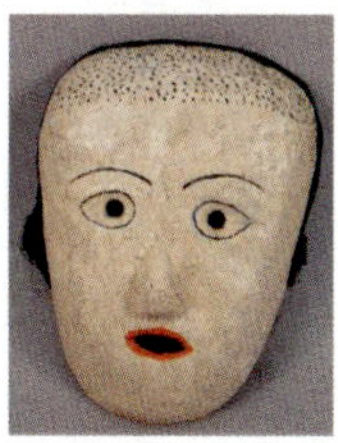	
미얄할미탈	사자탈	상좌탈	취발이탈

봉산탈춤의 구성은 탈춤을 비롯하여 등장인물들의 몸짓과 재담, 노래, 연행가요 및 악사들의 연주와 반주 등에 이르기까지 매우 다양하게 구성되므로 이를 뒷받침할 수 있는 악사의 역할이 매우 중요하다. 따라서 봉산탈춤은 피리, 대금, 해금, 북, 장구 등의 삼현육각으로 편성이 이루어지되, 피리 대신 태평소가

48) 사진은 한국민속예술사전 자료에서 발췌함. https://folkency.nfm.go.kr/kr/main.

추가되어 주선율을 연주하기도 한다. 악곡은 염불, 타령, 타령시나위, 굿거리장단 등이 주를 이루며, 연주에 맞추어 과장별 탈춤이 이루어진다. 악사는 탈춤의 반주뿐 아니라, 각 과장별 등장인물의 대사나 노래, 재담 등에 맞추어 구음을 넣거나, 악기로 추임새 및 맞장구를 치기도 하며, 대사의 마무리나 시작부분을 음악 연주로 표현하는 등 고수의 역할, 연주의 역할, 반주의 역할을 모두 담당한다. 이런 점에서 봉산탈춤은 탈춤이 지닌 오락적·연희적 기능뿐 아니라, 음악적으로도 예술성이 매우 뛰어난 특징을 지닌다.

봉산탈춤의 과장별 음악 구성과 선율적 특징 및 과장별 연행가요와 특징 및 탈춤의 주요 등장인물과 악사들의 연주 모습을 도판으로 소개하면 다음과 같다.

<표 16> 봉산탈춤의 반주음악과 특징

<table>
<tr><th>절차</th><th>과장
구성</th><th>음악구성</th><th>악기
편성</th><th>주선율</th><th>선율형태</th></tr>
<tr><td>식전</td><td>길놀이</td><td>굿거리, 타령</td><td>타악기,
태평소</td><td>태평소</td><td rowspan="7">경토리
서도토리
경·서도토리</td></tr>
<tr><td>1과장</td><td>4상좌춤</td><td>염불도드리,
타령</td><td>삼현육각</td><td>피리,(해금)</td></tr>
<tr><td>2과장</td><td>8먹중춤</td><td>타령,
타령시나위</td><td>삼현육각</td><td>피리,(해금)</td></tr>
<tr><td rowspan="2">3과장</td><td>법고놀이</td><td>타령</td><td>삼현육각</td><td>피리,(해금)</td></tr>
<tr><td>사당춤</td><td>타령</td><td>타악기</td><td>태평소</td></tr>
<tr><td>4과장</td><td>노승춤</td><td>염불도드리,
타령</td><td>삼현육각</td><td>피리,(해금)</td></tr>
<tr><td>5과장</td><td>사자춤</td><td>타령,</td><td>삼현육각</td><td>피리,(해금)</td></tr>
</table>

		굿거리			
6과장	양반춤	굿거리	삼현육각	피리,(해금)	
7과장	미얄 할미춤	굿거리	삼현육각	피리,(해금)	

<표 17> 봉산탈춤에 삽입된 연행가요의 종류와 음악적 특징[50]

절차	과장	현행 연행가요	특징	장단
3과장	사당춤	놀량	경토리	자진모리, 세마치
4과장	노승춤	백구타령[49]	반경토리	중모리
		오도독이타령	반경토리	굿거리
		나무아미타불	염불조	
	신장수춤	군밤타령	육자배기토리	타령
		신발타령,	육자배기토리	세마치
		풍년장(청춘가)	경토리	굿거리
	취발이춤	둥둥타령	육자배기토리	중중모리
		언문뒤풀이	육자배기토리	자진모리
6과장	양반 말뚝이춤	시조(반 넘어 늙었으니)	시조 계면조	시조장단
		성주풀이	메나리토리	
		돈타령	육자배기토리	
7과장	미얄할미 영감춤	우리영감 어딜 갔나(미얄) 우리할멈 어디를 갔나(영감) 거 누가 날 찾나(미얄) 할멈 찾을이 누가 있나(영감) 신농씨 삼백초하야(영감)	육자배기토리	중중모리
		혼이라도 왔다 가오(무당) 혼이로다 넋이로다(무당) 일직사자 월직사자(무당) 왔소왔소 내가왔소이다(무당) 화초선경연화대(무당)	무가조	

49) 봉산탈춤, 강령탈춤, 양주별산대놀이, 송파산대놀이, 수영야류 등에 공통

<도판 12> 삼현육각 편성의 봉산탈춤의 반주 및 연주 모습

2) 강령탈춤

강령탈춤은 황해도 강령지방에서 전승되어 온 탈을 쓰고 춤을 추면서 노래를 부르고 극적인 대사를 하는 종합예술가면극으로, 1970년 7월 22일에 국가무형문화재 제34호로 지정되었다. 현재에는 서울 강남구에서 강령탈춤보존회를 주축으로 전승하고 있다. 정월대보름, 초파일, 추석, 단오와 같은 명절날이나 마을 주민들과의 화합을 다지는 대동행사 때 이루어진 것으로, 강령탈놀이, 강령가면극, 강령가면무극 등의 다양한 이름으로 부린다. 특히 5월 단오의 놀이로 성행한 강령탈춤은 단오가 지난 뒤 10일

적으로 노래됨.

50) 김호석, 「해서탈춤의 연행가요 및 반주음악 연구」, 단국대학교 박사학위논문, 2013, 37~63쪽 참조.

만에 뒷풀이로 탈놀이를 하고 난 뒤에 모든 탈을 태워버렸다. 이는 탈과 함께 액운을 함께 태워 보내버린다는 벽사와 액풀이의 의미를 지닌다. 근래에 들어와서는 탈을 다시 만드는 일이 쉽지 않기 때문에 탈을 태우지 않고 보관하여 재사용하고 있다.

봉산탈춤과 마찬가지로, 7과장으로 이루어져 있지만 구성에서 약간의 차이가 있다. 제1과장은 사자춤으로 백사자 2마리가 등장하여 춤을 추면 이어서 원숭이가 등장한다. 제2과장은 말뚝이춤으로, 말뚝이 2명이 서로 용감함을 자랑하며 춤을 춘다. 제3과장은 먹중춤으로, 칡베 장삼을 입은 첫째 먹중이 장내를 한 바퀴 돌며 굿거리 · 타령 · 도드리타령으로 춤을 추고 이어서 둘째 먹중이 등장하여 첫째 먹중을 쫓아내고 굿거리장단에 맞춰 춤을 춘다. 제4과장은 상좌춤으로, 염불장단에 맞춰 상좌가 춤을 춘다. 제5과장은 양반 · 말뚝이춤으로 양반 2명과 재물대감 도령 등이 등장하여 서로 잘난 체하며 노는데, 이때 말뚝이가 나타난 양반을 조롱하는 재담을 펼친다. 제6과장은 영감 · 할미춤으로 할미와 영감, 삼개집 주모 사이의 갈등으로 할미가 자살을 하게 되며, 할미의 넋을 달래기 위해 진오귀굿을 한다. 제7과장은 노승춤으로 팔먹중춤 · 노승춤 · 취발이춤이 각각 이루어지며, 노승과 취발이가 소무(小巫)를 사이에 두고 싸우다가 소무(小巫)는 취발이와 음란한 행위를 한 뒤 아들을 낳는다는 내용으로 이루어져 있다.[51)]

따라서 각 마당은 각기 주제를 가지고 있으므로 독립적이며, 사자춤 · 상좌춤에서는 벽사(辟邪)의 의미를 지닌 의식무(儀式

51) 다음백과(https://100.daum.net/encyclopedia/view/b01g1461a) 및 위키백과 참고

舞), 먹중춤·노승춤에서는 파계승에 대한 풍자, 양반춤에서는 양반계급에 대한 저항, 영감과 할미춤에서는 일부처첩(一夫妻妾)의 가정비극과 서민생활상의 폭로 등을 내용으로 하고 있다. 이와 같은 내용은 강령탈춤뿐 아니라 국내 탈춤의 대부분이 이와 동일하게 구성되어 있는 일반적인 탈놀이 내용의 특징이기도 하다. 강령탈춤에 사용되는 탈은 말뚝이(팔먹중도 겸함), 사자, 원숭이, 먹중, 상좌, 마부, 맏양반, 둘째양반, 셋째양반(재물대감), 도령, 영감(재물대감도 겸함), 노승, 취발이 등의 19개이며, 탈의 재료는 종이이며 이외에 대나무와 토끼털 등도 쓰인다.

<도판 13> 강령탈춤의 주요 등장인물[52]

노승탈	말뚝이탈	목중탈	소무탈

미얄할미탈	사자탈	상좌탈	취발이탈

52) 사진은 한국민속예술사전 자료에서 발췌함. https://folkency.nfm.go.kr/kr/main.

반주 악기는 피리, 해금, 대금, 장구, 북 등의 삼현육각 편성으로 된 전문 악사들로 구성 되는데, 삼현육각 편성에서 주선율은 피리가 담당한다. 장단은 식전행렬에서의 길군악을 제외하고, 1과장에서 7과장까지의 음악은 대부분 타령, 염불도드리, 굿거리, 자진굿거리장단 등으로 구성되는데, 악기편성과 악곡의 연주방식 및 선율형태는 봉산탈춤과 거의 동일하다. 이는 강령탈춤이 봉산탈춤과 황해도지역에서 비롯된 놀이라는 점에서 서로 매우 밀접한 관련성을 지니고 있음을 보여준다. 즉 강령탈춤은 강령, 옹진, 해주 등지의 해안지대의 탈춤이고, 봉산탈춤은 봉산, 재령, 안악 등지의 평야지대의 탈춤이지만 황해도 지역 내의 탈춤으로서 서로 각 특징을 지니며 쌍벽을 이루면서도 음악, 복식, 과장 구성, 악기 편성 및 선율 등이 매우 유사한 동일한 성격을 함께 지닌다. 강령탈춤의 과장별 음악 구성과 선율적 특징을 표로 정리해보면 다음과 같다.

<표 17> 강령탈춤의 반주음악과 특징

<table>
<tr><th>절차</th><th>과장
구성</th><th>음악 구성</th><th>악기 편성</th><th>주선율</th><th>선율형태</th></tr>
<tr><td>식전</td><td>길놀이</td><td>길군악, 굿거리</td><td>타악기,
피리</td><td rowspan="4">피리</td><td rowspan="4">경・서도
토리</td></tr>
<tr><td>1과장</td><td>사자춤</td><td>타령, 자진굿거리</td><td rowspan="3">삼현육각</td></tr>
<tr><td>2과장</td><td>말뚝이춤</td><td>염불도드리,
타령, 굿거리</td></tr>
<tr><td>3과장</td><td>먹 중 춤
(목중춤)</td><td>염불도드리,
타령,
타령시나위,
굿거리</td></tr>
</table>

<table>
<tr><td>4과장</td><td>상좌춤</td><td>염불도드리, 타령, 굿거리</td><td rowspan="4"></td><td rowspan="4"></td><td rowspan="4"></td></tr>
<tr><td>5과장</td><td>양반・말뚝이춤</td><td>굿거리, 타령</td></tr>
<tr><td>6과장</td><td>노승・취발이춤</td><td>굿거리, 타령, 염불도드리</td></tr>
<tr><td>7과장</td><td>미얄영감 할미춤</td><td>자진굿거리</td></tr>
</table>

<표 18> 강령탈춤에 삽입된 연행가요의 종류와 음악적 특징[53)]

<table>
<tr><th>절차</th><th>과장</th><th colspan="2">현행 연행가요</th><th>특징</th><th>장단</th></tr>
<tr><td rowspan="2">3과장</td><td rowspan="2">목중춤</td><td colspan="2">중타령</td><td>육자배기토리</td><td>중중모리</td></tr>
<tr><td colspan="2">염불</td><td>메나리토리</td><td></td></tr>
<tr><td rowspan="5">5과장</td><td rowspan="5">양반 말뚝이춤</td><td colspan="2">둘째양반의 양반의 근원(양반타령)</td><td>메나리토리</td><td>자진모리 휘모리</td></tr>
<tr><td colspan="2">맏양반의 양반의 근본</td><td>반경토리</td><td>중모리</td></tr>
<tr><td colspan="2">재물대감의 양반타령(각설이타령)</td><td>메나리토리</td><td></td></tr>
<tr><td colspan="2">재물대감의 조선국 만세받이[54)]</td><td>성주풀이토리</td><td>청배장단 만세받이</td></tr>
<tr><td colspan="2">말뚝이의 관동팔경</td><td>경토리</td><td>타령</td></tr>
<tr><td rowspan="4">6과장</td><td rowspan="4">노승춤</td><td rowspan="4">성주풀이</td><td>①낙양성십리허에</td><td>성주풀이+경토리</td><td rowspan="4">굿거리</td></tr>
<tr><td>②반갑네반가워</td><td>성주풀이토리</td></tr>
<tr><td>③추덕선생유년이요</td><td>성주풀이+경토리</td></tr>
<tr><td>④벼룩이한놈이껑충뛰니</td><td>성주풀이토리</td></tr>
</table>

53) 김호석, 「해서탈춤의 연행가요 및 반주음악 연구」, 64~97쪽 참조.

		⑤심양강당도허니	성주풀이+경토리	
		⑥현덕정새로짓고	성주풀이토리	
		⑦망망한창해중이요	성주풀이토리	
		⑧막막한북소리는	성주풀이+경토리	
		백구타령	반경토리	중모리
	취발이춤	천자뒤풀이	메나리+육자배기	자진모리
		언문뒤풀이	경토리+난봉가토리	굿거리
		둥둥타령(아이달래는 소리)	육자배기토리	중중모리
7과장	미얄영감 할미춤	난지본향(할미)	육자배기토리	중모리
		이별가(할미)	육자배기토리	중모리
		보고지고타령(할미)	육자배기토리	중모리
		난지본향(영감)	단가조. 반경토리	중중모리
		이별가(영감)	단가조. 반경토리	중중모리
		보고지고타령(영감)	반경토리	중중모리
		거 누가 날 찾나(영감)	육자배기토리	중중모리
		거 누가 날 찾나(할미)	육자배기토리	중중모리
		못쓰나니(할미)	육자배기토리	중모리
		나는 간다(할미)	육자배기토리	중모리
		용장봉장 궤두지(영감)	메나리토리	단모리+자진모리
		노잣돈도 나는 싫소(할미)	육자배기토리	중모리

<도판 14> 삼현육각 편성의 강령탈춤의 반주 및 연주 모습

3) 은율탈춤

은율탈춤은 황해도 서쪽지대의 중심지였던 은율지역에서 전승된 탈놀이로, 두 가지의 유래설이 있다. 하나는 민란이 많았던 조선시대 후기에 난리를 피하기 위해 섬으로 갔던 사람들이 고향으로 돌아올 때 얼굴을 내 놓기가 부끄러워 탈을 쓰고 나왔다고 하는 데서 유래된다. 또 다른 하나는 은율지방의 지리적인 형세가 고양이의 형세를 한 서남쪽의 묘래산(猫來山)과 솔개의 형세를 한 서쪽의 무오산으로부터 침입을 당하는 쥐의 형세를 하고 있어서, 탈춤을 하면 마을의 재난과 병 등을 방지할 수 있다[55]는 믿음으로부터 탈춤이 시도되었다고도 알려져 있다.

인천은 1950년 한국전쟁 때 월남민들이 많이 유입된 곳으로 특히 은율의 지역민들이 대거 인천으로 이주했다. 이는 북한과

54) 만수받이. 무당이 굿을 할 때 장구잽이가 무당과 같은 소리를 받아서 하는 것.

55) 은율탈춤보존회 홈페이지 내용 참조. http://www.unyul.or.kr,

인접한 지리적인 영향으로 인한 것이었겠지만, 황해도 출신들이 많이 거주한다는 점도 이유였을 것이다. 이로 인해 1978년에 중요무형문화재 제61호로 지정도니 은율탈춤은 오늘날 인천광역시를 중심으로 은율탈춤보존회를 구성하여 전승하고 있다.

은율탈춤은 주로 4월 초파일, 5월 단오, 7월 백중, 추석, 섣달그믐, 설날 등이었으며 저녁에 시작하여 자정 무렵에 끝났다고 전해진다. 그러다가 5월 단오에 2~3일 동안 행해지는 것으로 전승되어 왔다. 총 6과장으로, 사자춤, 상좌춤, 목중춤, 양반춤, 노승춤, 미얄할미영감춤 등으로 구성된다. 이는 같은 각 과장에 들어간 탈춤은 황해도권인 봉산탈춤, 강령탈춤과도 유사하지만, 과장 하나가 축소된 형태이다. 탈놀이의 등장인물은 말뚝이, 사자, 상좌, 8목중, 최괄이, 최괄이 아들, 노승, 첫째양반, 둘째양반, 병신양반, 새맥시(첩), 원숭이, 미얄영감, 미얄할미, 무당 등 24명의 등장인물로 구성된다. 이와 같은 인물 구성은 강령탈춤과 봉산탈춤의 것과 매우 유사한 면을 보이지만, 세부적으로 은율탈춤만의 특징이 있다.

<도판 15> 은율탈춤의 주요 등장인물[56)]

말뚝이탈	원숭이탈	먹중탈	양반탈	미양영감탈

56) 사진은 한국세시풍속사전 자료에서 발췌함.
https://folkency.nfm.go.kr/kr/dic/2/picture
.

미얄할미탈	사자탈	상좌탈	새맥시탈	노승탈

<도판 16> 은율탈춤이 시작되기 전에 지내는 탈 고사에서의 탈 모음

은율탈춤은 탈놀이를 시작하기 전에 먼저 모든 탈을 모아놓고 탈고사를 지내며, 이후 탈과 의상을 갖추어 입고 농악반주에 맞추어 읍내를 한 바퀴 도는 길놀이 행렬이 이루어진 후 본격적인 과장이 시작된다. 제1과장은 다리가 6개인 한 마리의 흰 사자가 등장하여 잡귀를 쫓아내어 탈놀이 마당을 정리하는 사자춤 절차로, 벽사무에 해당된다. 제2과장은 고깔을 쓰고 흰 장삼을 입은 상좌 1명이 사방을 배례하며 추는 상좌춤, 제3과장은 8명의 목중이 나와 불교의 타락을 풍자하는 내용의 팔목중춤, 제4과장은 말뚝이와

3명의 양반이 등장하여 양반의 권위를 비웃는 내용 및 원숭이와 새맥시(첩) 사이에 아이를 낳는 내용의 양반춤, 제5과장은 노승이 등장하여 소무(小巫)와 정분을 나누다가 최괄이에게 다시 빼앗기는 불교의 타락을 풍자하는 내용의 노승춤이 이루어지는 부분이다. 봉산탈춤과 강령탈춤의 노승은 말없이 이루어지는데 비해 은율탈춤에서는 술에 취한 노승이 중타령을 부르고 염불을 외우기도 한다. 제6과장은 미얄할미영감춤으로, 할미와 영감 사이에 첩인 뚱딴지가 등장하면서 처첩간의 갈등에 의해 할미가 죽게 되고, 무당이 등장하여 진혼을 달래는 굿으로 은율탈춤은 모두 마무리 된다.

은율탈춤은 봉산탈춤과 강령탈춤과 마찬가지로 삼현육각으로 편성되어 있지만, 대금, 해금의 편성은 잘 사용도지 않고 태평소나 피리를 주선율 악기로 사용하고 있어서, 삼현육각의 악기 편성은 과거에 비해 축소되어 이루어지고 있는 추세이다. 물론 삼현육각의 편성은 다른 지역에서도 반드시 지켜지는 것이라기보다 유동적인 특징은 있다. 그러나 은율탈춤의 경우에는 악사들의 수가 부족함으로 인해 악기편성 수가 점점 줄어든 경우에 해당된다.

반주음악은 기악만 연주하는 부분과 노래가 나오는 두 부분으로 나눌 수 있다. 기악이 연주할 때는 태평소나 피리가 주선율을 이끌고, 꽹과리, 장구, 북, 징이 함께 연주된다. 기악만 연주하는 곡은 장단의 이름을 따서 타령(늦타령, 타령, 중타령, 타령 시나위, 자진타령), 염불, 자진돔부리, 돌장단, 은율굿장단 등이 있으며, 이중 자진 돔부리장단은 현재 봉산탈춤과 강령탈춤에서는 사라지고 은율탈춤에서만 남아 연주되는 음악이다. 원래는 피리곡이었으나, 태평소로 변경되었는데, 이는 음량과 음색을 위한 선택적인 전승이다. 탈춤 과장에 삽입된 연행가요는 강릉경포대, 꼬둑이타령, 천수경, 대꽃타령, 병신난봉가, 나니가타령, 아왕임금의 만세야, 영감님 내가 왔소, 나리공사는 주역팔괘, 나무아미타불 등 총 10곡으로 구성된다.[57)]

한편 전반적으로 벽사를 위한 의식무, 불교의 타락, 양반에 대한 조롱, 일부처첩의 갈등관계 및 서민생활의 애환 등을 담은 풍자적이고 호색적 내용의 구성은 한국의 탈놀이에 일반적으로 나타나는 공통적인 특징으로 은율·봉산·강령탈춤 등에서 뿐 아니라 한국에 전승되어 있는 많은 탈놀이에서도 공통되는 부분이다. 또한 은율탈춤은 봉산탈춤과 강령탈춤의 탈놀이와 많은 부분이 유사한 점을 보이는데, 이런 점에서 황해도지역 해서탈춤은 상호교류하며 서로 영향을 주고받았음을 짐작할 수 있다. 은율탈춤의 주요 등장인물과 과장의 순서에 따른 탈춤 및 악기 편성, 장단과 악곡 등을 소개하면 다음과 같다.

<표 19> 은율탈춤의 반주음악과 특징

<table>
<tr><th>절차</th><th>과장구성</th><th>음악구성</th><th>악기 편성</th><th>주선율</th><th>비고</th></tr>
<tr><td>식전</td><td>길놀이</td><td></td><td>타악기, 태평소</td><td>태평소</td><td rowspan="4">자진동부리는 피리에서 태평소로 악기가 변경됨.

이는 음량과 음색을</td></tr>
<tr><td>1과장</td><td>사자춤</td><td>늦타령, 자진동부리</td><td rowspan="3">삼현육각 편성

대금, 해금은 잘 쓰지 않고, 피리나 태평소 및 타악기로</td><td rowspan="3">피리</td></tr>
<tr><td>2과장</td><td>상좌춤</td><td>긴염불, 늦타령, 자진타령</td></tr>
<tr><td>3과장</td><td>8목중춤</td><td>자진동부리</td></tr>
</table>

57) 김선홍, 「무형문화의 이주, 전승 그리고 음악적 변화 양상: 은율탈춤을 중심으로」, 『공연문화연구』 제39집, 2019, 212쪽.

4과장	양반춤	자진타령, 자진동부리 돌장단(태평소)			
5과장	노승춤	긴염불, 자진동부리	주로 편성됨		위한 선택적 전승임
6과장	미얄할미 영감춤	늦타령, 자진동부리,은율굿장단(태평소)			

<표 20> 은율탈춤에 삽입된 연행가요의 종류와 음악적 특징[58]

절차	과장	현행 연행가요	특징	장단	비고
3과장	8목중춤	관동팔경	경토리	만장단	
4과장	양반춤	꼬둑이타령	육자배기토리	중중모리	
5과장	노승춤	중타령	육자배기토리	중중모리	
		천수경	메나리토리		
		대꼬타령	난봉가토리	자진모리	
		병신난봉가	난봉가토리	굿거리	
6과장	미얄할미 영감춤	나니가타령	경토리	굿거리	
		아왕임금의 만세야	경토리	굿거리	무당이 메기면 악사가 받는다
		나라공사는 주역팔궤	경토리	엇모리	
		영감님 내가 왔소			
		나무아미타불	경토리	굿거리	

58) 김호석, 「해서탈춤의 연행가요 및 반주음악 연구」, 98~113쪽 참조.

<도판 17> 삼현육각 축소 편성의 은율탈춤의 반주 및 연주 모습

2. 경기도의 <양주별산대놀이>

양주별산대놀이는 서울·경기 지방에서 즐겼던 춤과 무언극, 덕담과 익살이 어우러진 가면극 또는 탈놀이의 일종으로 1964년에 국가무형문화재 제2호로 지정되었다. 산대놀이는 경기도 지방의 탈놀이나 탈춤을 통칭해 온 이름이다. 예를 들어 양주별산대놀이를 비롯하여 송파산대놀이, 퇴계원산대놀이 등은 모두 경기도 지역의 탈춤이나 탈놀음을 일컫는 의미가 된다. 반면, 황해도 지방에서는 탈춤이라 불렀고, 경상도에서는 낙동강 서쪽은 오광대(五廣大)놀이로, 낙동강 동쪽지방에는 야류(野遊) 및 들놀음 등으로 지역에 따라 탈놀이의 명칭은 달리 쓰여 왔다. 현재 경기도 지역의 산대놀이는 양주별산대놀이와 송파산대놀이가 국가무형문화재로 대표되며, 이외에 파주산대놀이·포천산대박첨지놀이·등촌산대박첨지놀이 등이 있었다고 전해진다.

'산대'는 높은 무대를 뜻하는 것으로, 산대놀이는 고려 예종 때부터 연극을 성격을 띠게 되어 '산대 잡극'이라 불렀다. 조선시대에는 궁중이나 중국 사신을 맞이할 때 공연되기도 하였다가, 차차 민간에 퍼지면서 평민계급의 놀이로 바뀌었고 양반 계급을 풍자하는 내용을 담게 되었다. 주로 정월 대보름·삼월삼짇날·사월초파일·오월단오·유월유두·칠월백중·팔월추석·구월단풍놀이 등의 여러 명절 때에 이루어졌고, 가뭄이 들 때에는 기우제(祈雨祭)로도 연희되었다.

원래 양주별산대놀이는 매년 사월초파일과 단오에 한양의 '사직골 딱딱이패'를 초청하여 놀았는데, 그들이 지방공연 및 기타의 사정으로 약속을 어기는 일이 많아지자 양주골의 신명이 있는 자들끼리 모여, 직접 탈을 만들어 놀기 시작한데서 유래되었다고 전해진다.[59] 양주별산대놀이는 길놀이부터 시작한다. 양주 불곡산(佛谷山) 밑의 사직골의 당집에 모아 둔 가면과 도구 및 의상을 갖추고 공연 장소까지 행렬하는 것인데, 이와 같은 길놀이는 봉산탈춤, 강령탈춤, 은율탈춤에서도 공통적으로 이루어지는 부분으로, 놀이의 시작을 알리고 동시에 사람들을 놀이판으로 모이게 하는 기능을 한다.

총 8과장으로 구성되며 귀신을 물리치는 의식의 춤과 굿, 파계승에 대한 풍자, 양반에 대한 모욕, 남녀의 대립과 갈등, 서민생활의 애환과 실상 등 탈놀이의 일반적인 공통적 내용으로 이루어져 있으며, 악기편성은 피리(2), 대금(1), 해금(1), 장구(1), 북(1) 등의 삼현육각으로 이루어진다. 과장의 내용전개를 비롯하여 삼현육각으로 편성된 이러한 악기 구성은 봉산탈춤, 강령탈

59) 양주별산대보존회 홈페이지 내용 참조(http://www.sandae.com).

춤, 은율탈춤과 크게 다르지 않은 동일한 형태로, 양주별산대놀이는 봉산탈춤, 강령탈춤, 은율탈춤과 함께 서울·경기지역 탈놀음의 특징을 잘 드러낸다. 특히 양주별산대놀이의 과장에 따른 삼현육각의 악곡 구성 및 삽입된 연행가요의 음악적 특징을 각각 표로 정리하면 다음과 같다.

<표 21> 양주별산대놀이의 절차에 따른 삼현육각의 악곡 구성[60]

절차	놀이구성	삼현육각의 악곡 구성			
		춤 반주 장단			노래장단
1과장	상좌춤	염불	타령		×
2과장	상좌·옴중놀이	타령(맞춤)			×
3과장	옴중·목중놀이	염불(거드름춤)	타령(맞춤)		×
4과장	연잎·눈끔적이놀이	타령(등장)	염불(춤)	타령(춤)	×
5과장	침놀이	타령(등장·걸음)	타령(맞춤)		중모리
	애사당 법고놀이	당악장단(등장)	굿거리(춤)	자진모리(춤)	타령
	염불놀이	타령(걸음)			세마치 중모리 굿거리
6과장	파계승놀이(노장춤)	염불(춤)	타령(춤)		×
	신장수놀이	타령(걸음)			×
	취발이놀이	타령(걸음)	굿거리(퇴장)		중모리
7과장	의막사령놀이	타령(걸음)			××
	포도부장놀이	타령(춤)			
8과장	신할아비·미얄할미놀이	타령(걸음)	굿장단		중모리

60) 원혜진, 『양주별산대놀이 반주음악의 연구』, 『한국음악사학보』 제30집, 2003, 528쪽 참조.

<표 22> 양주별산대놀이에 삽입된 연행가요의 종류와 음악적 특징[61]

<table>
<tr><th>절차</th><th>과장</th><th>배역</th><th>연행가요</th><th>선법</th><th>장단</th></tr>
<tr><td rowspan="9">5과장</td><td rowspan="6">염불
놀이</td><td rowspan="2">완보</td><td>염불[62]</td><td>메나리토리</td><td>자진모리</td></tr>
<tr><td>염불덕담</td><td>메나리토리</td><td>자진모리</td></tr>
<tr><td rowspan="4">완보와
먹중들</td><td>염불</td><td>메나리토리</td><td>자진모리</td></tr>
<tr><td>단풍은
반만들고(시조)</td><td>평시조</td><td>시조장단</td></tr>
<tr><td>백구타령</td><td>메나리토리</td><td>세마치</td></tr>
<tr><td>동타령</td><td>메나리토리</td><td>세마치</td></tr>
<tr><td>침놀이</td><td>완보</td><td>백구타령</td><td>메나리토리</td><td>세마치</td></tr>
<tr><td rowspan="2">애사당
법고
놀이</td><td>완보와
먹중들</td><td>등장가</td><td>메나리+경
토리</td><td>세마치</td></tr>
<tr><td>완보</td><td>헌가마솥 봉 박으려</td><td>메나리+경
토리</td><td>자유박</td></tr>
<tr><td rowspan="10">6과장</td><td rowspan="5">파계승
놀이</td><td rowspan="5">완보와
먹중들</td><td>염불</td><td>메나리토리</td><td>자진모리</td></tr>
<tr><td>백구타령</td><td>메나리토리</td><td rowspan="2">세마치</td></tr>
<tr><td>동타령</td><td>메나리토리</td></tr>
<tr><td>조기잡이(오봉산타령)</td><td>반경토리</td><td rowspan="2">굿거리</td></tr>
<tr><td>야할타령</td><td>도선법</td></tr>
<tr><td rowspan="2">신장수
놀이</td><td rowspan="2">신장수</td><td>진피발마개</td><td>경토리</td><td rowspan="2">타령장단</td></tr>
<tr><td>짝짜꿍</td><td>라선법</td></tr>
<tr><td rowspan="3">취발이
놀이</td><td rowspan="3">취발이</td><td>천자풀이</td><td>라선법</td><td rowspan="2">타령장단</td></tr>
<tr><td>언문뒷풀이</td><td>경토리</td></tr>
<tr><td>둥개타령</td><td>경토리</td><td>굿거리</td></tr>
<tr><td rowspan="3">8과장</td><td rowspan="3">신할
아비와
미얄
할미</td><td rowspan="3">신할아비</td><td>신세타령</td><td>경토리</td><td>자유박</td></tr>
<tr><td>제발덕분 너죽어라</td><td>경토리</td><td>자진모리</td></tr>
<tr><td>마누라 어딜 갔소</td><td>메나리토리</td><td>자유박</td></tr>
</table>

61) 김호석, 「양주별산대놀이의 음악에 관한 연구」, 『한국민속학』 제57집, 2013, 288~304쪽 내용 요약.

			아이쿠마누라	도선법	자유박
		무당(도끼누이)	어머니가돌아가셨단말이	도선법	자유박
			넋타령	경토리	노랫가락형
			영전은가망	솔선법	자유박
			천금 같은 내 아들	경토리	자유박
			오니온줄아니	경토리	자유박

<도판 18> 양주별산대놀이의 주요 등장인물[63)]

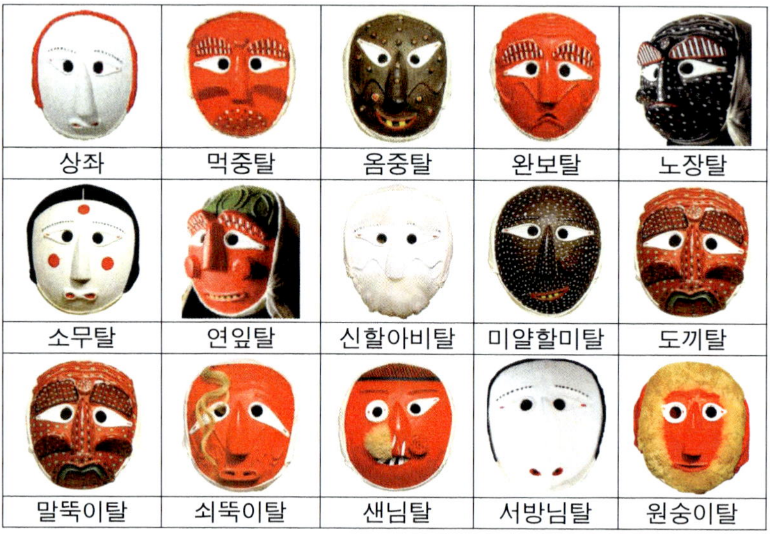

62) 여기서 <염불>은 정상적인 의식으로서의 <염불>이 아니라 "나무애미도타불, 나무애비도타불, 나무할애비도타불"의 가사로 우스꽝스럽게 부르는 대목이다.

63) 사진은 양주별산대보존회 홈페이지에서 발췌하였음. (http://www.sandae.com/),

<도판 19> 양주별산대놀이의 삼현육각 편성의 반주 및 연주 모습[64)]

3. 강원도 강릉단오제의 <관노가면극>

관노가면극은 강원도 강릉지방에 전승되어 오는 탈놀이로, 국내 유일의 무언 가면극이다. 강릉가면극 또는 관노탈놀이라고도 부른다. 관노가면극은 단오제에 그 기원을 두고 있다. 즉 단오제가 절정에 이른 음력 5월 5일 단오일에 여흥으로, 강릉부(江陵府)에 속하는 관노(官奴)들에 의해 놀이로 열렸던 탈놀음으로, 1967년 국가무형문화재 제13호인 강릉 단오제에서 전통 연희 부분의 핵심을 담당하고 있는 놀이이다.

강릉 관아의 노비들의 놀이에서 시작된 관노가면극은 양반광대와 소매각시, 시시딱딱이 2명과 장자마리 2명 등 총 6명이 등장하며, 10명 내외로 구성된 악사들의 연주에 의해 춤과 동작으로 이야기를 펼쳐낸다. 따라서 무언으로 이루어지므로 6명의 등장인물은 가면과 복식에서부터 각각 다양한 의미를 내포하고 있다. 그중 시시딱딱이는 궁중에서나 장례 때 악귀를 쫓는 사람인 방상씨(方相氏) 가면으로, 홍역과 같은 질병을 몰아내기 위한 벽

---

64) 유투브 크라운해태 <제1회 단오전통연희축제 양주별산대놀이> 영상에서 발췌함. https://www.youtube.com/watch?v=remsjSPqhUQ

사의 의미를 담고 있고, 장자마리는 양반을 뜻하는 '장자(長者)'와 하인을 뜻하는 '마름'의 합성어로 유추되는 것으로, 극의 절정 부분에서 양반광대를 해학적으로 만드는 역할을 담당한다.[65]

<도판 20> 관노가면극에서의 주요 등장인물[66]

소매각시	양반광대	시시딱딱이	장자마리

악기는 꽹과리, 장구, 북, 징, 태평소 등의 타악기 위주로 구성되며, 악사들은 모두 서서 연주한다. 이는 서울・경기의 봉산탈춤・강령탈춤・은율탈춤과 같은 삼현육각의 연주형태와는 확연하게 다른 차이를 보이는 것으로, 삼현육각의 편성이 아닌 타악기 위주로만 구성되어 있어서, 삼현육각에 의한 별도의 연주가 있지 않고, 무언(無言) 가면극의 전체적인 분위기를 조성하는 효과음으로서의 기능과 리듬과 빠르기 및 강약에 의해 극을 이끌어 간다.

따라서 관노가면극에서 태평소는 유일한 선율악기로, 악기 전체를 이끌어가는 역할은 장단과 리듬을 총괄하고 있는 꽹과리이

---

65) 표원섭・이돈용, 「한국 전통연희극의 서사구조 연구: 강릉관노가면극 중심으로」, 『한국엔터테인먼트산업학회논문지』 제13권 2호, 2019, 70~72쪽 내용 참조.

66) 사진은 양주별산대보존회 홈페이지에서 발췌하였음.
(http://www.sandae.com),

다. 즉 태평소가 독주하면 반주하는 형태가 아니라, 타악기의 리듬합주가 이루어지면 태평소가 선율을 얹어 부르는 형태를 띤다. 이는 농악의 연주형태와도 매우 유사한 것으로, 태평소는 특별한 가락을 연주하기보다는 장단에 따라 분위기에 맞는 곡을 부르는 형태로 이루어져 있다.

관노가면극은 무언(無言)으로 이루어지므로, 등장인물의 손짓과 몸짓은 말 이상의 기능을 하며, 대화 또는 희로애락의 감정 표현은 음악이 맡아서 이루어진다. 따라서 타악 합주는 꽹과리의 음악적 지시에 따라 굿거리, 자진모리, 휘모리 등이 중점적으로 사용되고, 특히 굿거리와 자진모리가 가장 많이 나타난다. 한편 춤사위에서는 자진타령장단에 맞추어 이루어진다.

관노가면극은 총 5마당으로 장자마리의 놀이마당으로 시작으로 하여, 양반과 소매각시의 사랑, 시시딱딱이의 훼방, 소매각시의 자살소동, 화해마당 등으로 구성된다. 각 과장별 놀이 순서와 악기 연주의 특징을 표로 정리하면 다음과 같다.

<표 23> 관노가면극의 놀이 순서와 악기 연주의 특징

<table>
<tr><th>절차</th><th>과장구성</th><th>특징</th><th>악기 편성</th><th>장단</th></tr>
<tr><td>1마당</td><td>장자마리 개시</td><td rowspan="5">대사, 노래 없이
몸짓, 춤으로만
구성</td><td rowspan="5">태평소
및 꽹과리,
장구, 북, 징</td><td rowspan="5">굿거리
자진모리
휘모리
자진타령</td></tr>
<tr><td>2마당</td><td>양반과 각시의 사랑</td></tr>
<tr><td>3마당</td><td>시시딱딱이의 훼방</td></tr>
<tr><td>4마당</td><td>각시의 자살소동</td></tr>
<tr><td>5마당</td><td>화해마당</td></tr>
</table>

<도판 21> 관노가면극에서 서서 타악기를 연주하는 악사들의 모습[67]

4. 경상도 자인단오제의 팔광대놀이

자인단오제에서 이루어지는 팔광대놀이는 5월 5일 단오일에 여원무가 이루어진 후에 이루어지는 가면놀이로, 별도로 무형문화재로 지정된 것이 아니라, 자인단오제의 연희과장에 속해있는 탈놀이이다. 팔광대놀이는 8명의 광대로 이루어져 있다는 뜻에서 비롯된 것으로, 자인팔광대 또는 자인팔광대놀이 등으로 불린다. 경남지역의 탈놀음은 대부분 5명의 광대로 이루어져 있는데 비해 경산 자인의 8광대놀이와 같은 형태는 국내에서 유일하다.

자인팔광대는 일제강점기에 단오제가 폐지되면서 1936년의 공연을 마지막으로 하여 맥이 끊어졌으나, 1988년에 복원되어 오늘에 이른다. 팔광대놀이는 세 마당으로 이루어진다. 제1과장은 양반말뚝이 마당으로, 양반과 하인 말뚝이와의 갈등과 화해의 구조로 이루어져 있다. 일반적으로 양반과 하인관련 가면극은 양반

67) 유튜브 HELLO DANO의 강릉단오제 관노가면극 영상에서 사진 발췌. https://www.youtube.com/watch?v=7hMs23IukxA

주도형, 상호 대립형, 하인주도형 등으로 구분되는데, 자인팔광대에서는 말뚝이와 양반이 극단적으로 대립하였지만 결국 말뚝이가 쉽게 순종하는 내용이므로 변형된 양반주도형으로 분류된다. 제2과장은 양반본처후처마당으로, 양반과 본처, 후처간의 결합·갈등·화해의 구조로 이루어져 있다. 일반 탈놀이에서 할미관련 등은 할미단독형, 할미영감 결합형, 할미영감의 결합과 분리형, 할미영감·첩의 결합과 분리형 등의 4가지로 분류되는데 자인팔광대는 영감이 본처와 다투다가 죽게 되며, 굿에 의해 회생하여 다함께 화합한다는 점에서 할미영감의 결합과 분리형의 변형에 해당된다. 제3과장은 줄광대와 곱사 마당으로 원래는 전문 연희자들에 의한 공중 줄타기 장면이 삽입되었으나, 근래에는 줄타기가 지상화로 바뀌어져서 땅바닥에서 줄 타는 흉내를 내는 것으로 이루어진다.68)

자인팔광대에서 사용하는 탈은 바가지에 한지를 붙여 만든 것이며, 놀이를 시작하기 전에 먼저 탈 고사를 지내는 것이 특징이다. 또한 처음부터 가면을 쓰고 시작하는 것이 아니라, 무대에 입장을 할 때는 탈을 벗어 등 뒤에 걸어놓고 맨얼굴로 등장하여 굿거리장단에 맞추어 배역에 맞는 몸짓으로 자유롭게 춤을 추다가, 무대 가운데에 놓인 술독의 술을 한 잔씩 마시고 난 뒤에 가면을 쓴다. 관객에게 맨 얼굴을 먼저 보인 뒤에 가면을 쓰는 모습까지 연희에 포함되는 독특한 특징이 있다.

등장인물은 양반과 본처, 후처(뺄씨), 말뚝이(꼴씨), 봉사(김참

---

68) 한국민속예술사전 내용 참고.
https://folkency.nfm.go.kr/kr/topic/detail/1400

봉), 무당, 곱사, 줄광대의 8명으로 구성되며, 이외에 기수1 인과 6명 내외의 악사로 이루어진다. 악사는 꽹과리, 장구, 북, 징, 그리고 태평소 등 농악대의 구성으로 이루어져 있다. 이러한 악기 편성은 관노가면극의과 동일한 형태로, 삼현육각(대금, 피리, 해금, 장구, 북, 징)으로 이루어진 서울·경기도 지역의 봉산탈춤, 강령탈춤, 은율탈춤의 반주형태와는 확연히 차이를 보인다. 다만 관노가면극의 경우에는 악사들이 서서 연주가 이루어지지만, 자인팔광대는 악사들이 모두 자리에 앉아서 연주한다. 그리고 악사들은 극의 내용에 따라 "그렇지", "좋지", "얼씨구 좋다" 등의 추임새를 넣기도 하고, 대사에 따라 고개를 끄덕이거나 효과음 등을 만들어 내거나 다함께 합창으로 노래하는 등 타악기 반주로서의 기능만 하는 것이 아니라, 극의 흐름에도 적극적으로 참여한다.

각 과장은 굿거리장단이 가장 많이 사용되며, 그 다음 자진모리장단, 타령장단 등으로 이루어진다. 과장마다 민요가 삽입되는데, 첫째 마당에서는 양반이 정선아리랑을 부르고, 둘째 마당에서는 후처는 권주가를, 양반은 평시조를, 말둑이는 밀양아리랑과 후처와 양반의 화합을 축복하는 화합의 노래를 부른다. 그리고 셋째마당에는 줄광대가 성주풀이를 부른다.

이처럼 과장별로 삽입되는 노래는 자인지역의 토속민요가 아니라 아리랑, 권주가, 시조, 성주풀이, 화합의 노래 등 통속민요를 주로 노래한다. 아울러 태평소는 굿거리장단에 맞춰서 태평가, 창부타령 등과 같은 경기민요로 된 선율을 연주한다. 자인팔광대의 절차와 음악적 특징을 표로 정리하면 다음과 같다.

<표 24> 자인팔광대의 놀이 순서에 따른 음악적 특징

<table>
<tr><th>절차</th><th>과장구성</th><th>장단</th><th colspan="2">삽입노래</th><th colspan="2">태평소 연주</th></tr>
<tr><td>1마당</td><td>양반말뚝이마당</td><td>굿거리
자진모리</td><td>양반</td><td>정선아리랑</td><td>태평가</td><td rowspan="6">경토리</td></tr>
<tr><td rowspan="4">2마당</td><td rowspan="4">본처후처마당</td><td rowspan="4">굿거리
자진모리</td><td>후처</td><td>권주가</td><td rowspan="4">창부타령</td></tr>
<tr><td>양반</td><td>평시조</td></tr>
<tr><td rowspan="2">말뚝이</td><td>밀양아리랑</td></tr>
<tr><td>화합노래</td></tr>
<tr><td>3마당</td><td>줄광대마당</td><td>굿거리
타령
자진모리</td><td>줄광대</td><td>성주풀이</td><td>경기민요</td></tr>
</table>

<도판 22> 자인팔광대의 등장인물[69)]

양반

본처

후처

말뚝이

곱사

줄광대

무당

봉사

69) 사진은 양주별산대보존회 홈페이지에서 발췌하였음(http://www.sandae.com),

<도판 23> 팔광대놀이를 시작하기 전에 지내는 탈 고사 모습[70]

<도판 24> 앉아서 타악 반주를 하는 자인팔광대 악사들의 모습

70) 경산시 사진 제공.

Ⅳ. 맺음말

이상으로 한국의 세시풍속 중 단오의 음악을 살펴보았다. 단오는 모내기를 끝낸 시기여서 농경의 풍작과 풍요를 기원하기도 하지만, 비가 잦아져서 병마가 기승하는 시기이기도 했다. 이로 인해 무엇보다도 재액(災厄)을 방지하고 악귀로부터 몸을 보호한다는 벽사(辟邪)의 의미가 단오에 가장 크게 자리 잡고 있었고, 병마(病魔)와 재액을 쫓는 풍습은 민속놀이에서도 여실 없이 드러났다. 본문에서는 이러한 점에 착안하여 단오 때에는 어떤 음악이 전해져 왔는지 한국의 민속 문화와 민속예술에 나타난 단오의 음악을 살펴보았다. 내용을 요약하면 다음과 같다.

첫째, 한국에는 매년 단오 때마다 제의(祭儀)가 이루어진다. 바로 단오굿이다. 한국의 단오굿은 강릉, 경산, 영광 등의 세 곳에서 국가무형문화재로 전승되고 있고, 축제와 더불어 반드시 단오굿이 행해진다. 이중 강릉단오제에서는 대관령 산신인 김유신 장군, 대관령 국사성황신인 범일국사와 국사여성황 정씨 처녀 등 세 명의 신을 모시고 있으며, 유교식 제의와 무속 제의가 결합된 형식으로 단오굿이 이루어진다. 강릉단오굿의 제의 음악은 무녀가 무가(巫歌)를 부르면, 남자 양중(박수무당)이 무가의 반주를 맡는 무속의례로 이루어지며 동해안별신굿의 무녀와 악사가 직접 주제하므로 동해안 무속굿의 특징이 단오굿에 고스란히 나타난다. 즉 무가는 모두 동해안 지역의 특징인 메나리토리로 이루어져 있으며, 특히 지역의 민요, 경기민요, 가요를 모두 수용하여 의례에 활용되었다.

둘째, 경산자인단오제의 제의는 자인단오굿 외에도 특히 여원무가 특징이다. 여원무는 신라 말 또는 고려 초의 한장군이 여자로 가장하여 누이동생과 함께 화려한 꽃관을 쓰고 풍악에 맞추어 춤을 추는 방법으로 왜구를 소탕하였는데, 바로 왜구를 소탕한 춤인 여원무는 자인단오제의 핵심이 되는 춤이자 의식으로 자리 잡았다. 이런 역사를 지닌 자인단오굿은 신격이 한장군이며, 따라서 한장군의 사당에서 유교식 제사가 이루어진 후에 큰 굿(단오굿)이 이루어진다. 다만 굿을 주제하는 이는 원래는 이 지역의 무당에 의해 이루어졌으나 모두 작고하여 전승이 끊어졌고, 아울러 자인단오굿의 원형이 전해지지 않는다는 논란 속에서 여러 차례 복원을 시도하였으나 이에 대한 논란이 지속되고 있는 상황이다. 자인단오제의 성격이 한 장군놀이가 부각되는 호국적인 면이 더 강조되는 측면도 그 이유 중 하나일 것이다. 여원무는 한장군이 직접 여장을 하여 왜군을 소탕했다는 데서 비롯되는 춤이므로 실제로 남자소년(화랭이)을 여장시켜서 춤이 이루어지며 현재에는 3겹의 원진으로 여성 군무로 발전되었다. 반주는 꽹과리, 장구, 북, 징 등의 타악기 위주로 된 농악 편성이며, 굿거리, 자진모리, 휘모리 등의 민속악 장단이 사용된다. 유일한 선율악기로 태평소가 있으나, 특별한 악곡을 연주하는 것이 아니라 능게 가락 등을 자유롭게 연주하는 형식으로 이루어져 있다.

셋째, 법성포단오제는 고려에서부터 비롯되고 있어서 그 연원이 매우 오래된 축제로, 특히 법성포는 수산물 생산과 유통으로 인해 보부상뿐 아니라 팔도의 예능인들이 모이는 곳이었다. 이로 인해 법성포단오제는 전국조직의 보부상들에 의해 후원되어 왔고 단오제는 팔도예능인들이 모여서 명창으로 인정받는 등용문 같은 성격과 권위가 있었다. 심지어 단오굿을 주제하는 무속인들 역시 판소리, 기악, 농악, 줄타기 등에서 두드러진 활동을 해 온 예인들이 많았다.

법성포단오제는 산신제, 당산제, 용왕제, 한(恨)굿 등의 의례로 구성되는데, 단오제와 실질적으로 연결되는 제의는 용왕제이다. 각 제의에 사용되는 음악은 꽹과리, 북, 장구, 징, 태평소 등의 타악 합주이며, 용왕제와 한굿의 경우에만 씻김굿의 악사가 삼현육각의 편성으로 참여하여 피리, 대금, 가야금, 아쟁, 장구 등의 반주에 맞추어 구음, 무가, 무악, 무녀의 지전춤 등이 이루어진다. 장단은 진양, 중모리, 중중모리, 자진모리, 살풀이, 덩덕궁이, 안당, 대왕놀이(엇모리) 등이며 대부분 육자배기토리로 이루어져 있고 심지어 경토리가 나오는 부분에서는 육자배기의 혼합적인 특징인 남부경토리가 나타나기도 한다.

넷째, 단오 때에 이루어지는 민속놀이로 가면극·탈춤·탈놀이 등이 있다. 한국의 탈놀이는 황해도지방에서는 탈춤이라 불렀고, 경기도 지역에서는 산대놀이, 경상도에서는 낙동강 서쪽은 오광대(五廣大), 낙동강 동쪽지방에는 야류(野遊) 및 들놀음 등으로 지역에 따라 탈놀이의 명칭은 달리 쓰여 왔다. 현재 한국의 대부분의 탈놀이는 국가무형문화재로 13종목, 시도무형문화재로 2종목, 그리고 비지정 문화재의 탈춤도 몇 종목이 전승되고 있을 정도로 전통성과 예술성을 지니며 전승되고 있다. 이와 같은 가면극·탈춤·탈놀이 등은 정월, 삼월, 사월초파일, 오월단오, 칠월

백중, 한가위, 섣달그믐 등 다양한 시기에 행해졌지만, 특히 단오에 주로 이루어져왔던 탈놀이로 황해도의 봉산탈춤・강령탈춤・은율탈춤, 경기도의 양주별산대놀이, 강릉 관노가면극, 경산 자인 팔광대 등이 있다.

다섯째, 황해도의 봉산탈춤・강령탈춤・은율탈춤은 한국전쟁 이후 피난민들에 의해 서울・경기・인천 등에 정착하면서 현재 토착화되어 전승되고 있는 종목이다. 같은 황해도권이라는 점에서 탈의 종류와 절차, 음악 등이 매우 유사하게 이루어져 있다. 특히 피리2, 대금, 해금, 장고, 북 등으로 이루어진 삼현육각과 같은 전문예능인들에 의해 반주가 이루어지는 점은 양주별산대놀이를 포함하여 황해도와 서울・경기 지역 탈춤만의 특징이다. 반면 강릉관노가면극과 자인팔광대는 삼현육각 편성이 아니라, 태평소가 주선율을 담당하고 타악기 위주로만 이루어져있어서 황해도・서울・경기도의 탈춤과는 분명한 음악적 차이를 보인다.

특히 봉산탈춤・강령탈춤・은율탈춤 및 양주별산대놀이는 현재 서울・인천・경기도에서 전승하고 있는 같은 권역으로, 탈의 종류와 모양, 과장의 내용, 연주 방식 및 장단 등이 서로 유사한 면모를 많이 보인다. 다만 연행가요의 삽입에서 각각 차이를 보이고 있고, 선율적인 특징과 장단도 다양하게 이루어져 있어서 음악적으로 매우 뛰어난 예능미를 보이고 있다.

여섯째, 강릉 관노가면극은 탈놀이 중에서 국내 유일한 무언극(無言劇)으로서, 대사와 노래 없이 몸짓과 춤으로만 이루어진다. 타악기 위주로 구성된 악기는 모두 서서 연주하며, 무언(無言)가면극의 전체적인 분위기를 굿거리・자진모리・휘모리・자진타령 등의 장단과 효과음, 리듬과 빠르기 및 강약을 통해 극의 음악적 요소를 만든다.

일곱째, 이에 비해 자인팔광대의 악사는 앉아서 연주하며, 장단은 굿거리, 자진모리, 타령장단 등으로 이루어진다. 또한 과장별로 등장인물들이 별도로 삽입해서 부르는 노래가 있다. 제1마당은 양반이 정선아리랑을, 제2마당에서는 후처가 권주가를, 양반이 평시조를, 말뚝이는 밀양아리랑과 화합을 노래 등을 부르고, 제3마당에서는 줄광대가 성주풀이를 부른다. 삽입된 노래 대부분은 자인지역의 토속 민요가 아닌 통속적인 특징을 지닌다.

아울러 태평소는 대부분 굿거리장단에 맞춰서 태평가, 창부타령 등과 같은 경기민요로 된 악곡을 연주한다. 그리고 팔광대놀이 악사들은 극의 내용에 따라 "그렇지", "좋지", "얼씨구 좋다" 등의 추임새를 넣기도 하고, 대사에 따라 고개를 끄덕이거나 효과음 등을 만들어 내거나 다함께 합창으로 노래하는 등 악사들은 타악기의 반주 기능만 하는 것이 아니라, 극의 흐름에도 적극적으로 참여한다.

본 글은 한국의 세시풍속 단오에 행해진 음악을 대상으로 하여 단오에 행해진 제의(祭儀)와 제의에 사용된 음악, 그리고 단오에 이루어진 가면극·탈춤·탈놀이 문화에 나타난 음악적 특징을 총체적으로 고찰한 것이다. 미약하나마 본 글이 한국의 세시풍속 단오 음악을 이해하는 데 도움이 되었으면 하는 바람이다.

참고자료

<단행본>

국립무형유산원, 『법성포단오제』, 민속원, 2017.

『동국여지승람』 제36권, 영광군, 산천조.

법성향지편찬위원회, 『법성향지』, 1991,

나경수, 「법성포단오제의 제의성」, 『법성포단오제』, 도서출판 월인, 2007.

『세종실록지리지』 제151권, 전라도 영광군.

석대권, 『한장군놀이』, 국립문화재연구소, 1999.

신명희, 『법호견문기』(필사본).

오횡묵, 『진도군총쇄록』, 1895년 5월 13일자.

이복규, 『한국 전통문화의 이해』, 민속원, 2015.

이병옥, 『한국민속무용학 개론』, 도서출판 노리, 2000.

이용식, 『민속, 문화, 그리고 음악』, 집문당, 2006

전경욱, 『은율탈춤』, 국립문화재연구소, 2003.

채희완(글)/김문호(사진), 『탈춤』(대원사, 2004

황루시・이용식, 『강릉단오굿 양중 연구』, 사단법인 강릉단오제보존회, 2014.

<논문>

길영순, 「경산자인단오제 여원무의 계승현황 및 발전방안」, 『영남춤학회』 3권 1호, 2015

김택규, 「자인단오굿」, 『비교민속학회지』 제13집, 1996.

김선홍, 「무형문화의 이주, 전승 그리고 음악적 변화 양상: 은율탈춤을 중심으로」, 『공연문화연구』 제39집, 2019

김신효, 「경산자인단오제의 전개양상」, 『향토문화』 24집, 대구향토문화연구소, 2009.

김이숙, 「강릉단오굿 제차의 구성과 무가의 특징」, 『아시아강원민속』 제16권, 2002.

김호석, 「해서탈춤의 연행가요 및 반주음악 연구」, 단국대학교 박사학위 논문, 2013,
김호석, 「양주별산대놀이의 음악에 관한 연구」, 『한국민속학』 제57집, 2013.
백금자・장유경・이종희, 「여원무 연희 연구」, 『한국무용학회지』 제11권 제2호 1-11, 2011.
심상교, 「자인단오제의 전승과 실태」, 『강릉민속학』 제24집, 2010.
표원섭・이돈용, 『한국 전통연희극의 서사구조 연구: 강릉관노가면극 중심으로」, 『한국엔터테인먼트산업학회논문지』 제13권 2호, 2019
이경엽, 「법성포단오제의 축제적 기반과 무속적 전통」, 『남도민속연구』 제14집, 2007.
원혜진, 『양주별산대놀이 반주음악의 연구』, 『한국음악사학보』 제30집, 2003.

<인터넷 웹 사이트>
강릉단오제 홈페이지. https://2021.danojefestival.or.kr.
법성포단오제 홈페이지. http://www.bspdanoje.co.kr.
(사)경산자인단오제보존회 홈페이지. http://jaindano.or.kr
(사)국가무형문화재 봉산탈춤보존회 홈페이지. http://bongsantal.com.
은율탈춤보존회 홈페이지. http://www.unyul.or.kr,
유튜브 크라운해태 제1회 단오전통연희축제.
https://www.youtube.com/watch?v=remsjSPqhUQ.
유튜브 HELLO DANO의 강릉단오제.
https://www.youtube.com/watch?v=FiPxMbl1QJA.
한국민속예술사전. https://folkency.nfm.go.kr/kr/main.
한국세시풍속사. https://folkency.nfm.go.kr/kr/dic/2/picture.
다음백과. https://100.daum.net/encyclopedia/view/b01g1461a.

단오 풍속을 통한 전통문화 융합교육 활동의 교육적 가치

- 목 차 -

단오 풍속을 통한 전통문화 융합교육 활동의 교육적 가치

이 현 지

Ⅰ. 전통 문화 융합 교육이 왜 필요한가?

학교 현장에서 전통문화에 대한 관심과 활용 가능성은 상대적으로 학생들에게 외면당하고 있다. 특히 세계화에 대한 잘못된 인식 때문에 우리의 고유문화를 소중히 여기지 않고 서구의 것을 무조건 받아 흡수·동화하려는 경향이 우리 사회에 '전통'을 뿌리내리지 못하게 한 큰 요인이라 할 수 있다(하정연 · 임재택 · 신주연 · 정주영, 2009).

전통문화라는 것은 '전통'의 개념과 '문화'로 결합되어진 용어이다. '전통'이라는 개념은 불분명하고 '문화'라는 개념은 너무 폭넓어 개념의 정의가 학자에 따라 다양하게 해석될 수밖에 없지만, 전통이라는 개념 자체가 문화적인 개념이라고 할 수 있기에 전통이나 전통문화는 비슷한 개념으로 사용되는 경우가 많다고 할 수 있다. 최영성(2009)은 "전통 문화는 과거에서 현재까지 지속되는 일상적인 생활 속에서 의식적 또는 무의식적으로 한 민족의 문화적 정체성을 바탕으로 형성된 정신적 (무형) 물질적 유형 유산이다"라고 정의하고 있다.

또한 전통문화는 역사적인 지속성 및 문화적인 정체성과 현실적인 가치성이라는 측면이 제시되어지는데, 이는 곧 재창조, 창조적 계승 등의 의미로 볼 때, 가치적 측면, 불변적인 정신적 측면, 가변적인 형식적 측면을 가지고 있음을 의미하는 것이다. 이처럼 전통문화는 정신적 측면과 형태적 측면을 지니고 발전되고 있으며, 계승, 창조되어 현재와 미래의 삶에 이바지 할 수 있는 가치를 지닌다. 그렇기 때문에 전통문화 교육은 시대적 혁신적 변화와 환경적 변화를 넘어서 반드시 필요한 교육적 패러다임이라고 할 수 있다.

21세기를 맞이한 오늘날의 현 시점에서 우리는 먼저 전통문화에 대한 이해와 그에 따른 정체성을 확립하는 교육이 절실하다. 우리가 오래전부터 보존하고 살았던 세계관·도덕관·정서적 가치관을 오래되고 낡은 것으로만 생각할 것이 아니라, 그 전통 속에서 타문화 전통에서 찾을 수 없는 독보적인 보배를 가려내어 보존하고 성장시켜나가야 함을 뜻한다. 상황에 따라서는 전통의 재창조라는 형태로 우리 전통에 살아있는 홍익인간의 가르침과 자연과 생명에 대한 존경과 사랑, 대동 정신 나눔의 정을 경험할 수 있는 기회를 만들어 가는 노력이 이어질 때 전통을 계승해 나갈 수 있는 것이다(하정연 · 임재택 · 신주연 · 정주영, 2009).

우리의 전통문화 중에서도 세시풍속은 매해 절기마다 행해진 풍습으로 자연의 변화에 순응하며 효율적으로 이용한 인간의 생존 방식 중의 하나이다. 특히 급격한 사회변화와 세계화에서 한국인으로서의 정체감과 존재감을 형성하는 데에 따른 독보적인 기능을 수행한다. 각 절기마다의 세시풍속은 친족 간의 유대를 강화하고, 조상숭배 및 윤리의식 확립, 사회 통합의 기능과 기풍(祈豐, 기복(祈福), 축제, 예술적인 표현 등의 다양한 성격을 지니고 있어 신체적, 정서적, 사회적 발달 수단이 된다(김명자, 1989: 손인수, 1991: 신현구: 1993).

우리의 전통과 세시풍속은 서로 맞물려 있다. 왜냐하면 우리의 전통 사회는 농경 사회였으며, 농경사회는 반드시 절기와 명절을 중심으로 삶의 구심점이 된 사회였기 때문이다. 세시(歲時)란 일년, 열두 달이 바뀌는 시간을 말하며, 풍속이라고 하는 것은 시절에 따라 조금씩 달라져 가는 생활이 관습으로 정착해졌기에 이렇듯 세시풍속은 오랜 시간이 흐르는 동안 일정한 형식의 틀이 갖추어지면서 오늘날과 같은 풍속으로 정착된 것이다. 오랜 세월을 지내면서 우리 선조들이 자연의 변화, 24절기의 변화에 자연스럽게 맞춰가는 생활이 바로 세시풍속이라고 할 수 있다(하정연 · 임재택 · 신주연 · 정주영, 2009).

세시풍속의 교육적인 의미로서 현장에서의 연구는 비교적 활발하게 행해졌다. 세시풍속에 관한 이론적 연구에서 세시풍속의 교육적 의미와 기능이 규명되었으며(손인수, 1991: 신양재, 1994), 유치원의 교육활동 개발의 일환으로 교육부 시·도교육청을 중심으로 월별로 12가지 세시풍속 교육 자료들이 개발되어 현장 적용을 권하고 있다(경기도 교육청, 1998; 경기도 안양교육청, 1998: 교육부, 1993).

세시풍속의 의미와 의의에 관한 선행연구에 있어서는 이성숙(2005)은 대학생을 대상으로 현대 가정생활 속에서 사라져 가는 우리의 전통적 고유문화를 자가 진단해보았다. 세시풍속과 세시음식의 실생활에 맞는 합리적인 계승을 위한 기초 자료를 제시하고자 조사를 실시하였으나, 설문 조사 중심으로 진행되어 전통적으로 전승되어 오는 세시풍속과 시대에 따른 변화 양상에 대한 부분은 후속 연구로 남겨놓았다.

장채천(2009) 역시 우리의 전통 문화적 관점에서 세시풍속이 갖는 종류와 의미를 바탕으로 사회·교육적 의의를 연구하였다. 특히 매월 세시풍속이 갖는 전통적 의미와 그것을 바탕으로 역사적 관점에서 자세히 분석하고자 하였으나, 현대적인 의미는 자세히 풀어내지 못한 한계가 있다.

이러한 교육활동 분석에도 불구하고, 세시풍속이라는 것이 현실과 동떨어진 옛것의 재현 정도로만 인식 될 우려가 있다. 그러므로 '이상과 현실 간의 괴리'는 오늘날 최첨단 사회와 전통문화를 어떻게 접목할 것인지에 대한 논제는 여전히 남아있는 실정이다. 즉, 농경사회 문화에 기초하여 이루어져 온 세시풍속을 전혀 동떨어진 문화인의 도시화 된 현대 생활양식과 연계해 나가기가 쉽지 않다는 것이다. 따라서 세시풍속이 현대를 살아가는 학생들의 삶에 정착하도록 돕기 위해서는 세시풍속의 놀이와 먹거리 및 풍속을 현실에 맞게 변화시키고 다듬어 나가면서 재구성하는 노력이 이루어져야 할 것으로 본다. 그리고 새롭게 정착된 풍습과 세시풍속의 지속과 변화에 대한 교육을 해 갈 필요가 있다(김명자, 2003).

또한, 현재 실존하는 세시풍속이 전통사회의 세시풍속과 어떻게 달라졌는지 더 깊은 연구를 통해 재조명해 보고, 구체적인 규명을 위한 학문적인 접근이나 교육적 노력이 필요하다. 예를 들어, 학생들의 전통놀이가 모방을 통한 적극적 창조의 성격을 지니기 위해서는 보다 다양하게 재창조되고 변형하는 노력과 다원적으로 이해하려는 노력이 필요하다. 즉 전통문화는 박제화 된 과거가 아니라, 오늘의 문화 창조에 끊임없이 작용하는 생명력 있는 문화이어야 한다는 것이다(하정연・임재택・신주연・정주영, 2009).

국가 수준의 교육과정은 표준화된 기본 과정을 제시하고 있다. 상황에 따라서는 학교에서 다양한 형태로 적용하도록 재구성이라는 용어를 사용하면서 권장하고 있다. 이는 학교 현장에서 교육과정, 수업의 다양화를 추구하라는 의미라고 할 수 있다. 물론 체제가 잘 갖추어진 교육과정을 그대로 따른 것도 교육의 한 방법이 될 수 있고, 다른 형태의 수업과정을 구성하는 것도 하나의 교육방법이라고 할 수 있다(신광우, 2016). 이는 국가 수준 교육과정을 문제점을 지적하고 대척점의 입장이 아니라, 현장의 다양성을 촉진하는 한 가지 방법의 제시로써 필요성을 제기하는 것이다.

이러한 여러 상황과 발맞추어 전통문화 교육을 살펴보면, 현재 우리 사회에 전반에 걸쳐 이루어지고 있는 전통교육은 다문화 교육 현실에서 그 본질을 찾는 것이 부족하며, 정체성을 지닌 인격체로 육성하기란 사실상 어려운 일이다. 전통문화 속에는 춤, 음악, 미술, 언어, 체육, 역사 등이 공존하고 있으며, 그 전통문화를 바르게 이해하기 위해서는 반드시 교과적 융합이 시도되어야 함에도 실상 그러한 부분은 부족한 현실이다.

특히 보편교육의 기초가 되는 초등학교를 지나 자율 학기제가 시행되는 중학교부터는 이러한 교육이 이루어져야 한다고 본다. 따라서 현재 중학교 교과 중 각 교과목에 따라 우리 문화의 본질적인 모습을 이해하기 어려울 수 있으므로 교과 통합적 융합지도 방안이 필요하다고 본다. 전통문화 융합 교육을 중심으로 프로그램을 확립하여 교육한다면 우리 문화의 본질적인 모습을 조금 더 구체적으로 올바르게 이해하게 할 것이다.

이에 본 장에서는 세시풍속의 하나인 5월의 단오를 주제로 한다. 그 이유는 세시풍속 중 하나로 1년 중 가장 양기가 왕성한 음력 5월 5일의 단오는 한국뿐 아니라, 아시아의 문화권에서 예로부터 행해오던 주요 절기 중의 하나이기 때문이다. 수릿날, 천중절, 오월절이라고도 불렸으며, 농경 생활이 주였던 전통사회에서 농사짓기의 노고를 위로하고 질병이 돌기 쉬운 여름철을 앞두고 여러 가지 풍속들을 축제적 성격으로 행하였다(강오식, 2005: 국립민속박물관, 2003).

풍년 기원행사, 단오빔 입기, 단오 부채선물, 단오첩 제작, 수리취떡 먹기, 창포물 머리 감기 등 남성들의 씨름과 여성들이 주로 그네를 뛰는 것 외에도 다양한 단오 풍습이 많다. 의·식·주 생활, 의례 놀이와 같은 다양한 풍속으로는 여름을 앞두고 더위를 막는 행위 부채를 만들기도 했으며, 창포에 머리를 감고, 떡을 만들어 먹기도 하며 하루를 즐겼다. 이러한 행위는 오늘에 이르기까지 사회 구성원 간의 끊임없는 소통을 통해 남겨진 전통문화라 볼 수 있다.

이에 단오를 통해 전통 문화 융합교육으로 재구성하는 것은 의의가 있을 것으로 본다. '융합'이라는 것은 사전적 의미로는 다른 종류의 것이라도 녹아서 서로 구별 할 수 없게 하나로 합하거나 그렇게 합해지게 만들거나 또는 그런 일을 일컫는다. 지금까지의 교육이 음악, 미술, 국어, 수학, 역사 등의 교과를 세분화하였다면 단오를 중심으로 문화 예술 중심의 교과 간의 통합지도 방안을 모색할 수 있을 것이다.

전통문화융합 교육의 지도 방안을 위해 주제는 선조들의 민속놀이의 특징을 살펴보고, 민속놀이 문화를 체험해보고자 한다. 전통문화라는 것은 선조로부터 이어져 내려오는 행동양식 및 신념들의 역사적 유산이다. 또한, 전통 문화는 정치적·역사적·경제적·사회적 가치를 가지고 있다. 그러므로 전통 문화 교육을 통해 우리의 삶의 방식 및 가치를 전수하고 올바르게 전승 될 수 있도록 노력할 필요가 있다.

이러한 정황으로 볼 때, 한국의 전통 생활 문화 융합교육에 대한 관심으로 다양한 연구와 단순한 기능 전수에서 탈피하여 학생들이 '내가 직접 경험해보기'를 통해 직접적인 체득을 바탕으로 전통문화 교육에 대한 인식을 꾀할 수 있다.

Ⅱ. 단오 풍속이 지닌 의미 및 놀이

하나의 공동체에 속한 인간은 같은 자연환경과 문화 속에서 살아가면서 같은 생활습관을 영위하게 된다. 일상생활에서 계절에 맞춰 관습적으로 되풀이되는 민속 의례를 '세시풍속'이라 한다. 우리나라에서의 세시풍속이라 함은 농경시대를 기점으로 급속히 발전되었으며, 특히 벼농사를 중심으로 각 마을 마다 다양한 풍속이 만들어졌다. 특히나 세시풍속은 고된 농사일의 노동속에 삶의 풍요를 기원하고 영위하는 방편으로 쓰여 왔던 것으로 보여 진다.

세시풍속에 대해 배우는 것은 무슨 달에 무엇을 먹고 어떻게 놀았는가를 살펴보는 것 이상의 의미를 지닌다. 세시풍속은 절기에 따라 다양한 의식뿐만 아니라, 서로 다른 음식과 놀이문화를 가지고 있어서 다양한 한국의 생활상을 알 수 있기 때문이다. 그 중에서도 전통사회에서 단오는 설날, 추석과 3대 명절의 하나였다. 단오는 재액을 예방하고, 여름철 동안의 건강 유지 및 신체의 단련, 농사철의 풍요의 기원, 성황신에 대한 제사 등의 기능을 담당하는 명절이다.

특히, 한국과 일본, 중국의 단오는 문화적으로도 비슷한 점이 많아 한국의 문화를 배울 때 중국인과 일본인 학습자들이 재미있고 유익하게 한국의 세시풍속에 대해 학습할 수 있을 것이다. 특히 외국인에게 학습자가 한국의 세시풍속을 통해 한국의 문화를 자연스럽게 학습하고, 한국생활의 적응에 도움을 주고자 하기 위한 목적에는 유익할 것이다.

이렇듯 전통생활의 문화놀이를 통해 우리의 조상들이 농경생활이 위주였던 전통사회에서 농사짓기의 노고와 여름철 질병이 돌기 쉬운 날들을 앞두고 세시풍속을 축제적 형식으로 행하였을 지(강오식, 2005 : 국립민속박물관 2005)를 단오의 전통 풍속놀이를 중심으로 살펴보는 것은 의의가 있다.

단오는 중종 13년(1518)에 3대 명절이라고 불리 우는 설날, 추석과 함께 정해진 적도 있다. 단오의 유래는 중국 초나라 회왕 때부터라고 전해진다. 신하 굴원이 비굴한 간신들의 모함에 자신의 지조를 왕에게 보여주기 위해 멱라수는 강에 몸을 던져서 자살을 하였는데 이날이 5월 5일이었다. 그 뒤 해마다 굴원의 영혼을 위로하기 위하여 쌀을 대나무 잎에 싸고 오색실을 묶어 찐 떡(종자 또는 각서라고 함)을 물에 던지거나 먹는 풍속이 있다고 한다(강무학, 1987: 성병희, 2002: 한영자, 2001). 고려와 조선시대 선비들이 단오 즈음에 지은 시조 중에는 중국 초나라 충신이었던 굴원을 기리는 시가 다수 있음에서도 이를 알 수 있다(국립민속박물관, 2005).

단오는 농경도 중요한 요소였지만 무엇보다, 건강하게 여름을 보내려는 염원과 여름을 준비하는 성격이 강한 명절이다. 이는 기념 시기가 한창 바쁘게 움직여야 하는 농사철이자 여름의 초입이라는 점이다. 풍속의 대부분이 한해의 풍원, 제액초복과 건강 기원이라는 점이다. 이 날의 쑥떡도 이런 이유로 빚어지며 흔히 수리취떡이라 하지만 이것은 '단옷날의 푸른 쑥'을 뜻하는 '술의취애(戌衣翠艾)'라는 말에 와전에서 비롯되었다고 볼 수 있다.

수리취는 고산지대에서만 자생하는 식물이며, 강원도뿐만 아니라 일부지역에서 떡의 재료로 쓰인다. 반면, 쑥은 한반도 전 지역에서 봄이 되면 대부분 지역 어디에서든 자생되어 나오기에 이를 재료로 떡을 빚는다. 이에 단오의 대표 절식으로서 쑥떡이 있다. 쑥떡이 나온 배경은 발해민의 단옷날 쑥떡 만드는 전통과 쑥을 약용 및 식용으로는 이용한 것뿐만 아니라, 벽사의 도구로 활용한 전통과 함께 쌀의 증산과 더불어 자급에 따른 떡의 재료적 여유, 전국에 명절 떡을 알린 대중매체의 확산 등이다.

단옷날에 주로 행해진 활동을 학습자들 간에 할 수 있는 단오 풍속 및 놀이 활동 내용을 살펴보면 다음과 같다.

<표 1-1 단오 풍속 알아보기>

	활동소주제 및 기타풍속	활동내용	일과 활동	활동매체
1	단오풍속-창포에 머리감기, 이슬로세수하기, 봉숭아물들이기, 대추나무시집보내기,)	단오풍속과 의미에 대해 이야기 나누기, 풍년기원 행사, 질병의 예방책 알아보기 -전통생활문화에 관한 이야기 읽기, 영상감상하기 -전통생활문화와 관련된 영상을 보고 이야기에 제시된 의미를 해석하고, 교사의 질문에 관해 이야기 나누기	이야기나누기 -단오의 역사와 특징에 대해 말 할 수 있다. -전통문화 계승의 가치, 발전시켜야 하는 이유에 관해 설명할 수 있다.	단오풍속 그림자료, 인터넷 자료 사진, 그림 이야기하기
2	음식-수리취떡(도행병, 앵두편, 제호탕) 익모초즙만들기	동시판과 그림 자료를 이용하여 읽기 -한식을 창의적으로 응용하기: 건강 음료 만들기. 한식과 다른 음식과 퓨전화하기	이야기나누기	동시판(맛있는 떡), 그림자료(카드)

3	선물-단오첩. 단오부채	그림 자료를 이용하여 읽기 -만들기 계획에 유의하며 모둠원들과 협동하여 만들기 -만드는 과정에서 서로 피드백하기 -전통 문양 활용하기, 소품 만들기, 브로치 만들기	이야기나누기	부채그림, 그림 자료 (카드)
4	단오놀이-그네뛰기, 씨름	세시풍속 단오와 관련된 비디오, 그림책 보기	자유선택활동	단오관련 자료보기, 단오관련 그림책
5	현대의 단오행사 기타풍속 - 강릉단오제	현대에 행해지는 단오행사 알기 -새롭게 알게 된 내용, 느낀 점, 내 삶에 미치는 영향 등	이야기나누기	단오관련 자료보기

즐거운 축제의 자리에 각종 먹거리, 즐길 거리가 빠질 순 없다. 단오가 되면 여자들은 하루를 창포물에 머리를 감고, 그네를 뛰며 보냈다. 남자들도 민속놀이인 씨름을 하며 즐거운 하루를 보냈으며, 한여름의 무더위를 쫓아 줄 부채를 만들기도 했다. 학생들은 단오 알아보기를 통해 오늘날에도 즐기기에 손색이 없는 다채롭고 재미있는 단오절 풍습들이 어떠한 것이 있는지를 서로 이야기를 통해 살펴 볼 수 있다.

1. 단오 풍속

가. 창포에 머리감기

단오하면 떠오르는 먼저 떠오르는 풍습은 바로 단오장이다. 단오장은 단오에 나쁜 귀신을 없애는 의미로 여성들이 치장을 하던 풍습을 말한다. 조선시대의 신윤복의 그림 '단오풍정'속을 생각해 보면 여인네들이 삼삼오오 개울가에 모여서 몸단장을 하는 모습을 떠올린다면 이해하기 쉽다. 단오장 가운데서도 잘 알려진 풍습은 바로 '창포물에 머리 감기'이다.

단옷날 창포 잎과 뿌리를 삶아서 머리를 감으면 머리칼에 윤기가 나고, 머리카락이 빠지지 않는다고 한다. 창포 뿌리를 잘라서 비녀로 삼았는데, 양쪽에는 수(壽), 복(福) 두 글자를 새기고 연지로 붉게 칠해서 아름답게 치장했다. 창포뿌리로 만들은 비녀를 머리에 꽂는 것 외에도 목욕을 하고 난 후에 홍색과 녹색의 옷(녹의홍상)을 입는 풍습들도 단오장에 해당된다고 볼 수 있다.

나. 이슬로 세수하기, 봉숭아물들이기

단옷날에는 이른 아침에 상추밭에 가서 상추 잎에 방울진 이슬을 받아서 세수를 하면 한 해 동안 더위도 안 먹고, 부스럼도 안 생기고, 여인네들의 피부가 고와진다고 했다. 여인들은 봉선화를 따서 꽃잎을 찧어 손톱에 물들이는 것도 고와서 즐기는 것도 있었지만, 축귀, 벽사의 뜻을 담고 있기도 했다. 옛 부터 붉은 색은 귀신을 물리치는 벽사의 기능을 담당한다고 생각했다. 단오에 젊은 여자들이 갖가지 이슬을 받아서 가루분과 섞어서 바르면 얼굴이 고와지고, 두드러기나 버짐이 나지 않는다고 하여 예방으로 했으며, 특히 아이들에게 상추이슬 분을 발라주면 여름에 살이 부르지 않는다고 한다(국립문화재 연구소, 2006).

다. 대추나무 시집보내기

설날 혹은 정월대보름, 단오에 과일나무의 나뭇가지 사이에 나무토막이 난 돌을 끼워 넣는 풍속을 '나무시집보내기'라고 한다. 대추가 막 열리기 시작하는 단오에 대추나무에 이와 같은 하는데, 이를 '대추나무 시집보내기'라고 부른다. '대추나무 시집보내기'는 남녀가 혼인을 하여 자녀를 낳아 자손을 번식하는 것처럼 나무도 시집을 보내서 많은 대추 결실을 얻기를 기원하는 간절한 마음에서 비롯되었다고 할 수 있다. 과일은 해를 걸러서 과실이 많이 열리는 해와 그렇지 않은 해가 반복될 수 있는데, '나무시집보내기'를 하면 과실이 열리는 정도가 해거리를 하지 않고, 해마다 많이 열린다고 믿었다.

2. 단오 음식

가. 수리취떡 먹기

설날에는 떡국, 추석에는 송편, 정월대보름은 부럼, 동지에는 팥죽이라는 공통점은 세시풍속을 대표하는 먹거리라는 것이다. 단오에도 대표하는 음식이 있다. 바로 단오절식 '수리취떡'이다. 수리취떡은 맵쌀가루에 수리취나 쑥을 섞어 만든 절편이다. 수리취떡의 수리는 '수레바퀴의 모양으로 찍어 낸다' 하여 '차륜병', '애엽병'이라고도 불린다. 수리취떡은 봄에 제철인 쑥을 활용하여 만든 음식으로, 재액을 물리치기 위해 단오에 만들어 먹었다고 한다.

나. 도행병

도행병은 향토 떡으로 강원도의 복숭아와 살구의 정취를 만끽하려던 우리 선조의 멋을 느낄 수 있다. 복숭아와 살구를 으깨고 체에 걸러 즙을 만든 다음 멥쌀가루와 찹쌀가루를 넣어 버무려 볕에 말린 후 기름종이에 보관했다가 겨울철에 먹던 한겨울 강릉 지방의 별미 떡이다.(최나, 2011).

다. 앵두편

앵두편은 앵두에 꿀을 넣고 조려서 굳혀 만든 과편류의 하나이다. 앵두가 물에 잠길 정도로 물을 부어 끓인 후 체에 걸려 씨를 뺀다. 흥건한 앵두에 설탕을 넣고 조리다가 녹말을 넣은 다음 풀처럼 쑤어 그릇에 놓아 굳힌다. 녹말이 과하게 섞이면 빛이 검어 좋지 않다고 하여 요즈음은 설탕을 넣어서 만든다(최나, 2011).

라. 제호탕

오매육과 사인, 초과, 백단향을 가루에 내어 꿀에 재워 중탕으로 달여서 응고상태에 두었다가 냉수에 타서 마시는 음료이다. 더위를 이기고 갈증을 해소하는 것으로 단오 무렵에 마신다. 단옷날에 제호탕을 마시면 여름을 잘 날수 있다고 한다. 제호탕은 위를 튼튼하게 함으로써 장의 기능을 조절하며, 이에 설사를 그치게 하는 효능까지 있어 신체의 양기를 보충하기 위한 음료이다.

마. 익모초 즙 만들기

단옷날은 익모초와 쑥을 뜯어두는 풍속이 있다. 음력 5월 무렵, 약효가 있다고 여기는 익모초를 달여서 익모초 즙[71]을 마시면 약효가 가장 좋을 때이다. 즙을 마시면 매우 쓰지만 여름에 배탈이 났을 때 마시면 낫는다고 한다. 특히, 산모의 산후 조리에 좋고 식욕을 얻는다고 해서 민간의 약으로 태고 적부터 동·서양에서 써왔다.

3. 단오 선물

가. 단오선 나눠주기

에어컨이 없었던 시절 과거 무더운 여름날에 더위를 이겨낼 수 있게 해주는 부채나 선풍기는 여름날의 필수품이 아니었을까 싶다.

---

71) 대개 익모초 즙은 새벽 공복에 마시면 간 경변, 대하, 불임증, 두드러기, 산후처리, 생리불순, 천식, 황달에 두루 사용되었다. 익모초 즙의 색깔은 푸른빛이어서 보면서 마시기에는 거북하지만 일단 목을 넘기면 속은 편안하다. 즙으로 먹기 어렵기 때문에 가루나 알약으로 만들기도 하며, 말렸다가 삶은 물에 먹기도 한다. 지역적으로 6월에 익모초를 즙을 먹는 경우가 있는데, 이것은 바로 더위를 먹었을 때나 배가 아프고 설사에 걸렸을 때 응급처방으로 사용하였기 때문이다.

여름이 시작되는 즈음인 단오에는 부채를 선물로 주고받는 풍습이 있었다. 단오에 서로 주고받는 부채를 단오선 혹은 절선이라 한다.

조선 시대에 단옷날 공조(工曹)에서 만들어서 임금에게 바치던 부채이다. 당시의 풍습으로는 임금은 공조에서 보내 온 부채를 곁에 있는 신하와 관아에 나누어 주는 풍습이 있었다. 그리고 경상도와 전라도의 감사와 통제사도 명절에 올리는 부채(절선)이라 하여 임금에게 바치고, 조정의 벼슬아치와 친지들에게도 선사하는 풍습이 있었다. 부채를 받은 사람들은 그림을 그려 가지기도 했다고 전한다.

영·호남 지역에서 임금에게 여러 자루의 부채를 선물하면 임금은 이 부채를 시종 재신에게 하사하였는데, 부채[72])를 받은 시종 재신은 이를 일가친척과 친지들에게 나누어 주던 풍습에서 단오선 나누기 풍습이 유래됐다고 한다(최나,2011). 속담 중에 시골에서는 '여름에는 부채요, 겨울에는 달력'이라는 말이 있다. 무더운 폭염이 찾아오는 여름을 함께 이겨낼 수 있도록 하는 선조들의 지혜가 엿보인다.

나. 단오첩

음력 5월 5일에는 신하들이 단오절을 축하하기 위해 시를 지

---

72) 부채 중에 전주와 나주에서 만든 것을 최상품으로 쳤다. 흰 살로 이루어진 부채는 백첩이라고 하고 살에 옻칠한 것을 칠접(漆貼)이라 하는데 40-50살의 큰 부채이다. 부채 종류는 승두선(僧頭扇), 어두선(魚頭扇), 합죽선(合竹扇), 반죽선(斑竹扇), 외각선(外角扇), 내각선(內角扇), 살 넓은 것, 고리있는 것, 고리없는 것이 있고, 그 빛은 자주, 유록, 분홍, 아청, 흰것 검은 것, 누런 칠, 검은 칠, 구름 빛, 돌비늘 빛이 있다(영남산타령, 2013).

어 궁중에 올리곤 했다. 이렇게 만든 첩자를 바로 단오첩이라고 한다. 단오를 앞두고 동국세시기에서는 승정원에서 시종과 문신들을 미리 뽑아서 시를 지어 바치게 했다는 기록도 남아있다. 단오첩 가운데에는 문장이 수려한 것들을 추출하여 등수를 매겨서 뽑은 뒤에 대궐 각전의 기둥이나 상인방에 붙여서 두고 많은 이들이 읽게 하였다.

4. 단오놀이

가. 씨름

씨름은 사람의 몸짓과 몸을 통한, 민족의 혼을 담는 놀이라고 할 수 있다. 한국인과 불가분의 관계로서의 씨름은 구성원 간의 동질감과 유대감을 형성하여 민족화합을 이끌어 내는 역할을 한다. 왜구의 침략을 받거나 국가가 위기 상황일 때, 씨름은 민족을 지키고 민족혼을 일깨우는 버팀목이자 구심점으로 작용하였다. 씨름은 몸짓으로 사람간의 마음을 잇는 다리이다. 씨름이라는 명칭과 형태는 각 나라마다 다르지만 그들이 즐기는 놀이이며, 경기라고 할 수 있다. 이점은 각 나라와 민족과의 씨름 교류 가능성을 높여 준다.

씨름은 샅바나 띠를 다리에 걸친 두 사람이 서로 넓적다리의 샅바를 잡고 부둥켜 잡은 뒤집힘과 재주를 부려 상대방을 먼저 넘어뜨리는 승부로 우리나라 고유의 운동이다. 씨름은 첫째, 원시시대에 있어서는 맹수에게서 보호나 타 종족과의 싸움에서 승리해야 만이 살아남을 수 있으므로 종족을 보호하는 생활 수단 및 자기 보호수단으로서 무술로서 행해졌다.

둘째, 농경사회의 제례행사에서 음력 5월 5일 단오절, 음력 7월 보름, 음력 8월 추석 명절 때면 전국 각처의 장정들이 모여 시합을 벌였다 최종 승자에게는 부상으로 황소 한 마리가 주어졌는데, 이는 씨름을 하는 사람들이 대부분 농사를 짓는 농민이었고, 또 우리나라가 예로부터 농업을 천하지대본(天下之大本으)로 숭상하는 농업국이므로 농사일을 부지런히 하라는 뜻에서 황소를 부상으로 주었을 것으로 생각된다(이어령1994).

셋째, 씨름은 범인류적 미를 갖는 무예이자 놀이이다. 전 세계와 지역적으로 약 160여종의 씨름이 분포해 있다. 종족의 생존을 보호함과 동시에 본능적 생존을 위한 신체보호의 일환으로 시작된 씨름은 인류 역사상 가장 오래된 기예 가운데 하나이다. 각 나라의 민족들은 주어진 다양한 조건의 자연 환경과 역사적 상황 속에서 저마다의 환경에 맞는 씨름을 발달시켜 왔다. 이런 점에서 볼 때, 각 나라에서 행해지는 씨름은 인류 역사적 사실에 있어서의 다양한 삶과 경험을 구상해 볼 수 있으며, 삶을 구성짓게 한 소중한 우리의 문화유산이라고 할 수 있다. 특히나 단오에 하는 씨름을 소개하고 씨름 제전을 사람들이 모인 자리에서 마련된다는 것은 전통문화를 경험하는 흥미로운 자리가 된다.

나. 그네뛰기

그네뛰기는 씨름과 함께 우리나라 단오절 행사의 대표적인 놀이라고 할 수 있다. 해마다 단오가 다가오면 도시와 농촌을 가리지 않고, 그네를 뛸 수 있는 버드나무나 큰 소나무 또는 특별히 마련된 나무에 여러 채의 그네 줄을 매고, 그네뛰기 놀이를 성대히 진행하였다. 우리나라의 그네뛰기가 스스로 발생하였는지, 중국에서 전래되었는지에 대해서는 밝혀진 바 있다.

우리나라 그네뛰기 풍속이 문헌에 최초로 보이기는 《고려사》이며, 그네뛰기가 〈신우전〉에서는 크게 성행되었음을 알 수 있고, 조선시대에 들어와서는 민간에게 까지 퍼져 더욱더 성행되었다. 시대의 변환을 맞아 점차 쇠퇴하더니 광복을 맞이해서는 전국 곳곳에서 다시 성행하였으나, 오늘날의 바쁜 일상 속에서는 세시풍속으로서의 민속놀이가 아니라, 널뛰기와 같이 향토문화제의 한 종목으로 시행되고 있는 실정이다.

5. 단오행사

가. 강릉단오제

단오에는 각 마을마다 수호신에게 공동체로 제의를 지내는 경우가 많다. 특히 조선시대에는 군현 단위의 큰 단오제가 지역마다 행해졌다. 그 중 가장 대표적인 것인 강릉단오제이다(최나, 2011). 강릉단오제는 강릉지역 전통문화예술의 상징이며, 이 지역 주민의 역사와 삶의 향기이다. 대관령의 산신께 제사하고, 국사성황신과 국사여성황신을 모시고, 신과 인간이 하나 되는 전통적인 축제가 바로 강릉단오제이다. 이러한 강릉단오제는 전통축제의 중요성이 인정되어 마침내 2005년 11월 25일 유네스코 세계무형유산 걸작으로 선정되었고, 이를 계기로 세계인의 축제이자 인류가 공동으로 지켜야 할 축제가 되었다(염미란, 2007).

강릉단오제는 우리나라에서 가장 역사가 깊은 축제로 중요무형문화재 13호로 지정된 신주 빚기, 산신제, 단오굿으로 구성된 제의이다. 음력 5월 5일, 마을을 지켜주는 산신에 대한 제사와 마을의 평안함과 농사에 대한 풍요, 집안의 태평을 기원하는 고유의 향토축제이다.

강릉단오제는 5월 파종과 10월의 수확의 농경 시 필기에 행해졌다. 현존하는 향토신제 중 가장 큰 규모의 제의이자 축제이며, 음력 3월 20일 신주를 빚는 것부터 5월 6일 팔단오후 신을 봉송하는데 까지 50일간의 대대적인 행사로 이어진다.

강릉은 제천의식이 전승되는 지역이다. 935년에 왕순식이 견훤의 아들 신검을 토벌하러 대관령을 넘어가면서 제사를 지낸 것에 근원을 두고 있다. 선사시대부터 악천우와 나쁜 자연환경의 지형적인 특성이 종교적인 믿음으로 지금까지 발전하여 내려오고 있다. 강릉단오제는 우리 민족 전통 민속 단오 축제로서 2005년에 유네스코에서 지정한 '인류구전 및 무형유산 걸작'으로 등록된 우리나라에서 가장 역사가 깊은 단오제이다.

단오제는 신에게 드릴 술[73]을 담그면서 시작된다. 대관령산신

73) **강릉단오제의 절차**
1)신주 빚기: 칠사당에서 쌀,누룩, 솔잎으로 신주는 담는 의식.
2)대관령산신제: 대관령 정상에서 산신인 김유신 장군께 올리는 제사.
3)대관령 국사성황제: 대관령 정상에서 주신인 국사성황신 범일국사에게 올리는 제사.
4)국사성황행차: 제사 후 성황신이 강림한 나무를 베고 오색 예단을 신목에 걸고 대관령 아흔아홉 골짜기를 내려오는 의식.

당에서 제사를 올리고 신성시하는 나무를 모시고 내려와 국사성황당을 거쳐 홍제동에 있는 국사여성황당에 모셨다가 행사 전날 저녁 영신제를 지내고, 남대천 백사장에 마련된 제단에 옮겨 모심으로 강릉단오제의 서막을 올린다.

단오장에서는 5일간 아침, 저녁으로 제를 올리고 굿을 하며, 농사의 번영과 마을의 평안을 기원하며 모두 한마음이 되어 제를 올린다. 이 밖에 양반과 소매각시, 장자머리, 시시딱딱이가 가면을 쓰고 말없이 관노가면 극놀이를 하거나, 그네타기, 씨름, 농악경연대회 등 다양한 행사가 개최된다. 단오 다음날에 신성시하는 나무를 태우고, 서낭신을 대관령으로 모시면서 단오제는 막을 내린다.

Ⅲ. 전통문화 융합 교육 활동의 적용

전통문화 융합 교육은 인간 삶의 방식에서 인간관계의 미덕의 실천을 통하여 사회적·정서적·문화적 가치를 전수하고, 놀이의 즐거움을 느낄 수 있고, 몸과 마음의 단련이 가능하다.

이러한 정황으로 볼 때, 단오를 통해서 우리 선조들의 민속놀이

---

5)구산서낭제: 신목행렬 후 구산 서낭당에서 지내는 제와 굿 한마당.
6)학산 서낭제: 구산서낭제 후 학산 서낭당에서 지내는 제아 굿 한마당. 국사여성황사 7)봉안제: 대관령국사성황이 국사여성황 곁에 모셔지는 행사.
8)영신제: 대관령 국사 여성황사에서 신을 맞이하는 의식.
9)영신행차: 영신제 후 신위와 신목을 앞세운 거리 행차.
10)조전제: 단오제 기간 중 단오제단에서 성황신께 아침에 올리는 제사.
11)단오굿: 민중들의 실질적인 종교 의례의 기능을 담당. 여러 신들을 모시는 의례.
12)관노가면극: 서낭제가면극. 다섯 마당으로 이루어진 무언극
13)송신제: 단오제의 끝으로 국사성황은 대관

의 특징을 살펴보고, 민속놀이 문화를 적용해 보고자 한다. 전통 생활 문화 교육은 단순한 기능 전수에서 탈피하여 한국의 다양한 전통 생활문화 교육에 대한 관심으로 학생들이 '내가 직접 경험해 보기'를 통해 전통문화 교육에 대한 인식을 꾀할 수 있을 것이다.

<표 1-2 전통생활 문화 놀이>

	활동영역의 소주제	활동내용	집단활동	활동매체
1	전통생활 문화와 놀이 문화	- 전통생활문화 필요성 및 가치, 중요성 강조 - 학생들이 오늘날에 하는 놀이와 비교해 이야기 해보기	이야기 나누기 - 씨름, 그네의 역사와 특징에 대해 말할 수 있다. - 전통 문화 계승의 가치, 발전시켜야 하는 이유에 관해 설명할 수 있다.	책, 신문자료, 인터넷자료, 가정에서 여가활동 자료준비
2	남성생활 놀이문화	팔씨름, 뒷씨름 발씨름 샅바씨름, 엉덩이 씨름	대집단 활동	다양한 그림자료, 신문자료
3	여성 생활 문화놀이 알아보기	그네뛰기, 음식 만들기 한복 만들기 그네 관련 집에서 알아온 것 발표하	이야기 나누기	책, 그림 자료, 인터넷 자료, 가정

		기, 단오 날에 즐겼던 놀이 중 그네에 대한 이야기 나누기		에서 자료 준비
4	해보기	씨름, 그네뛰기	대집단 활동	씨름, 그네뛰기

전통생활 문화 놀이 알아보기 단계를 살펴보면, 다음과 같다. 첫째, 1단계는 전통생활 문화와 놀이 문화이다. 전통생활 문화에 대한 필요성과 가치, 중요성 및 현재 생활에서 학생들이 하는 놀이를 함께 이야기 나누기 나눌 수 있다. 또한 씨름과 그네의 역사와 특징에 대해 말할 수 있으며, 전통 문화계승의 가치와 발전시켜야 하는 이유에 관해 설명할 수 있다.

둘째, 2단계는 남성 생활 놀이문화 알아보기를 알아볼 수 있다. 남자들은 팔씨름, 뒷씨름 발씨름 샅바씨름, 엉덩이 씨름을 했다. 대집단 활동으로 다양한 그림 자료, 신문자료를 참고한다.

셋째, 3단계는 여성 생활문화 놀이 알아보기이다. 여자들은 대체적으로 그네뛰기, 음식 만들기 한복 만들기를 했음을 알 수 있다. 그네 관련 집에서 알아 온 것 발표하기 및 단옷날에 즐겼던 놀이 중 그네에 대한 이야기 나눌 수 있다. 활동 매체로는 책, 그림 자료, 인터넷자료, 가정에서 자료 준비이다.

넷째, 4단계는 해보기 단계이다. 씨름, 그네뛰기를 대집단 활동으로 해볼 수 있다. 이러한 해보기를 통해 우리나라 전통문화 놀이를 보존 및 계승해야 하는 이유를 생각해 보기 위해 모둠별로 정리의 시간을 갖는다. 모둠별 발표를 통해 전통문화 놀이의 가치와 중요성을 인식하게 될 것이다. 이에 점점 희미해져 가는 단오 풍속을 주제로 한 활동에서 학생들이 신명나게 놀고, 자발적으로 놀이를 할 수 있다는 것에 의의를 둔다.

이러한 전통 문화 융합 놀이 교육프로그램을 통해서 얻을 수 있는 기대 효과는 첫째, 기존 이론 및 암기 위주의 수업 혹은 기능 답습적인 전통 문화 교육의 한계를 극복하고, 학생들이 습득한 지식과 기술을 나누고 공유하는 함으로써 전통 생활문화에 대한 깊이 있는 체험을 할 수 있을 것으로 기대한다.

둘째, 한국의 전통생활 문화의 창조적 계승과 실천을 위해 조상들이 전통 생활놀이를 해보기 경험을 통해 조상들의 놀이와 흥(興,) 한(恨,) 문화 놀이와 생활, 감성, 역사적 사실들을 재구성해볼 수 있을 것이다. 단오가 초여름을 앞둔 시기에 행해진 계절적 특성이 강한 풍속이라는 점에서 학생들이 자연 속에서 단오 풍속을 직접 체험을 한다면 보다 정확한 개념 형성이 가능할 것이다(최기영, 이인원, 2008).

셋째, 조상들의 민속 양속인 단오를 통해 창의적인 전통 문화 콘텐츠를 확산하고, 학생들의 전통 생활문화에 대한 긍정적 인식을 고취해 나간다. 나아가 전통문화의 창조적 계승과 조상들의 지혜를 엿볼 수 있을 것으로 기대한다. 한편으로는 전통생활 문화 지식에 대한 경험을 통해 학습 흥미를 일깨우고, 전통생활 문화와 학습자의 삶을 연결하여 21세기는 국가의 경제 발전뿐만 아니라, 전통적 문화가 개개인의 삶의 질에도 깊은 영향을 미친다는 다각적 논의가 이루어질 것으로 보인다.

1. 씨름의 어원 및 역사

전통 놀이는 고대부터 원시 신앙을 유지하면서 나온 것으로 한 시대에 살던 한 집단 구성원들의 전통적인 생활 모습들이 민간의 놀이를 통해 전승되어 오면서 전통성·역사성·교육성·지속성을 지닌다(김경희, 1986: 이은화, 1989). 따라서 전통 놀이는 향토색을 지니며, 생활을 바탕을 생성되고 전승된 집단적인 놀이로써 민족 생활과 결부되어 있는 민중의 놀이라고 할 수 있다. 그러나 놀이의 목적은 놀이 그 자체이다. 결코 어떤 능력을 발달시키는 것이 아니다. 그래도 놀이가 어른들의 진지한 활동에도 도움이 된다. 단 놀이에서는 정해진 규칙을 자발적으로 존중하는 마음이 매우 중요하는 것은 의심할 여지가 없다(로제 카이와, 1966).

우리가 여기에서 보고자 하는 씨름에 대한 어원은 확실한 정설은 없으나, 민속학자 최상수(1960)의 견해는 다음과 같다. 우리말 가운데 영남지방에서 서로 버티고 힘을 겨룬다는 말을 "씨룬다"고 하며, 또 버티며 서로 힘을 겨루어 보라는 말을 "서로 씨루어 보아라."고 한다. 그후 오랫동안 버틴다는 말은 "되게 씨룬다." 또는 "되게 씨루네."라고 한다. 이것으로 보아서 씨름이라는 말은 '씨룬다'라는 말을 명사화하면 '씨룸'이 되고, 이에 '씨름'이 된다는 것으로 보인다. 두 사람이 서로 손을 맞잡고 힘을 겨루며 상대의 팔을 넘어뜨리는 것을 '팔씨름'이라고 하며, 또 상대방과 말로 지지 않으려고 서로 버티는 것을 '입씨름'이라고 하는 것을 보아 이를 예증할 수 있다.

옛 중국 문헌에서는 우리 선조들이 한 씨름을 '고려기(高麗技)' 또는 '요교(撩跤)'로 불렀으며, 이는 우리나라 씨름이 중국의 경기와는 다른 특징이 있음을 말해 준다. 요교라는 말은 '상대방의 종아리를 부여잡고 상대를 넘어뜨리는 놀이'이다. 그 뜻은 한결같은 우리 민족의 전통적 고유의 신체운동으로서, 두 사람이 마주잡고 달려들어 기술을 부려 서로의 힘을 겨루면서 상대방을 넘어뜨려 승패를 가리는 놀이라는 뜻이다.

우리나라에서 자연적이고 순수한 경기인 씨름은 자신의 온몸을 움직여서 상대와 힘과 기술을 겨루는 운동이므로 체력뿐만 아니라, 상대를 넘어뜨릴 수 있는 기술, 힘센 투지가 요구되는 운동이다. 이에 씨름은 인간의 신체를 조화롭게 발달시키고 힘을 기르며, 상대방에 대한 정확한 판단력과 균형감각, 체력을 함양한 체육인을 양성할 수 있는 사회성을 길러주는 것으로써 건전한 체육적인 효과가 큰 운동이다.

또한, 누구나 할 수 있으며, 순박하면서도 흥겹고, 장소나 시설을 넘어서 경비의 큰 제한을 받지 않는 장점이 있다. 뿐만 아니라, 경기하는 사람이나 관람자들 모두가 흥미를 가질 수 있는 놀이로써 적합한 사회 체육의 운동 중의 하나이다. 특히, 씨름은 다른 경기와는 달리 서로의 맨살과 맨살이 닿아 상대의 체온이 오가는 운동으로 서로 정감이 통하는 우리 민족성과 일맥상통한다고 볼 수 있다.

씨름[74)]은 한 집단 속에 여러 사람이 사회를 이루고 살기 시

---

74) 우리 민족은 각 절기마다 독특한 풍습과 민속놀이가 행해졌는데, 그 중에서도 특히 단오절에 씨름이 성행하였다. 단오 이외에 상원(上元 : 음력 정월 보름날)·삼짇날(음력 삼월 초사흗날)·초파일(음력 사월 초여드렛날)·백중(百中·百衆 : 음력 칠월 보름날)·한가위(음력 팔월 보름날)·중양절(重陽節 : 음력 구월 초아흐렛날) 등과 같은 명절에도 즐거움을 나누기 위하여 즐겨 씨름을 하였다.
또한, 봄부터 쉴 사이 없이 농사일에 바쁘다가 농한기를 맞으면 고된 몸과

작하면서부터 생겼다고 짐작된다. 첫째로, 원시사회시대 사람들이 먹이를 구하러 다니거나 자신을 지키기 위하여 맹수들과 싸우지 않으면 안 되었다. 다른 핏줄의 집단과 생활권 영역 확보를 위해 집단적으로 싸우기도 하였다. 이때 싸움의 방법으로 격투가 벌어졌을 것이니 이것이 곧 씨름의 시초라고 할 수 있을 것이다. 따라서 원시인들은 생존을 위해 격투기술을 점차적으로 발달시켜 나갔으며, 여기에서 씨름이 1대 1의 격투기술로 개발되어 널리 응용되었을 것으로 추측된다. 인간이 집단적으로 정치적·경제적 발달에 따라 씨름은 무예로 발달해 왔다. 개인적 방어술이었던 씨름이 무술의 하나로서 발전하게 되는 것은 사회의 발전에 따른 필연적인 결과였다.

오늘날까지도 민속놀이로써 씨름은 널리 행하여 오고 있다. 특히 5월 단오절에는 어김없이 씨름대회가 열린다. 4월 초파일, 7월 백중절, 8월의 추석 등에서 명절행사로 진행되어지는 씨름은 경기 우승자에게 주어지는 상품으로 당시로서는 귀중한 재산이 될 수 있는 황소 한 마리가 주어짐에 따라 남성들에게는 중요한 스포츠로 주목을 받았다.

단오 때는 바쁜 농사철이지만, 일손을 놓고, 들녘에서 씨름판을 벌이며 하루를 즐겁게 보내기도 했다. 남자들은 씨름을 통해 자신의 힘과 기량을 뽐냈다. 경기 날에 1등을 차지한 사람은 황소를 한 마리를 상으로 타게 됨으로써 관중들의 환호를 받았다. 씨름은

정신적인 긴장을 풀기 위해서도 씨름을 즐겼다. 오늘날에는 명절 때의 전통적인 행사에서 한 걸음 더 나아가 운동경기로서 각광을 받고 있다(한국민족문화대백과사전).

두 사람이 마주보며 꿇어 앉아 손으로는 상대편의 오른쪽 다리를 잡고 서로 준비 상태가 되면 심판의 구령에 맞춰 상대와 동시에 일어나서 겨루게 된다. 서로 몸을 들거나 다리를 걸고 안과 혹은 밖으로 감고 두르고, 잡고 일어나는 등의 기술로 싸우는데 상대를 들어 던져서 상대를 꺼꾸러 넘어뜨리는 이가 이기게 된다.

씨름에는 '왼씨름', '오른씨름', '띠씨름' 등의 기술이 있다. '왼씨름'이라 함은 오른쪽 다리에 샅바를 걸고, 고개와 어깨를 왼쪽으로 돌리고 시작하는 씨름이다. '오른씨름'은 샅바를 왼쪽 다리에 걸고, 오른쪽 어깨에 대고 하는 씨름이다. 또한 '띠씨름'이라 함은 허리에 띠를 매어서 그것을 부어 잡고 하는 씨름이다. 왼씨름은 우리가 일상적으로 하는 씨름이다. 이처럼 '씨름'이라는 말은 고려가 원나라와 통한 이후부터라고 책에는 나와 있으며, 단오절 외에도 매우 재미있는 놀이로서 성대하게 벌어졌음을 알 수 있다.

가. 씨름판과 그 주변

씨름판이라고 하면 흔히 씨름이 벌어지는 자리인 경기장을 말한다. 민속놀이의 하나로 행하여 온 씨름판은 오늘날과 같이 규칙이라는 것이 규정된 바가 없었다. 관중이 많이 모일 수 있는 큰 마당이면 씨름판의 구실을 잘 할 수 있다. 마을 안이나 느티나무가 서 있는 정자 쪽 등 넓은 마당이면 맞춤형 씨름판이 될 수 있다. 무엇보다 씨름꾼이 다치지 않고, 씨름을 할 수 있도록 모래를 깔고, 돌려가며 주위에 말뚝을 박아 두고 금줄을 매어 그 쪽 안으로 들어오지 못하게 줄을 쳐 놓으면 씨름판이 된다.

과거에는 대회를 치르기 전에 씨름판을 만들어놓고 고사도 드렸다, 시합 전에는 씨름판의 정화(淨化)를 위해 소금을 뿌렸다고 한다. 한편, 씨름이 벌어지는 씨름판 주변이 볼만하였는데 씨름이 계속되는 동안은 전국곳곳의 장사꾼이 모여들고 갖가지 난전이 펼쳐졌다.

이 날에는 씨름과 다른 놀이도 벌어지는 것이 일반적이므로 남녀노소가 경기에 참여하거나 응원을 하기 위해 모여들었다. 이런 날은 특별히 나라에서 금했던 노름이 허락되므로 놀이에 온갖 돈 따먹기가 다 등장한다. 윷놀이와 화투, 투전, 심지 뽑기 등 여러 가지 노름판이 벌어져서 많은 사람들이 구경을 하기 위해 모여 들었으며, 다른 한편으로는 장돌림들이 갖가지 생필품을 가지고 와서 노점상을 벌림에 따라 상시적 시장을 이루게 된다.

참빗장수는 광목 보를 펴놓고, 얼레빗·참빗·가르마 타개 등을 널려놓고 팔기도 한다. 긴 횃대에는 댕기·허리띠·대님을 걸고, 돌아다니면서 구경꾼들에게 팔기도 한다. 조끼장수가 휘장을 치고 조끼를 팔기도 하고, 신발 장수는 고무신·꽃신·짚신 등 팔기 위해 소리치며, 국밥 장수들은 밥과 술을 팔기에 정신없다. 옆에서는 투기 목적으로 씨름판에서 쓸 돈을 마련하기 위해 나무꾼들은 나무 짐을 세워놓고 나무를 팔면서 씨름판에 둘러앉아 구경하기도 하고, 씨름판 둘레에서는 이기고, 지며, 무승부에 맞춰 환성이 터져 나오거나 풍물이 울려 퍼지도 했다.

다른 쪽에서는 사람들이 많이 모이니 물건도 잘 팔리리라는 생각에 시골에서 올라온 사람들이 집에서 만든 삼태기, 빗자루, 소쿠리를 이고 와서는 빈터에 부려 놓고는 구경하며 사람을 기다리고 한다. 씨름하는 것도 큰 구경거리였지만, 장터에서 이웃을 만나고 물건을 구경하고 사는 데에 흥미를 가지고 모여드는 사람도 많았다.

이와 같은 광경이 바로 씨름판이 벌어진 주변 장마당의 모습에는 첫 번째는 씨름꾼이다. 우리나라 말 중에 '-꾼'이 붙은 것이 많은데, 이 '꾼'자가 붙은 말로 불리는 사람은 그 일을 직업적 또는 습관적으로 하는 사람을 가리킨다. 예를 들면 농사꾼·나무꾼·구경꾼·장사꾼·사냥꾼 등을 들 수 있는데, 이 중에 '씨름꾼'[75] 도 있다. 이와 같이 높임말이 될 수 없는 씨름꾼이라는 말은 예전부터 써온 것은 아닐 것이다. 고구려 태조 주몽이 건국하기 전 5부족장들의 시합에 씨름이 등장하였다는 기록으로 보아 오래전부터 씨름이 무술로서 숭상되어 왔음을 짐작할 수 있다.

따라서 '씨름꾼' 이라는 말은 고려시대의 '용사(勇士)', 조선시대의 '역사(力士)'라는 말은 존칭어이며, 이 말에는 국방과 무예의 의미가 포함되어 있다. 이들 용사나 역사가 전쟁터에 나가면 용맹한 장수나 용장이 될 수 있다는 뜻이다. 씨름을 임금이 용사를 거느리

75) 고려나 조선시대에는 임금이 명절 때면 용사니 역사니 하는 씨름꾼을 모아놓고, 씨름판을 벌이게 하고는 구경을 한 뒤에 상을 주었다. 기록에 따르면, 고려의 충혜왕은 용사에게 베를 주었다고 하며, 조선 세종 때에는 차등을 두어 상을 주었다는 기록만 있고, 상이 무엇이었는지는 밝혀놓지 않았다. 그런데 전통적으로 씨름에서 이긴 장사에게는 황소 한 마리를 주는 것이 상례로 되어 있었다. 문헌의 기록은 없지만, 임금이 뛰어난 용사나 역사에게 하사한 상품의 으뜸도 황소가 아니었나 생각된다. 그 무렵의 민가에서 가장 귀한 재산 중의 하나가 소였을 것이며, 농사의 대부분이 소의 힘을 빌려야 하였던 그 시대의 농경사회에서 황소만큼 푸짐한 상품은 없었을 것이다. (한국민족문화대백과사전)

고 구경하였다는 기록과 역사들에게 씨름을 시켰다는 것은 씨름이 곧 무예의 권장과 연결되어 있음을 볼 수 있다.

둘째로는 구경꾼이다. 씨름하는 것뿐만 아니라, 승부를 겨루는 어떠한 경기에서라도 구경하기 위한 구경꾼들이 모여야 그 경기는 흥미롭고 볼만해진다. 구경꾼이 있어야 경기하는 선수들도 신명이 나서 힘과 기술을 실력을 맘껏 발휘할 수 있다. 이러한 씨름 경기로 보아서 흥겨운 씨름판이 벌어졌을 때 구경꾼들이 하나 둘씩 모여드는 것은 당연하다. 더군다나 씨름은 그네와 함께 오랜 전통문화 가지고 전승되어온 대표적인 민속놀이이며, 남녀노소를 막론하고, 그에 대한 관심과 열광은 대단하였다고 보여진다. 임금을 비롯한 서민들에 이르기 까지 씨름을 구경하기 위해 몰려든 사람들은 모두 동시대를 살아가는 사람들이다. 구경꾼 중에는 경기에서 우승한 장사가 맨 샅바를 지니면 아들을 낳는다는 속설을 믿고 구하려고 온 사람과 늠름하고 우람한 체력의 장사를 보기 위해 오는 기생들도 있었다.

이러한 몸을 부딪치는 씨름의 형태는 학생들에게 전통 문화놀이로써의 공격성을 승화시키고, 자기조절력과 자기 통제력을 키울 수 있을 것이다. 무엇보다 전통문화 놀이라는 것은 설날이나 추석, 단오와 같은 민속 명절이나 '우리나라' 생활문화놀이 주제와 같은 특별한 주제에 국한하여 전통놀이를 계획하는 것이 아니라, 전통놀이의 내용을 중심으로 다양한 신체활동이 통합적으로 구성될 필요성도 있음을 알 수 있다.

나. 씨름 해보기

씨름은 누구나 쉽게 배울 수 있다는 점에서 대중적 놀이 및 운동이다. 외국인들에게도 씨름은 흥미로우며 인기가 있는데 일대일, 상대와 몸끼리 겨루는 경기이지만, 힘으로 만이 아닌 다양한 씨름 기술[76]을 이용해 승부를 낸다는 점에서 상당히 매력적이다. 두 사람이 서로 샅바를 잡고 일어서면 상대와 하나가 되는 경험을 한다. 서로의 몸이 부딪치며 가까워지는 것에서 비롯하여, 몸을 맞대면서 친해지는 한국인의 정서를 고스란히 배우고 느낄 수 있다. 이에 한국 문화의 역동성 및 창의성을 이해할 수 있으며, 남녀노소를 비롯하여 연령을 뛰어넘어 함께 참여하고 즐길 수 있으며, 한국인의 강한 의지와 기상을 볼 수 있기도 하다.

한국 씨름은 뜸을 한참 들여야 비로소 경기가 된다. 반면, 일본씨름은 닭싸움처럼 일순에 붙는다. 길어야 초 단위에서 끝이 난다. 샅바를 매는 것으로부터 시작하여 그것을 잡는 과정에 이

---

76) 씨름의 종류에는

① 왼씨름 : 샅바를 오른쪽 허벅다리에 낀 다음 허리에 돌려 매고 오른쪽 어깨를 맞댄 뒤 오른손으로는 상대방의 허리샅바를, 왼손으로는 상대방의 다리에 낀 샅바를 잡고 동시에 허리를 펴고 일어남으로써 경기가 시작되는 씨름이다.

② 오른씨름 : 왼씨름과 반대로 샅바를 왼쪽 허벅다리에 낀 다음 허리에 돌려 매고 왼쪽 어깨를 맞댄 뒤 왼손으로는 상대방의 허리샅바를, 오른손으로는 다리에 낀 샅바를 잡고 동시에 허리를 펴고 일어남으로써 경기가 시작되는 씨름이다.

③ 띠씨름 : 띠를 허리에 두어 번 둘러 감은 뒤 그것을 잡고 하는 씨름인데, 곳에 따라 '허리씨름' 또는 '통씨름'이라고도 부른다. 이 밖에 바씨름이 있었는데, 김홍도가 그린 <씨름도>의 씨름이 바로 이것이다.

서로 오른팔 아래 팔뚝에다가 삼베로 만든 바를 몇 번 감고 상대의 왼쪽 허벅다리를 휘감아 오른손으로 잡고 허리에는 띠를 매지 않으며, 서로 왼쪽 어깨를 맞대고 왼손을 상대방의 허리 근처에 얹어놓은 다음 경기를 시작한다.

르기까지 미묘한 승강이를 벌인다. 또, 일본 씨름처럼 단판 시합이 아니라, 삼세번이기 때문에 느긋한데 가 있다. 한국 땅에 먼저 몸이 닿는 사람이 지는 것이기 때문에 때로는 판정도 애매할 경우가 많다. 그래서 진 사람도 사실 할 말이 많은 것이 한국 씨름의 특성이다. 샅바가 어떻다느니, 일어날 때 먼저 몸을 굽혔다느니, 말이 많다.

언뜻 보면 불공정한 게임처럼 느껴지기도 하나 사실은 한 가닥 도망갈 구멍이 있기 때문에 패자에게도 설 땅을 준다. 한국의 씨름은 하는 사람이나 보는 사람이나 다 같이 긴장을 하면서도 마음을 풀고 느슨하게 바라볼 수 있는 경기이다. 골키퍼의 고독이나 그 책임과 같은 것이 씨름 선수들에게는 없다(이어령, 1994).

1) 씨름하는 방법

단옷날 실시하는 씨름 교육내용 및 방법은 다음과 같다. 단오 주제에 따른 주요활동은 단오풍속 알아보기로 단옷날 행사 및 풍속 전반에 대한 이해를 할 수 있다. 전통문화 경험을 해보기에 앞서, 전통 문화 놀이와 관련된 지식을 가지고 놀이의 유래, 명절놀이와 관련 노래와 놀이 자료를 등 다양한 전통 놀이 내용에 대한 흥미로운 자료를 충분히 수집하는 일이 우선일 것이다.

그런 다음 이에 관련된 지식을 가지고 하는 것이 중요하다. 교사는 놀이와 방법, 규칙 등에 대해 학생들에게 인지시키고, 학생들이 흥미롭게 놀이에 참여하도록 환경을 적극적으로 지원해 주어야 한다.

<표 1-3 씨름 해보기>

	활동소 주제명	활동내용	일과활동	활동매체
1	씨름 분석하기-알아보기	씨름관련 내용 집에서 알아온 것 발표하기, 단오 날에 즐겼던 놀이 중 씨름에 대한 이야기 나누기	이야기 나누기 -씨름의 역사와 특징에 대해 말 할 수 있다. -전통문화계승의 가치, 발전시켜야하는 이유에 관해 설명할 수 있다.	책, 신문, 그림 자료, 인터넷자료, 가정에서 씨름 자료 준비
2	다양한 씨름 말해보기	팔씨름, 뒷씨름, 발씨름, 샅바씨름, 엉덩이 씨름등 해보기	대집단 활동	다양한 씨름 그림 자료
3	씨름한번 해볼까	씨름 경기 보기	이야기나누기	씨름 이야기, 자료 분석
4	샅바 매고 씨름 해보기	샅바 매는 방법 및 설명 듣고 매보기, 샅바 매고 씨름 해보기	대집단 활동	씨름장 준비, 샅바, 지역학교 교사지원 초청
5	씨름기술 익히기	앞다리 걸기, 뒷다리 걸기, 안다리 걸기, 허리치기, 다리 걸기, 발 걸기	대집단 활동 실외놀이	지역 학교 교사 자원 초청
6	씨름대결	씨름 규칙을 정하고 2명씩 대결하여 천하장사 선발하기	대집단 활동 실외놀이	씨름장 준비, 샅바, 지역학교 교사 자원 초청. 지역공동체 참여

본 연구에서 설정한 씨름하기 단계를 살펴보면, 첫째, 씨름 분석하기 단계이다. 이 단계에서는 씨름관련 내용을 집에서 알아

온 것 발표하기, 단오 날에 즐겼던 놀이 중 씨름에 대해 분석하고, 이야기 나누기 등이 있다. 이를 통해 전통생활 문화놀이를 더욱 쉽고, 재미있게 접하고 이해하도록 한다. 그리고 책, 신문, 그림 자료, 인터넷자료, 가정에서 조사해온 씨름 자료를 통해 내용을 생동감 있게 전달함으로써 씨름에 흥미를 갖게 한다.

둘째, 다양한 씨름 말해보기 단계이다. 다양한 씨름 그림 자료 등을 통해 팔씨름, 뒷씨름, 발씨름, 샅바씨름, 엉덩이 씨름등 해보기 활동이다. 씨름 그림 자료를 보고, 대집단 활동을 한다.

셋째, 씨름 한판 할까 단계이다. 서로 다양한 이야기와 자료를 통해 상상력과 감성을 자극해 학습에 대한 흥미를 가질 수 있다. 매체를 통한 씨름경기를 보는 과정이다. 활동매체로는 대집단활동, 씨름장 준비, 샅바, 지역학교 교사지원 초청이 있다.

넷째. 샅바매고 씨름해보기 단계이다. 샅바 매는 방법 설명 듣고 매보기, 샅바매고 씨름 해보기, 대집단 활동이다. 활동매체로는 씨름장 준비, 샅바, 지역학교 교사지원 초청이 있다.

다섯째, 씨름 기술 익히기 단계[77]이다. 앞다리 걸기, 뒷다리

---

77) 씨름의 기술

1. 앞무릎치기-상대가 밀거나 상대의 중심이 앞으로 쏠릴 때 재빨리 상대의 다리샅바를 당기면서 오른손으로 상대의 무릎을 쳐서 넘어뜨린다.

2. 뒷무릎치기

-상대의 허리와 다리샅바를 당기어 상대의 왼쪽 다리가 앞으로 나왔을 때 오른손으로 상대의 왼쪽다리 바깥을 치면서 상체를 뒤로 밀어 넘어뜨린다.

3. 오금 당기기

오금을 감싸 잡고 공격자의 다리 사이로 깊숙이 끌어당기며 1보 전진한다. 이때 오른쪽으로 밀어붙여 넘어뜨린다.

걸기, 안다리 걸기, 허리치기, 다리 걸기, 발 걸기이다. 활동매체로는 지역학교 교사 자원 초청이 있다.

여섯째, 씨름 대결 단계이다. 씨름 규칙을 정하고 2명씩 대결하여 천하장사 선발하기, 대집단 활동 실외놀이이다. 활동매체로는 씨름장 준비, 샅바, 지역학교 교사 자원 초청 및 지역공동체 참여가 있다. 이러한 해보기를 통해 새롭게 알게 된 기술과 경험들을 학습자들은 학습지에 적어 모둠별로 공유하고, 이를 기반 하여 함께 발표하고, 요약하는 시간을 가질 수 있다.

또한 학교에 부과되는 다양한 인지적 요구에 공헌할 수 있는 지역인사(개인, 학교, 기관)을 적극적 활동을 들 수 있다. 가족 구성원, 지역교사, 기업관련 기관, 전문가, 박물관등 해보기에 적극적으로 투입시킬 수 있다.

---

4. 엉덩배지기

왼쪽 엉덩이를 상대의 다리 사이에 대고 왼손으로는 상대의 다리샅바 고리를 당겨 위로 채고, 허리샅바를 앞으로 당겨 오른쪽으로 돌며 넘어뜨린다.

5. 잡채기

상체를 상대방과 밀착시킨 후, 다리샅바를 왼쪽 허리 방향으로 당기며 상체로 상대방의 상체를 누르며 넘어뜨린다.

6. 들배지기

무릎을 낮추어 상대를 공중으로 들어 올린 후, 몸을 오른쪽으로 돌리며 오른쪽 무릎으로 상대의 오른다리를 차내고, 그 다리를 뒤로 빼며 허리샅바를 오른쪽으로 당겨 넘어뜨린다(한민족의 대표적인 전통스포츠).

나. 씨름의 효과

씨름은 특별한 장소나 시설이 없어도 어디에서든 누구나 쉽게 할 수 있으며, 순식간에 승부가 가려지는 그래서 흥미롭고 재미있는 경기이다. 샅바를 맞잡고 손, 다리, 허리의 힘과 기술을 이용하여 상대를 넘어뜨림으로서 여기에서는 무엇보다 상대의 움직임과 기술을 재빠르게 파악하는 재치와 판단력, 기술이 요구된다. 씨름은 우리나라의 고유의 민속 운동으로 삼국 시대부터 각희, 각저라는 이름으로 행해져 내려왔다. 그 후 국가적인 명절에 하는 민속놀이의 성격을 띠며, 특히 단오, 설날, 추석 등의 명절에 하는 민속놀이로 이어져 오고 있다.

씨름은 균형 있게 신체를 발달시키기 위한 근력운동과 상대를 넘어뜨리는 순발력, 상대와 겨루는데 있어 순발력과 체력을 기르는 데 효과적이다. 또한, 씨름은 경기에 있어서 상대에 대한 예의와 경기에 따른 규칙을 잘 지키는 것이 요구됨에 따라, 상대를 존중하는 태도와 힘에 넘어지지 않는 인내심, 빠른 결단력을 기르는 데 도움이 된다.

씨름은 상대의 몸과 몸이 맞붙어서 힘을 풀어내는 몸의 제전이다. 씨름은 몸에 둘러진 샅바로 창의성이 발휘됨에 따라 쉽게 참여하는 놀이로 고안해 낸 것으로만 보더라도 독특한 매력을 가진다. 서로의 다리와 허리에 둘러진 샅바에는 위험성을 배제한 힘과 기술을 맘껏 펼칠 수 있도록 고안해낸 선조들의 지혜와 슬기가 스며있다. 맨몸으로 서로의 힘을 겨루는 씨름은 원시성과 근대성이 잘 결합되어 조화를 이룬다. 이런 점에서 있어서 씨름은 현대인과 선조들간의 오랜 전통성 및 연속성, 연결성 고리를 확립해 준다고 할 수 있다.

누구와도 언제 어디서든 함께 할 수 있는 씨름은 열린 공동체의 놀이다. 두 상대가 샅바를 잡고 겨루다가 힘과 기술을 이용해 상대를 넘어뜨리는 놀이의 승부로 우리나라의 전통 민속놀이이자 설날, 추석, 단오에 흔히 볼 수 있는 운동경기라고 할 수 있다.

평소에 학생들은 교과 학습에 있어서 시험을 통한 좌절과 실패의 경험, 친구와의 갈등 등을 체험하게 되기도 한다. 물론 학생이기에 성장과정에서 이러한 경험들을 피할 수 없겠으나, 이 같은 부정적이고 비판적인 체험을 충분히 극복할 수 있는 성공과 성취, 자기 도전 및 자기실현 체험이 필수적으로 요구된다. 이러한 체험은 교과 학습과정에서도 가능하지만 이러한 해보기 활동을 통해서 보다 폭넓게 잘 이루어질 수 있다(함수곤, 2000)

또한 학생들은 함께 하는 신체활동을 통해 평소 친해지지 못한 학생들과의 다양한 감정 상태를 서로 전달함으로써 상대의 감정 상태를 순간적으로 읽는 능력을 키워주며, 이를 통해 사회적 상호적용을 넓혀 줄 수 있다는 점에서 신체적 활동의 교육성과 교육적 의의는 있다. 이러한 전통문화놀이를 통해 체력향상 및 학우 간의 협응과 다른 사람과 더불어 살아가는데 필요한 배려와 협력과 같은 친사회성 발달을 촉진할 수 있다.

이렇듯 씨름 해보기는 학생들이 이야기해보기 과정을 통해서 스스로 씨름에 대한 지식과 기술을 터득하거나 상호작용을 통해 학습이 이루어지고 몰입을 통해 그 놀이가 극대화된다. 또한 해보기 특징은 학생들의 흥미와 관심을 유발함으로써 학습에 대한 자발적 참여가 이루어지고 상호작용을 통해 지식이 재창조된다고 할 수 있다.

2. 그네뛰기의 어원 및 역사

여성들의 대표적인 놀이로 단옷날의 그네뛰기가 있다. 그네는 지방에 따라 '근데, 군데, 근듸, 군듸, 근의, 군의, 구리'라고 하는데, 한자로는 '추천(鞦韆)'이라고 한다. 그네의 기원은 여러 가지로 이야기 되고 있지만, 그 중 강원도 강릉지방에 학문과 무술에 뛰어난 선비가 여름이만 되면 모기와 파리가 사람들을 괴롭히므로, 이를 견디다 못해서 그가 생각해 내었던 것이 그네였다. 이것이 그네의 처음이었으며, 바로 이날이 5월 5일이였다고 한다.

그네는 동구 밖에서 그네를 매달았기 때문에 남녀유별이 엄격했던 전통시대에 여인들이 비교적 집 밖으로 자유롭게 나와서 더운 여름 계절과 자연을 즐길 수 있었다. 오늘날 그네뛰기는 한국 고유의 풍속으로 되어 있으나, 원래는 중국 북방의 새외(塞外) 민족의 풍속으로도 남아있다(최나, 2011). 그네를 뛰면 여름에 모기 등 날벌레에 물리지 않으며 더위도 타지 않는다고 하여 옛날 강릉 지방에 살던 어느 선비는 밤마다 모기와 파리 등 날벌레의 등쌀에 시달리다가 문득 생각을 내어 그네를 만들어 왔다 갔다 하면서 날벌레를 쫓았다고 한다(심우성, 1982).

한국은 그네뛰기 풍속이 언제부터 전해왔는가에 대해서는 기록이 분명하지 않으나, 송사에는 고려 현종 때의 사신 곽원의 소언으로 "고려에서 단오에 추천놀이를 한다."고 하였으니 13세기

고려 중엽에는 단오일에 그네뛰기가 한국의 민간에 행하였음을 알 수 있다(최상수, 1933). 그네가 고려시대에는 상류층에서 화려한 놀이로 즐겼으나, 그들만의 놀이가 아니라, 잔치나 기악백희에 포함되어 있다.

'한림별곡'이 지어진 고려 고종 때에도 그네는 고급스러운 화려한 이미지로 형상화되어 있다. <한림별곡>의 제8장은 그네놀이를 주제로 삼고 있어, 이규보(李奎報)의 ≪동국이상국집≫에도 단옷날과 한식날에 그네뛰기에 대한 시가 있는데, 그네가 조정과 민간에 이르기까지 성행되었음을 알 수가 있다(한국학중앙연구원). 또, 조선시대에도 그네뛰기는 민간에서 더욱더 성행 되었다. ≪경도잡지 京都雜志≫를 비롯한 조선 후기의 여러 세시기에는 "항간에서 그네뛰기를 많이 한다."는 기록이 있다.

예컨대, ≪열양세시기 洌陽歲時記≫ 단오조에는 "남녀로서 연소한 자들이 그네뛰기를 하는데, 서울이나 시골이나 다 같지만 평안도 지방이 더욱 심하여 고운 옷과 좋은 음식으로 서로 모여 즐기는 것이 설날과 대략 같다."고 기록되어 있다. 전국적으로 그네뛰기가 단오에 성행한 놀이이며, 북쪽에서 특히 더욱더 성행했음을 알 수 있다. 예외적으로는 제주도에서는 8월 추석에 그네뛰기를 했다는 기록이 ≪동국세시기≫에 보인다. 각 지역의 그네를 소재로 한 그네 노래와 단오 노래, <관등가 觀燈歌>와 같은 월령체 노래 등의 민요를 통해서도 그네가 민간인의 삶에 널리 퍼져 있으며, 단오절의 여성놀이의 대표적이었음을 알 수 있다.

<춘향전>에서도 이도령과 성춘향이 만나는 날이 바로 단오날인 것을 알 수 있다. 지방에 따라서는 그네뛰기 경연대회도 열

린다. 그네를 뛰는 사람이 앞으로 힘차게 오를 때, 그네를 맨 나뭇가지에서 나뭇잎을 따기도 한다. 그리고 두 사람이 서로 마주보며 타기도 하는데, 이것을 '쌍그네'라고 한다.

단옷날은 이처럼 여자들이 그네를 뛰거나 즐겁게 얘기하며, 놀이를 즐기는데, 단옷날이 지나 그 이튿날이 되면 동네 어른들이 어김없이 나와 낫으로 그넷줄을 잘라 버린다. 이렇게 매어 놓은 그넷줄을 끊어 버리는 것은 너무 오래 그네를 매어두면, 여자들이 그네뛰기에 정신이 팔려서 농사일을 그르치거나 지장을 끼치기 때문이라고 한다.

가. 그네 뛰며 부르는 노래

세상에 존재하는 수많은 소리는 다양한 음색, 빠르기 높낮이 세기 등의 차이를 지니고 있다. 이러한 소리의 차이를 알아 민감하게 반응하는 것은 감상의 기초가 되기도 하지만, 감상 이외의 노래 부르기, 악기 연주하기, 신체 표현하기 창작하기 등의 음악 활동에 지대한 영향을 주게 된다(이홍수, 1997). 음악은 그 시대의 문화와 사상, 시대적 가치관에 따라 다양한 양상으로 발전해 오면서, 인간 사회에서 중요한 역사적 한 부분으로 역할을 수행해 왔다. 이에 음악은 그 사회적 현상과 예술적 사고를 대표한다고 볼 수 있기에 각 나라마다 시대적 독특한 음악 문화를 가지고 있다.

각 민족은 시대의 흐름에 따라 고유한 문화적 특징을 가지고 있다. 다양한 시대의 문화에 속해 있는 음악을 듣는 것은 그 시대와 문화적 배경을 이해하도록 도우며, 지금 우리가 살아가고 있는 시대와 문화에 녹아 있는 음악과도 비교해 볼 수 있게 한다. 이렇듯 시대와 문화를 이해해가는 과정은 결국 그 시대와 문화에 존재하며, 살아가는 이들과의 공감과 소통을 이끌어 낼 수 있다. 예를 들어, 구전되어 오는 우리나라 민요들을 듣다 보면 우리 민족의 한과 절제된 아름다움을 느낄 수 있다(권오선,2019).

교육 현장에서는 이러한 시대와 문화적 이해 및 소통이 이루어질 수 있도록 다양한 문화와 시대의 음악을 학생들이 접할 수 있도록 해야 한다. 그네뛰기를 시작하는 처음에는 다른 사람이 그네가 높이 올라갈 수 있게 그네를 뒤에서 힘차게 밀어 올려준다. 서로 경쟁하는 겨루기 경기가 아니고, 서로 간에 즐거운 놀이로 그네타기를 즐길 시에는 서로 밀어주고 타며, 높이 올라가기 놀이를 하며, 번갈아 타며 즐기기도 한다. 이와 같이 그네놀이를 하며 부르는 노래가 다양한 각 지역에서 전해지고 있다.

다음과 같은 그네를 뛰며 즐기는 여인의 모습을 표현한 노래이다.

달성 땅 심어진 남게
늘어진 가지에 군디 줄 매자
임이 뛰면 내가 밀고
내가 뛰면 임이 민다
임아 임아 줄 잡지 마라
줄 떨어지면 정 떨어진다. (경북 달성)

그네뛰기는 4월 초파일 전후부터 5월 단오 무렵까지 많이 뛴다. 계절상으로 한창 신록이 우거지고 날씨 또한 청명할 때이다. 이러한 단오 날에 하늘 높이 창공을 향해 제비처럼 날아드는 여인의 모습은 나비가 나는 것 같기도 하고 선녀가 내려오는 것 같은 놀이 모습을 보인다.

> 오월이라 단옷날은 천중가절이 아니냐
> 수양청청 버들숲에 꾀꼬리는 노래하네
> 후여넝출 버들가지 저가지를 툭툭차자
> 후여넝출 버들가지 청실홍실 그네매고
> 임과나와 올려뛰니 떨어질까 염려로다
> 한번굴러 앞이솟고, 두번굴러 뒤가솟아
> 허공중층 높이뜨니 청산녹수 얼른얼른
> 어찌보면 훨씬멀고 얼른보면 가까운듯
> 올라갔다 내려온양 신선선녀 하강일세
>
> 난초같은 고운머리 금박댕기 너울너울
> 외씨같은 두발길로 반공중에 노니누나
> 요문갑사 다홍치마 자락들어 꽃을매고
> 초록적삼 반호장에 자색고름도 너울너울
>
> – 남도민요 휘여능청

그네는 여인네들이 즐거운 재마놀이로 즐기기도 하지만, 높이 뛰기를 통해 겨루는 경기로도 행하였다. 단옷날에는 여인들의 그네뛰기 대회를 열어 경기를 하는데, 그들이 좋아하는 상품을 걸어 열기와 흥을 돋우기도 한다. 대개 상품으로는 여성들이 좋아하는 비단이나 포목, 노리개 등이 걸려 있었으며, 이는 남자들이 씨름 경기에 상품으로 황소를 걸어 거는 것과 대조를 이룬다고 볼 수 있다. 경기 종목으로 그네 터에서 행하여지며, 주 종목으로는 외 그네뛰기와 쌍 그네뛰기가 있다.

나. 그네뛰기 해 보기 및 유의점

오랫동안 그네뛰기를 하던 지방으로서는 대표적으로는 서울·평양·개성·사리원·수원·남원·김천 등이다. 시대의 변천으로 점차 쇠퇴하기 시작하였으며, 특히나 1937년 중·일 전쟁이 일어나자 일본은 국가총동원령을 내린 때에 전쟁 수행 상 그네뛰기 대회와 같은 민속놀이를 할 수 없게 모두 금하였다. 그 뒤로는 중단되어 오다가 광복을 맞은 이듬해 5월 단오절을 기점으로 하여 전국 방방곳곳에서 놀이가 다시 부활되었다. 서울에서는 남산과 장충단공원·사직공원 및 민간단체에 의해 대대적으로 그네뛰기 대회가 계속되었다고 전해진다.

그네는 큰 나뭇가지 두 기둥 위에 두 줄을 맨 뒤, 줄 아랫부분에 발판을 걸쳐놓고 거기에 올라앉거나 혹은 서서 몸을 힘차게 앞뒤로 움직여 날게 하는 여인네들의 놀이이다. 성인 여인들의 민속놀이의 대표적인 것의 하나로, '추천(鞦韆)'이라고 한다. 남자들이 씨름을 하는 것과 같이 단오 때에 하는 여성들의 대표적인 민속놀이이며, 누구나 할 수 있는 보편적이고 전국적으로 할 수 있는 놀이였다.

그네는 마을이나 동네 어귀에 있는 큰 느티나무 가지에 매어 놓고, 동네 여성들이 나와서 뛰고 놀게 된다. 버드나무나 큰 나무가 없거나 혹은 큰 그네가 필요할 경우에는 넓은 공터에 긴 통나무 두개를 높이 세우고, 그 위를 가로질러 통나무에 묶어 그네를 단다. 이 통나무에는 색색의 끈으로 장식하고 그넷줄은 굵은 새끼줄 혹은 노끈이나 색실들을 꼬아서 만들기도 한다. 이러한 그네를 '땅 그네'라 하는데, 그네놀이에는 한 사람이 뛰는 '외그네뛰기'와 두 사람이 서로 마주서서 함께 높이 뛰는 '쌍 그네뛰기'가 있다. 자세로는 앉거나 서기도 하며, 그네를 뛸 때는 몸이 높이 잘 날도록 앞으로 뒤로 움직이면서 구르면서 뛴다.

그네뛰기의 방법으로는 첫째, 그네를 높이 뛰면 닿을 만한 곳에 나뭇가지나 꽃가지를 목표물로 정해 놓고, 그네를 굴러 앞으로 나아가면서 발끝으로 차거나 입에 무는 방법은 가장 오래된 방법이다.

둘째, 그네 앞쪽에 방울 줄을 달아놓고서는 그것에 닿도록 하는 방법으로 밑에 조종하여 방울 줄을 조금씩 높여감으로써 최고의 높이 치를 측정한다. 성현의 시로 보아서 15세기에 부터 이 방법을 시행했음을 알 수 있다.

셋째, 앉을 깨 밑에 자눈(尺目)을 박은 줄을 매에 놓고 그넷줄의 정지 지점부터 공중으로 몇 미터 올라갔는지를 측정하여 우열을 결정하는 방법으로 이것은 근래에 창안된 것이다(최나, 2011).

그네타기 위한 방법은 다음과 같다. 첫째, 그네를 매달기 좋은 적당한 곳의 나뭇가지에 매기도 하고, 사람이 가공적으로 만들기도 한다. 둘째, 발판은 두 발이 편하게 얹히도록 한다. 셋째, 개인이 타는 경우에는 그네 밑에 길이를 표시할 수 있는 가느다란 끈을 달아 승부를 겨뤘다. 발을 굴러 높이 차오를 때 누가 더 높이 뛰는가를 겨루는 것은 흥미로운 놀이다.

넷째, 쌍그네를 타는 경우 마주 보고 뛰며, 발 구르기를 보조에 맞추어서 멀리 뛰는 연습을 한다. 다섯째, 외 그네 또는 쌍그네를 타는 도중 몸을 비틀어 줄이 꼬이게 하여 누구의 줄이 오래도록 풀리는지 겨루게 한다. 여섯째, 개인별 또는 두 편으로 나누어 내기를 한다.

그네뛰기의 유의점은 다음과 같다. 첫째, 학교의 그네를 이용해도 무방하다. 둘째, 나무에 그네를 묶을 때에는 무엇보다 줄을 탄탄하게 해야 하며 안전에 유의한다. 셋째, 여러 상황에 따라 그네에 올라앉는 방법 등 다양하다.

그네뛰기는 오래된 역사이며, 보편적· 전국적인 놀이로서 여성들의 특유의 정취를 자아낼 수 있는 대표적인 민속놀이라고 할 수 있다. 또한 그네뛰기는 풍요로운 자손을 생각하는 주술적 행위인 젊음의 축제에 잘 어울리는 놀이이다. 가부장적 일상 속에 갇혀 있던 여인네들이 5월 에 있는 단오를 맞아 그네를 높이 타며 하늘로 솟으며 젊음을 마음껏 발산한다. 한편 그네뛰기는 다리의 힘을 길러주며 몸을 탄력 있게 가꾸어주기도 한다(최나, 2011).

다. 그네뛰기의 승부

그네뛰기의 승부는 그네가 얼마나 높이 올라가는 것으로 판가름이 난다. 그네의 높이를 재는 방법에는 두 가지가 있는데, 하나의 방법으로는 그네 높이의 적당한 거리에 장대를 세운다. 그 꼭대기에 방울을 매달아서 그네가 앞으로 높이 솟았을 때 매달린 방울을 발로 차서 방울 소리가 크고 작음에 따라서 그 승부를 가린다.

또 다른 방법으로는 긴 자의 줄을 그네의 발판에 매달고, 그네를 높이 뛰어 올랐을 때 그 높이를 재는 것이다. 그네를 높이뛰기 위해서는 온몸의 힘으로 탄력성을 이용해야 하는데, 특히 팔과 그네를 뛰기 위한 다리에 힘을 발휘해서 또한 그것을 잘 이용해야 한다. 그네뛰기는 체력과 근력, 민첩성, 긴장감이 따르는 체육적인 의의를 지닌 경기이기도 하다. 이 점에서 여성들이 좋아하는 널뛰기와 비슷하나, 여성 운동 경기로서는 대표적이라고 할 수 있다.

이렇듯 그네뛰기와 같은 놀이 문화를 사람들과 협업, 공유함으로써 기존의 단순한 교과서 위주의 전통문화를 경험으로 벗어날 수 있을 것이다. 학생들의 흥미와 자발성으로 직접 경험해보고, 체험함으로써 전통문화에 대한 지식뿐만 아니라, 왜곡된 전통문화를 바로 잡을 수 있을 것을 기대된다. 이를 우리의 삶과 어떠한 관련이 있는지를 적용해 보면서 전통 문화를 통해 삶에 도움을 줄 만한 창의적 실천을 생각해 볼 수 있을 것이다.

Ⅳ. 전통 문화 융합 교육의 교육적 가치

우리나라의 전통 놀이는 각 지역마다 조금씩의 차이는 있으나, 대부분 비슷한 놀이 문화가 형성되어 각 지역민의 정서와 심리가 잘 반영되어 있다. 그러나 원래는 재미와 즐거움을 찾기 위해서 놀이를 즐기기 보다는 공동체 사회의 신앙과 가치관, 효율적이고도 새로운 생산을 위한 준비와 기원이 강하게 담겨있다(교육부, 1993). 우리 조상의 슬기와 얼이 담긴 전통놀이는 근대화와 서구화에 밀려서 가치를 상실하고 도태되어 왔으나, 1980년대 민속놀이의 발굴과 보급으로 새롭게 평가되기 시작하였다(남효순, 신지혜, 전선영: 2018).

지금껏 전통 생활 놀이 문화 수업을 현장에 적용하기 어려움 있었는데, 그 이유는 체험을 위한 다양한 학습도구의 부족과 관련된 어려움, 시수 및 수업자료, 콘텐츠 부족으로 인해 학생들의 현대 생활에서 접할 기회가 부족했으므로 그에 따른 관심과 흥미가 낮을 것이고, 필요성에 대한 인식도 부족하였다. 그러므로 이러한 전통 생활 문화 교육을 통해 학생들에게 필요성과 가치를 인식시키고 현대생활과 전통생활 문화가 단절되어 있는 것이 아니라, 재창조되어 연결되어 있음을 인지할 수 있을 것이다.

본 연구는 전통생활 놀이 문화인 단오 풍속을 통해 학생들이 경험하고 그 의미를 도출해내는 것을 목적으로 하였다. 학생들은 단오 풍속에 대한 지식을 학습하고 직접 체험의 의미를 경험 해보기를 통해 교육 활동의 즐거움을 경험해볼 수 있다. 아울러 단오 풍속하면 전통놀이도 생각해 볼 수 있고, 액을 물리치는 단오 풍속의 의미도 알 수 있을 것이다. 이는 전통생활 놀이 문화교육의 새로운 접근법을 제시하고자 하였으며, 본 연구를 통한 교육적 가치를 정리하면 다음과 같다.

첫째, 전통문화 놀이를 통한 공부가 곧 '삶'이다. 교육이라는 것은 공부하고 다시 공부하며, 인간의 경험의 질을 구성하고 재구성하는 연속적인 과정이라 할 수 있다. 실제 삶에서의 이야기를 만들고 대화를 자신의 경험을 확장시키며, 이 교육적 과정들을 삶에 계속적으로 반복하여 성장하는 것이다(이현지. 2014). 특히 현대의 일상생활 속에서도 전통 생활문화가 적용되고 있음을 깨달고 전통 생활문화의 필요성과 가치, 우수성을 느끼며 일상생활에 적용 향유함으로써 경험하는 모든 삶이 공부라 할 수 있겠다.

둘째, 단오의 전통문화의 체험을 하기 전에 책과 신문을 활용하여 통합적 교육을 할 수 있다. 인간의 다양한 경험을 표현하는 방식으로 음악, 미술, 작품, 문학, 시, 사진, 박물관 견학 등과 같은 시간들을 통해 지식을 최대한 이용할 수 있는 학습 공동체를 만들어 학습자 서로 간의 경험을 나눌 수 있도록 할 수 있다. 함께 하는 경험 공유야 말로 가장 효과적인 학습 도구일 것이다.

셋째, 암기를 통한 단편적 이해방식을 벗어나, 아이들의 관심과 흥미를 일으킬 수 있는 복합적인 사고 능력을 함양하는 것이다. 예를 들면, 역사속의 수많은 삶 속에서 지금의 나의 삶과 유사하고 관심 있는 삶을 발견할 수 있을 것이다. 나와의 삶을 복합적으로 역사에 접근할 경우, 학생들은 자기 자신만의 의미 있는 역사적 스토리를 만들어 낼 수 있다. 이로써 전통문화는 나와는 더 이상 무관한 것이 아니며, 우리의 잃어버린 역사에 대한 관심을 학습에 끌어 올 수 있을 것이다.

넷째, 공부라는 것은 "함께 어울려 가는 과정 그 자체"의 목적이다. 학문은 하나의 도구적 수단이 아닌 향유하는 것이다. 인간은 생각하는 것이나 만드는 것만큼 중요한 기능은 '놀이하는 것'

이다. 학습자가 의미 있는 구조를 가진 이야기를 통하여 학습에 있어 타의적 수동적 노동의 세계가 아니라, 새로운 경험적 세계를 창조해 낼 수 있도록 만들어지는 것이라 할 수 있다.

아이의 자발적·능동적 활동을 이끌어내는 놀이라는 것은 부모나 교사의 명령에 의한 놀이가 아니라, 자유가 있는 자발적 행위의 놀이이다. 자율적 토대위에서 이루어지는 교육적 행위는 계속적 교육활동과 계속적 성장을 가져오므로, 공부가 하나의 즐거운 놀이가 되도록 해야 한다. 교육적 활동이 돈을 벌기 위해서, 남들보다 좋은 직업과 취업하기 위한 수단이 아닌 재미있기 때문에, 즐겁기 때문에 하는 그 자체로서의 목적을 지녀야 한다는 것이다.

다섯째, 특별한 날 행사가 단순히 보이는 것이 강조되는 관광적 교육과정이나 보여주기 엿보기가 아니라, 삶 속에서 잔치의 신명을 느낄 수 있는 교육내용이다. 학생들은 직접 경험한 씨름이나 그네뛰기를 통해 자신이 경험한 놀이뿐만 아니라, 머리감기, 널뛰기, 대추나무 시집보내기 등과 같이 자신이 경험하지 않은 놀이들도 단오행사로 언급해볼 수 있다.

이러한 내용은 전통생활문화 놀이에서의 이야기 나누기, 책이나 다양한 자료를 통해 단오 풍속 관련 지식으로 인지할 뿐만 아니라, 이는 특별한 날 행사가 단순히 보이는 것이 강조되는 관광적 교육과정이나 보여주기와 같은 운영이 문제라는 지적 속에 삶 속에서 잔치의 신명을 느낄 수 있는 행사 운영이 필요하다고 주장과 일맥상통한다. 또한 단오풍속을 주제로 한 활동에서 학생들이 신명나게 놀고, 자연스럽게 창조적인 표현을 할 수 있도록 참여놀이가 이루어진다는 점이다.

여섯째, 교육은 '내가 직접 해보기로 참여' 하는 놀이다. 교육이라는 것이라는 것은 아이가 성공을 거두도록 해 무슨 일이든 서슴지 않고 해보는 용기를 길러주어야 한다. 공부가 하기 싫고 힘든 노동이 아니라 내가 직접해보고 참여하는 놀이이다. 이러한 교사와 학생, 친구 간의 관계 맺음을 통해 교육은 계속적으로 반복되지만, 자신의 계속적 성장의 '차이'를 형성한다. '차이'는 새로운 관계 새로운 무언가를 형성하는 구성적 역할을 한다. 아이들은 교육적 활동을 통해 자신의 과거 모습과 다른 한 품위가 성숙한 차이를 경험하게 된다는 것이다. 과거의 자신의 모습에서 탈피하여, 새로운 자신의 모습으로의 변화를 통해 자신을 바꾸게 된다. 이 과정에서 아이들은 자존감과 상대방을 배려하며 함께 나누며 성장하게 된다. 이러한 변화는 새로운 긍정적 변화를 유도하는 새로운 나를 만드는 즐거운 놀이가 된다.

일곱째, 학생들의 흥미유발과 경험 해보기를 통해 '공유'와 '창의적 실천'이 된다. 다양한 놀이 문화를 사람들과 협업, 공유함으로써 기존의 단순한 교과서 위주의 전통문화를 경험으로 벗어날 수 있을 것이다. 학생들의 흥미와 자발성으로 직접 경험해보고 체험함으로써 전통문화에 대한 지식뿐만 아니라, 왜곡된 전통 문화를 바로 잡을 수 있으며 삶과 어떠한 관련이 있는지를 적용해보며 전통문화 생활 속 창의적 실천에 도움을 줄 것으로 본다.

여덟째 인간사랑은 '공동체 교육관 형성'이다. 인간은 경쟁만을 통해서 성장하는 것이 아니라, 타인에 대해 공감하고 자연을 느끼며 남과 더불어 사는 것이 진정한 교육관이 함양되어야 한다. '놀이하는 인간'라는 말이 있듯이 놀이 시간은 특히 아이의 성장과 교육에 반드시 필요하다. 아이가 어떠한 놀이를 하고 노는지를 우리는 주의 깊게 살펴볼 필요가 있으며 그 놀이를 보면 아이의 미래를 짐작할 수 있다고 한다.

학생들은 놀이를 통해 공동체감을 키울 수 있다. 아들러 말하는 '공동체감'이란 공동체에 대한 관심과 인간다움, 연대감을 뜻한다. 공동체감 형성을 하기 위해서는 또래 간, 친구 간에 하는 놀이가 공동체감을 키울 수 있는 효과적인 활동이라고 볼 수 있다. 나와 다른 사람들, 나와 다른 생각을 하는 사람의 이야기를 듣고 배우는 것이 중요하며, 나와의 다른 점을 인정하고, 다문화와 다국적 기업의 운영에 거부감이 없는 사람이 될 수 있을 것이다.

단오는 절기의 특성과 중국 고사와 관련이 있으며, 전통사회에 행해진 풍속은 주요한 생업인 농경생활과 더운 여름을 앞둔 계절적 특성이 반영된 생활양식과 관련이 있다고 볼 수 있다. 풍속은 의 · 식 · 주생활, 의례, 놀이, 관습, 문화, 지역축제 등과 관련된다.

또한 국가와 지역의 안녕을 기원하고, 개인과 가정생활의 안녕을 영위하고자 한 것으로 교육의 적용 가능성을 찾을 수 있다. 이러한 성격을 반영하여 단오의 교육활동 적용에 대한 결과 여름철을 대비하고자 했던 선조들의 의·식·주생활을 위한 지혜와 함께 즐기는 인간관계, 조상의 숭배와 가정의 화목, 놀이의 즐거움, 문화 · 예술적 표현, 지역 공동체의 단결과 번영 의식 등을 교육 문화적 활동을 목표로 교수·학습 방법에 효과적으로 적용할 수 있을 것이다.

무엇보다 우리나라 자연 자원과 정서에 기초한 단호 풍속 교육활동을 통해 학생들이 한국인 정서와 풍속을 몸소 체험하는데 의의가 있다. 단오 경험해보기 단호 풍속 체험은 조상들의 일과 문화 놀이와 계절 감각, 지역사회의 물적·인적 자원의 활용과 계절에 맞는 놀이문화와 축제의 장을 몸소 체험함에 큰 가치를 둘 수 있다.

V. 삶 속에서의 전통 문화 융합교육

삶 속에서의 전통 문화융합 교육은 첫째, 우리의 전통과 삶, 환경 문화를 융합된 학문적 관점으로 해석하며 직접 체험하고 실생활에 적용하여 한국의 전통적 가치를 알 수 있다. 한국의 전통인 탄생, 결혼, 죽음을 이끄는 '삶'에서의 '멋'은 인간의 행동양식, 예술·기예 및 사물의 존재 양식에서 한국인의 미적 관념이 표출된다. 또한 '흥'은 사회·역사·문화적 배경 아래 한국인의 일상생활 속에 많이 내재되어 있는 흥과 기쁨, 즐거움과 같은 긍정적이고 유쾌함을 향유할 수 있을 것이다. 한국의 '미'란 미술뿐만 아니라, 문학, 음악, 무용 등 어떤 예술 분야든 스며들어 있는 한국미의 특질에 대한 이해를 폭넓게 할 수 있을 것이다.

둘째, 한국 전통문화 융합 교육을 통해 수학과 인문·예술의 융합 및 응용을 할 수 있다는 것이다. 교사가 학생들과 함께 수행할 수업활동은 전통적 삶에서 '이야기'를 만들고, 상대방이 이해할 수 있는 자세한 이야기를 나누고, 형성해가는 이야기의 현상과 관련이 있다. 실제 삶에서 나타나는 현상들에 기반으로 교실 안에서 이루어지는 활동은 자기 자신의 의미를 만들어가는 살아있는 '자기화'로 진행될 수 있다.

인간이 즐겁게 탐구하고 서로 나누고, 활용한다는 것은 최초의 즉각적인 경험을 그대로 진술하는 것이 아니라, 특정한 방식으로 경험을 구조 짓는 것이다. 결국 전통적 예술을 통해 경험을 계속적으로 해석하고 재해석하는 동안 우리의 삶은 자신이 원하는 형태로 만들어진다는 것이다. 전통적 역사를 자신의 관점에서 이해하고 해석하며, 비판적하고, 다른 사람과 공유함으로써 자신의 역사를 구축해 나갈 수 있다.

셋째, 수업에 있어 관계 맺음은 '반복'과 '차이'를 형성한다. 교사와 학생은 가르침과 배움의 체험활동을 통해 교육적 활동은 계속적으로 '반복' 된다. 즉 가르치고 배우는 교육적 활동은 단계적으로 계속적으로 '반복' 되지만, 단계가 높아질수록 그에 따른 '차이'를 경험하게 된다. 교육적이라는 것이라는 것은 "차이와 반복의 경험 놀이"이다. 교사의 재구성된 교육 자료를 통해 학생은 탐구하고, 공유하고, 나눔 체험을 통해 자신의 예전의 모습에서 '차이'를 형성할 수 있다. 이러한 변화를 위한 교육은 계속적으로 '반복'되지만, 그 과정에서 우리는 분명 예전의 자신의 모습과 '차이'를 느낄 수 있다.

넷째, 전통적 체험 수업을 통해 수업 '그 자체의 재미와 즐거움'을 느낄 수 있다. 학습자와 교사가 일방적 관계가 아닌 서로 동등한 관계에서 이야기하고, 동시에 타인의 다름을 인정하고, 상호보완 절충 관계임을 인식한다면 그 자체의 즐거움을 느낄 수 있을 것이다. 서로 간의 공유를 통해 즐거움을 느끼며 학습 공동체를 형성한다면, '그저 좋아서' 하는 것과 같이 이는 계속적 활동을 불러일으키게 된다.

다섯째, 교육은 하나의 경험을 통한 '놀이하는 것'이라고 할 수 있다. 학문은 하나의 도구적 수단으로의 모습이 아닌 학문을 향유하는 것이다. 인간에게는 생각하는 것이나 만드는 것만큼 중요한 것은 '놀이하는 것'이다. 학습에 있어 타의적 수동적 노동의 세계가 아니라, 새로운 경험적 세계를 창조해 낼 수 있도록 만들어지는 것이라 할 수 있다. 여기에서 놀이라는 것은 누군가의 명령에 의한 놀이가 아니라, 자유가 있는 자발적 능동적 행위의 놀이라 할 수 있다.

여섯째 '한국적인 것'과 다른 나라에 대한 문화적 이해를 '다름'에 대한 이해로 받아들일 수 있다. '이해'라는 것은 즉 '다름'에 대한 이해로 다른 나라와의 정치, 경제, 문화의 이해이므로 무관심과 배타적인 것이 아닌 전문성, 정체성을 가질 수 있다. 모든 현상은 상호의존적이며, 개인과 사회는 자연의 순환 과정에 깊이 관련되어 있다는 세계관을 형성할 수 있을 것이다.

아울러 단오를 통한 전통문화 자원의 활용을 위해 단오 민속놀이를 학교 현장에 적용하여 한국의 민속풍속 및 놀이문화에 대한 자긍심과 정체성을 고양시킬 수 있을 것이다. 더불어 세시풍속 중 하나인 단오의 풍속에 대한 성격과 의미에 대한 더 많은 연구와 관련 문헌연구를 통해 우리 조상들의 삶 속에서의 지혜를 알 수 있을 것이다. 학생들 간에는 다양한 경험의 공유를 통해 경험이 풍부해져서 나아가서는 자기 스스로 재구성하고 체득하는 교육의 종착점을 맞게 된다. 이제 학교 교육에서든 가정에서든 아이들이 배우는 기쁨을 만끽하며, 전통문화 융합을 삶에서의 교육으로 신장시켜나간다면 앞으로의 미래는 더욱 밝아질 것이다.

참고문헌

·염미란(2007), 단오에 나타난 공예품 연구, 아시아강원민속, 21, 369-414.
·최나(2011), 한·중 단오 풍속의 비교 연구, 부산외국어대학교 석사학위논문.
·이어령(1994) 한국인의 손, 한국인의 마음 디자인 하우스.
·이인원, 최기영(2007) 자유 숲 놀이에 나타난 유아의 놀이 경험, 열린유아교육연구, 12(2). 293-302.
·최기영·김미숙·김미중(2010), 「단오」 교육활동에 참여한 유아의 경험 분석, 열린유아교육연구. pp.43-77.
·심우성, 1982, 한국의 민속놀이. 대광문화사, p.27-31.
·남효순, 신지혜, 전선영(2018). 예비 영유아교사를 위한 놀이지도. 어가.
·교육부(1993) 유아전통놀이 교육활동지도 자료: 이론편. 서울 : 서울특별시 교육청
·김경희(1986)전통놀이 프로그램개발 및 효과에 관한 연구 : 유아교육을 중심으로, 대구대학교 교육대학원 석사학위논문.
신광우(2018)「전통문화 학습을 강조한 교육과정 재구성 방안-목표 ,교과역량, 내용체계, 성취 기준을 중심으로」, 한국한문고전학회, 제37권, pp 451-482.
·이은화(1989).전통놀이의 유아교육현장적용을 위한 연구. 연세대학교 대학원 박사학위논문.
·강오식(2005). 한국세시풍속기, 서울 : 집문당
최기영·김미숙·김미중(2010), 「단오」 교육활동에 참여한 유아의 경험 분석, 열린유아교육연구. pp.43-77.
·손인수(1991)한국인의 교육 세시풍속, 서울 : 민음사
·김명자(1989) 한국세시풍속연구, 경희대학교대학원 박사학위논문
·신현구(1993)세시풍속지를 통한 조선후기 여가활동에 대한 연구, 한국교원대학교 대학원 석사학위논문.
·최상수(1960), 『한국의 세시풍속』, 고려서적.
·최상수(1974), 『한국의 씨름과 그네의 연구』, 한국민속학회
·함수곤(1997). 제7차 특별활동 교육과정 개정연구, 한국교원대학교.
·하정연·임재택·신주연·정주영,(2009). 아이들과 함께 하는 세시풍속, 공동체,

·김명자(2003). 세시풍속의 교육적 의의와 실천화. 비교민속학, 25, 175-208. 국립민속박물관(2003) 한국세시풍속사전, 서울 : 국립민속박물관
·최영성, 「전통문화교육의 이론적 기초」, 「경제 인문사회연구회 미래 사회 협동연구총서」, 한국교육과정 평가원, 2009. p.3
·강승혜 외(2010), 「한국문화교육론」, 국제한국어교육학회, 형설출판사
·김명자(2003), "세시풍속의 교육적 의의와 실천화", 「비교민속학 25호」, 비교민속학회, 178-208쪽
·김경미(2009), "문화교육의 도구로서의 세시풍속과 축제 그리고 대동놀이", 「언어와 문화」 2009년 1호, 한국언어문화교육학회, 333-347쪽
·이강로(1988), 「세시풍속과 민속놀이」, 세종대왕기념사업회 교양국사총서, 세종대왕기념사업회 『한국의 세시풍속』(최상수, 고려서적, 1960) 『한국의 씨름과 그네의 연구』(최상수, 한국민속학회, 1974)
·이상일(1997), "한국의 놀이문화 : 대동놀이와 난장판 이론", 「한국인의 놀이의식과 여가문화」, 집문당,
·이현지(2014), Gowin 이론에 근거한 내러티브 교육과정 개발. 영남대학교 교육학 박사학위 논문
·이성숙(2005), "세시풍속 및 세시음식의 인지도에 관한 연구", 「한국실과교육학회지」 제18호, 한국실과교육학회, 179-194쪽
·이정민(2007), "세시풍속을 이용한 문화수업 모형 개발 - 문화수업자료 개발의 원리를 바탕으로", 「언어와 문화」 2007년 3호, 한국언어문화교육학회, 155-179쪽
·장정룡 외(2002), 「아시아의 단오민속 : 한국·중국·일본」, 국학자료원
·장채천(2009), "한국(韓國)의 문화(文化) : 세시풍속의 사회교육적 의의", 「한국사상과 문학화」 47호, 한국사상문화학회, 187-214쪽
·강무학(1987), 한국세시풍속기, 서율: 집문당
·성병희(2002), 동아시아의 단오민속. 경산문화연구. 6, 7-24.
·한영자(2001), 세시풍속에 대한 유치원 원아 어머니의 인지도 연구. 충청대학 논문집, 19, 165-184. 국립민속박물관(2005), 한국의 세시풍속사전, 여름편, 서울: 국립민속박물관.

·권오선(2019), 영유아 음악교육. 어가,

·이홍수(1992) 느낌과 통찰의 음악교육. 서울 : 세광음악출판사.

·로제 카이와, (1966), 놀이와 인간. 이상률 역.

·최기영·김미숙·김미중(2010), 「단오」 교육활동에 참여한 유아의 경험 분석, 열린유아교육연구. pp.43-77.

·국립문화재 연구소, (2006). 세시풍속

·경기도 교육청(1998). 우리 놀이·우리가락: 유치원 교사를 위한 활동 자료. 수원 : 경기도교육청

·경기도 안양교육청(1998). 전통문화 계승을 위한 유치원 교육활동 자료 : 세시풍속을 중심으로. 안양: 경기도 안양교육청

·교육과학기술부(2009). 유치원 지도서 9. 우리나라. 서울과정평가원.

·Kleiber, D., Barnett, L. A (1980). Leisurein childhood. *Young Children*, 35(5), 47-53

[저자 소개]

김민영 / Kim Min-Young / k2mmhh7@hanmail.net

경북대학교 전임연구원이며, 사단법인 경남여성교육원 상임이사로 재직하고 있다. 고려대학교 입학사정관, 민족사관고등학교 토론논술 주제위원, 경북대학교 교수를 역임하였다. 경북대학교에서 「방문교육지도사의 다문화교수효능감」으로 교육학 박사학위를 받았다. 2018, 『문학도시』 외 「한국작가」 시작 다수와 20여 편의 논문이 있다. 경남신문의 논고와 이뉴스투데이, 한겨레신문 기자활동도 겸하였다. 최근에는 자치분권과 평생교육, 창의융합 인재교육, 이효재연구에 매진하고 있다.

신영희 / Shin Young-hee / jina02@naver.com

영남대학교에서 이학박사(수학전공) 학위를 받고, 영남대 강의교수, 경북대 겸임교수를 역임하였다. 현재는 생활 속 수학과 체험 수학에 대한 강의와 연구를 진행하고 있다. 최근 한국방송통신대학교 평생교육학 석사학위로 평생교육으로서의 수학교육연구에 매진하고 있다. (사)울산여성신문사 사회교육원 부원장으로 활동하고 있으며, 저서 『체험수학으로 융합.창의 인재 그리고 나를 키운다』를 공동집필하였다.

구본숙 / Ku Bon Suk / 0813you@hanmail.net

경북대학교에서 교육학 박사과정을 수료하고 수성대학교 보육교사교육원 외래교수, 대구시 보육교사 승급교육 강사를 역임했다. 2021년 청양문학상, 대구경북미술대전 특별상을 수상하였다. 현재 미술과 교육, 미술평론을 접목한 글을 쓰고 있으며 대경일보, 충북일보, 울산신문, 영남일보, 울산매일신문에서 미술 및 교육 관련 칼럼니스트로 활동하고 있다.

서정매 / Seo, Jeong-Mae / jm7424@hanmail.net

부산대학교 한국음악학과에서 「영제범패 영산작법 연구」로 박사학위를 받았으며, 현재 한국민속음악연구소 소장, 동국대학교 한국음악과 외래교

수, 전라북도 무형문화재 전문위원으로 활동 중이다. 주요 저서로 『영제 범패의 전승과 변화양상』, 『잇다, 밀양아리랑 전승현황』, 『한국음악계의 뜨거운 감자』(공저), 『한국농악의 지역성과 세계성』(공저), 『산멕이』(공저), 『증편한국구비문학대계 부산광역시』(공저), 『예불, 그 안에 담긴 우리 음악』(공저) 등이 있으며, 주요 논문으로는 「선암사 새벽예불의 음악적 특징과 무형 문화적 가치」, 「동해안 굿에 나타난 불교 의례적 요소」, 「영남 삼회향작법의 전승과 복원 양상」, 「밀양아리랑의 변용과 전승에 관한 연구」, 「부산・경남 민요 무형문화재의 성격과 전승실태 조사보고서」, 「정읍우도농악의 오채질굿에 관한 연구」 외 27여 편 등 불교음악과 민속음악을 중심으로 연구하고 있다.

이현지 / Hyeon-Ji. Lee / annes123@hanmail.net

영남대학교 교육학과에서 박사학위를 취득했으며, 위덕대학교 교수학습 혁신센터 전임연구교수, 울산신문 및 울산매일신문 칼럼니스트, 세종대왕신문 교육전문위원이며 수필가로도 활동하고 있다. 주요 저서로는 『홈스쿨링』(2016년도 세종 우수학술도서 선정), 『화병』, 『부모재교육』, 『놀이가 공부가 되는 삶』, 『세상 속의 교육 이야기』 등이 있으며, 현재 세종대왕신문에서 <이현지 박사의 교육칼럼>, 대경일보에서 <이현지의 부모재교육>을 연재하며 독자들과 소통하고 있으며, 부모재교육, 홈스쿨링, 놀이를 통한 교육 및 교육적 삶에 대해 연구하고 있다.

단오풍속을 통한 전통문화 연구

2022년 5월 20일 초판 인쇄
2022년 5월 25일 1쇄 발행

역은이　김민영 신영희 구본숙 서정매 이현지
만든이　박찬순
만든곳　예술의숲
등록 2002. 4. 25.(제25100-2007-37호)
주　　소 · 충북 청주시 상당구 교서로 2
전　　화 · 070-8838-2475
휴 대 폰 · 010-5467-4774
이 메 일 · cjpoem@hanmail.net

ISBN 978-89-6807-192-8 13360
* 잘못된 책은 구입한 곳에서 바꾸어 드립니다.
* 책값은 뒤표지에 표시하였습니다.